W0057827

EMMANUIL ROIDIS

PÄPSTIN JOHANNA

IHRE WAHRE GESCHICHTE

Aus dem Neugriechischen von
Paul Friedrich

BASTEI LÜBBE TASCHENBUCH
Band 14446

1. Auflage: September 2000

Vollständige Taschenbuchausgabe

Bastei Lübbe Taschenbücher ist ein Imprint der Verlagsgruppe Lübbe

Titel der griechischen Originalausgabe:
I PAPISSA IOANNA
© für die deutschsprachige Ausgabe 2000 by
Verlagsgruppe Lübbe GmbH & Co. KG,
Bergisch Gladbach
Umschlaggestaltung: Manfred Peters
Titelillustration: Artothek, Oldenburg (Landesmuseum)
Satz: Textverarbeitung Garbe, Köln
Druck und Verarbeitung: Elsnerdruck, Berlin
Printed in Germany
ISBN 3-404-14446-5

Sie finden uns im Internet unter
http://www.luebbe.de

Der Preis dieses Bandes versteht sich einschließlich
der gesetzlichen Mehrwertsteuer.

Inhaltsverzeichnis

Vorwort

Herodot hat es für gut gehalten, am Anfang seiner Geschichte die Gründe darzulegen, die ihn dazu bewogen haben, die Triumphe des Miltiades und die Liebesabenteuer der ägyptischen Frauen mit Böcken zu erzählen. Diesem guten Beispiel des Vaters der Geschichte sind die späteren Historiker, Thukydides, Tacitus, Sankt Lukas, Gibbon und Guizot, gefolgt, so daß den stereotypen Anfang aller Geschichtswerke die Rechtfertigung des Verfassers bildet, wie denjenigen der epischen Gedichte die Anrufung der Muse. Diesem löblichen Brauch der Geschichtsschreiber will auch ich mich anschließen und beeile mich auseinanderzusetzen, wie ich dazu gekommen bin, die Ruhe der seit so vielen Jahrhunderten in Frieden schlafenden Päpstin Johanna zu stören, damit man mich nicht etwa als einen wunderlichen Grabschänder beschuldigt.

Als ich vor ungefähr zwanzig Jahren als junger Bursche nach Italien übersiedelte, war das religiöse Gefühl in Westeuropa noch stark; denn es gab Menschen, die am Freitag Hummer aßen und den Gürtel der Mönche küßten. Mehrere Monate des Jahres brachte ich nach der dortigen Gewohnheit, in die Sommerfrische zu gehen, auf dem Lande zu und saß oftmals an den langen

Herbstabenden, während die Schnecken auf den abgeernteten Weinranken herumkrochen und die Pilze unter den Kastanien wuchsen, am Feuer der Winzer, von denen ich nichts anderes zu hören bekam als Wunder von Heiligenbildern, Geschichten von Gespenstern, die aus dem Grabe heraufstiegen, und von armen Seelen, die dem Fegefeuer entkommen waren; durch diesen bäuerlichen Umgang war ich ziemlich abergläubisch geworden. Von dem Papst, der nach den Erzählungen meiner Gesellschafter die Pforten des Himmels öffnete und schloß, mit dem Heiligen Geist freundschaftlich verkehrte und seine hochheiligen Füße den Königen zum Kuß hinhielt, hatte ich die Vorstellung eines außerordentlichen, fabelhaften Wesens, etwa eines Luftballons, der zwischen Himmel und Erde schwebt.

In dieser geistigen Verfassung befand ich mich und wohnte in Genua, als plötzlich die Revolution von 1848 ausbrach, die ganz Italien erschütterte. Die Priester und die Religion wurden, wie es bei allen politischen Reibungen im Abendland geschieht, in die Auseinandersetzung gegen die Könige und die Tyrannei eingeschlossen. Schon seit einigen Jahren ging auf der unglücklichen Halbinsel ein böser Geist um, der allen Herzen Unzufriedenheit, Ungehorsam und unauslöschlichen Freiheitsdurst einflößte.

Laut krachten die Throne, als wollten sie einstürzen, noch lauter aber klapperten die Könige vor Angst mit den Zähnen. Übelklingende und für italienische Ohren ungewohnte Worte, Verfassung, Nationalgarde, Preßfreiheit, Gütergemeinschaft, ertönten überall wie das Zischen von Vipern. Der blinde Glaube, seit so vielen Jahrhunderten gewohnt, mit den Blinden zu sympathi-

8

sieren und ihnen zu schmeicheln, wurde wie ein lästiger Bettler fortgejagt und floh ängstlich in die Berge, wo er unter dem Dach der Bauern ein Asyl suchte und oft selbst deren Tür verschlossen und uneinnehmbar fand. Aber während er bei jedem Schritt strauchelnd im Dunkel umherirrte, regten sich die Könige, die ihre Macht auf ihn stützten; das aufständische Genua wurde belagert, die Bomben zerschmetterten die Dächer der Häuser, und die unglücklichen Bewohner, die fürchteten, dasselbe zu erleiden wie ihre Dächer, flüchteten sich dahin, wo die zerbrechlichsten Gefäße, die Flaschen, unter der Erde aufbewahrt werden. In einem solchen Weinkeller suchte auch ich gegen Mitternacht Schutz, zusammen mit den Hausgenossen und Nachbarn, die gekommen waren, um ein Asyl unter dem griechischen Banner zu suchen. Mehr als fünfzig Personen, Männer und Frauen, Patrizier und Fischverkäuferinnen, Gräfinnen und Kohlenträger drängten sich in jenem engen Gelaß zwischen Flaschen und Krügen, Zwiebeln und getrockneten Feigen. Die mordgierigen Kugeln Viktor Emanuels, die ihr Tyrannenziel verfehlten, zerstörten statt der gesellschaftlichen Ungleichheit die alten Wälle und vereinigten seine bleichen Untertanen zu einer demokratischen Brüderlichkeit der Furcht.

Grabesstille und Trauer herrschten anfangs in dieser Versammlung unter der Erde. Aber das Haus war fünfstöckig und das Gewölbe des Weinkellers stark und bombensicher; daher bekamen die Gesichter meiner Leidensgenossen, die anfangs grün wie das Glas der ringsherum stehenden Flaschen waren, allmählich wieder eine menschlichere Farbe. Beinahe ohne Angst hörten wir dem gräßlichen Getöse über uns zu, sicher, daß der oben drohende Tod nicht so tief eindringen könne, mochte er sich auch noch so sehr bücken. Da die Furcht abnahm, lösten sich allmählich die Zungen der Italiener; das Echo des Gewölbes wiederholte unzusammenhängende Reden, Gelübde der Stiftung von Kerzen an die Madonna, Gegenvorstellungen von Männern, Anrufungen von Heiligen und schauderhafte Flüche gegen den Bombardatore. Aber wie in den Schlachten des Ariost, wenn zwei berühmte Recken handgemein werden, die übrigen Kämpfer die Waffen senken und still dem Kampfe zuschauen, so verstummten auch nach und nach diejenigen, die sich im Keller befanden und zankten, als der grauköpfige Abbé von Sankt Matthäi und der greise Redakteur der Gazetta di Genova, auf Fässern einander gegenübersitzend, über Freiheit und Herrscher, über Fortschritt und Papsttum zu streiten anfingen. Das sich über unsern Köpfen abspielende Drama machte die Debatte zu einer besonders zeitgemäßen; beide Gegner waren für einen solchen Kampf wohl gerüstet, und die Zuhörer umringten sie wie die Karthager den Äneas, während sie Mund und Ohren aufsperrten. Der Journalist behauptete, daß das Furchtbare, was wir jetzt durchmachten, vom klerikalen Einfluß herrühre; der Abt aber beharrte darauf, das Bruderblut, das rings um uns floß, als ein dem Höchsten dargebrachtes Sühnopfer anzusehen. Unterdes rückte die Nacht vor, und die Diskussion schien immer noch kein Ende zu finden. Die Reden kreuzten sich spöttisch und scharf wie die Klingen von Duellanten; ich, der ich mich allmählich an das Stimmengewirr gewöhnt hatte, verfiel nach und nach einer unwillkürlichen Müdigkeit und ließ meinen sechzehnjährigen Kopf auf die Knie meines Nachbars sinken, als plötzlich sonderbare Reden den Schlaf von meinen Wimpern vertrieben. Der cholerische Journalist verlor schließlich die Geduld gegenüber der Hartnäckigkeit des Abtes, der auf die schlagendsten Argumente nur immer Mönchsphrasen und Stellen aus Bonald und de Maistre zu erwidern wußte, und änderte seine Taktik. Da er daran verzweifelte, diesem guten Christen die Augen zu öffnen, der das Licht fürchtete wie die Fledermäuse die Sonnenstrahlen, hörte er auf zu streiten und versuchte, die Idole seines Gegners verächtlich und lächerlich zu machen. Er nahm die schmutzigsten Blätter aus der Geschichte des Papsttums, faßte aus denselben alle Schande und Gemeinheit zusammen und spie damit förmlich dem armen Priester ins Gesicht. Er zeigte uns Benedikt IX., Gregor VI. und Silvester III., drei gleichzeitige Päpste, einen dreiköpfigen Höllenhund, die einander in den Bann taten und Italien mit Blut überschwemmten; Zacharias, der die Geographen zum Feuertode verdammte, die das Vorhandensein von Antipoden lehrten; denn in der Fülle seiner Weisheit meinte er, damit Antipoden existierten, müsse es zwei Sonnen und einen doppelten Mond geben; Stephan VIII., einen infamen Grabschänder, der den Leichnam seines Vorgängers Formosus ausgraben ließ, den verwesten Körper vor ein Konzil schleppte und einem zugleich lächerlichen und abstoßenden Verhör unterwarf; Johann XXII., der sein Leben mit der Suche nach dem Stein der Weisen zubrachte und ihn schließlich auch wirklich fand … in Gestalt eines Tarifs, auf dem der Preis für die Vergebung jeder Sünde verzeichnet war, eines Mordes, eines Diebstahls, der Notzucht, der Giftmischerei und was es sonst noch geben mochte; Julius III., einen zweiten Caligula, der inmitten von Bechern und Dirnen seinen Affen zum Kardinal ernannte, und Johann XII., der die Decke des Abendmahlstisches seiner Geliebten als Fußteppich gab, sich mit ihr aus den heiligen Gefäßen betrank und schließlich von dem Mann seiner Mätresse überrascht und ermordet wurde, oder auch von dem Teufel, wie die Chronisten wollen; allerdings muß man sagen, daß der Teufel und ein betrogener Ehemann wirklich ein gewisses charakteristisches Merkmal gemeinsam haben.

Alles dies sagte der Alte inmitten einer tiefen Stille, die manchmal von einer in der Nähe einschlagenden Bombe oder einem einstürzenden Dach unterbrochen wurde. Die einen von den Zuhörern machten das Zeichen des Kreuzes, andere spitzten die Ohren, und die Frauen verbargen ihre Gesichter in der Schürze. Völlig überrascht war ich, als der unerbittliche Redner, der mit der Schande der männlichen Päpste noch nicht zufrieden war, auch die Geschichte der Päpstin Johanna zu erzählen begann. Die Liebschaften eines Papstes, die Mutterschaft und die Entbindung auf offener Straße!

Bald darauf brach der Tag an; die Explosionen wurden seltener und hörten allmählich ganz auf. Das uneinnehmbare Genua kapitulierte nach einer dreitägigen Belagerung und lieferte den Klauen des Tyrannen, wie man damals Viktor Emanuel nannte, die Führer der Revolution aus, die am nächsten Tage Revolte hieß. Die als Nationalgardisten verkleideten Kaufleute, die Tenöre und Baritons der Oper, welche die Schminke von den Gesichtern abgewischt, mittelalterliche Schwerter umgeschnallt und in den Straßen »Freiheit oder Tod« gesungen hatten, die Studenten, die renommiert hatten, sie würden bloß mit ihren juristischen und medizinischen Lehrbüchern bewaffnet imstande sein, die Scharen des Tyrannen in die Flucht zu schlagen, all diese Helden verschwanden beim ersten Blinken der königlichen Bajonnette wie die Nachteulen, wenn die Sonne aufgeht. Und selbst die Italienerinnen, die so viele Fahnen gestickt und drei farbige Bänder genäht hatten, erinnerten sich wieder der Anweisungen ihrer Beichtväter, und so oft sie ein Offizier mitten auf der Straße küßte, boten sie auch die andere Wange der Beleidigung. Nach wenigen Tagen waren die roten Fahnen, die Freiheitslieder, das vergossene Blut, die Kugeln und die Trümmer vergessen. Aber die Päpstin vermochte ich nicht zu vergessen. Die sonderbaren Begleitumstände, unter denen ich von ihr gehört hatte, die merkwürdige Erscheinug des Redners, der unterirdische Raum, die Angst, das Blutbad oben auf der Erde, dies alles machte jenes Bild in meinem Herzen unauslöschlich, wie die Fußspuren des Heilands in dem Felsen von Judäa.

Gar oft erschien mir seitdem der traurige Schatten Johannas im Traum, mit einem totgeborenen Kind in den Armen, und tagsüber suchte ich auf verschiedene Weise etwas über diese in ihrer Art einzige Heldin zu erfahren. Ich fragte bei den Professoren, den Bedienten, dem Landmann, der die Scholle grub, und dem dicken Kapuziner, der mich um ein Almosen ansprach; Stunden verbrachte ich bei den Buchhändlern und stöberte im Staub wurmzerfressener Bände umher in der Hoffnung, von meiner Päpstin Spuren zu entdecken, die indessen die Pfaffen in Italien mit solcher Sorgfalt verwischt hatten, daß nach langer Verfolgung derselben und nachdem ich oft wie der Papagei Cäsars gerufen hatte: *Tempus et labor abeunt,* meine Neugierde Hungers starb, da sie nicht einen einzigen Brocken zu finden vermochte.

Einige Jahre später hielt ich mich in Berlin auf. Da ich weder den Genuß der Tabakspfeife noch des Bieres und der öffentlichen Bälle kannte, blieb ich deshalb einsam und unbeschäftigt unter den vielbeschäftigten fremden Studenten. Langeweile und Untätigkeit sind, wie ich seitdem oft zu bemerken Gelegenheit hatte, die Haupttriebfedern der Liebe und gar wohl imstande, beim Mangel neuer Leidenschaften die alten wiederzubeleben. Dies passierte mir auch mit der Erinnerung an die Päpstin Johanna. Am Morgen eines Feiertages, als der Himmel von Berlin anscheinend das mosaische Wort rechtfertigen wollte und seine Schleusen öffnete, flüchtete ich mich in die Einsamkeit einer öffentlichen Bibliothek. Während ich meine gähnende Langeweile von einem Saal zum anderen spazieren führte, befand ich mich plötzlich in der ungeheuren Halle, wo die theologischen Bücher des Mittelalters von einer dicken Schicht weißen Staubes bedeckt, wie die Toten in ihrem Sterbekleid, in tiefem, ungestörtem Schlaf ruhen. Der Geruch des Käses ruft bei den Schweizern im Ausland die Erinnerung an das Vaterland wach, derjenige des Strohes bei den Eseln das Andenken an ihren Stall, und der Blumenduft mahnt den Liebenden an seinen Schatz; bei mir weckte der Geruch des alten Papiers sofort die Erinnerung an die Päpstin. »Hier«, sagte ich mir, indem ich jenen staubbedeckten Bücherhaufen betrachtete, »hier liegt die Lösung des Rätsels, das mich so sehr beschäftigt.« Ich holte mir vom Bibliothekar die Erlaubnis, diese mächtigen Folianten aufzuschlagen, und einen Lappen, um sie abzustauben, und fing an, von Band zu Band und von Blatt zu Blatt die Spuren meiner Heldin zu verfolgen. Mit Hilfe der Sammlung Rerum Germanicarum, der Kataloge von Dufresnois, der Studien von Bayle und Spanheim vermochte ich im Verlauf weniger Monate das meiste von dem, was seit acht Jahrhunderten für oder wider die Existenz eines weiblichen Papstes geschrieben worden ist, durchzulesen und in zwei dicken Heften zu sammeln. Aber damals war meine Unerfahrenheit in derartigen Forschungen so groß, daß ich oft gezwungen war, ein ganzes Kapitel oder gar einen ganzen Band von vorn bis hinten durchzulesen, ehe mein Blick auf der Stelle ruhte, die ich suchte; jedoch lernte ich auf diese Weise, ohne es zu wollen, sehr viele merkwürdige Einzelheiten über die Religion, die Moral und die Sitten während jener dunklen Jahrhunderte kennen.

Dies ist die Entstehung meines Buches über die Päpstin Johanna. Als ich mich ans Werk machte, merkte ich sofort, wie trocken und unlesbar für die meisten Leser die einfache Erzählung des Lebens Johannas sein würde, deren Existenz sogar der Mehrzahl von ihnen unbekannt ist. Daher habe ich diesen historischen Teil meines Werkes in die Einleitung verwiesen, während der Rest des Buches zu einer erzählenden Enzyklopädie des Mittelalters, speziell des neunten Jahrhunderts, gestaltet wurde.

Dank der Dichter, Schriftsteller und Künstler ist jede Epoche seit Erschaffung der Welt und ein jedes Land mehr oder weniger allgemein bekannt. Jedes Zeitalter und jedes Volk hat uns ein Denkmal hinterlassen, das die damaligen Menschen charakterisiert: die Juden die Heilige Schrift, die Ägypter die Pyramiden und die Griechen die Ilias. Von Eva an, deren Liebe Moses und Milton besungen haben, bis auf Cymodocia, der Chateaubriand den Märtyrerkranz gewunden hat, ist die Reihe fast lückenlos. In welche Epoche kann der Wanderer zurückgreifen oder an welcher Küste vor Anker gehen, ohne bekannte, lachende Gesichter und Freunde vorzufinden, die ihm die Hände entgegenstrecken? Da trifft er Rahel, die seinen durstigen Lippen Wasser bietet, dort Nausikaa, welche ihn unter ein gastliches Dach geleitet. Aber steigen wir von unserm Pegasus ab, bevor er die Hufeisen verliert, und bemerken wir, daß einem jeden die Bärte der Patriarchen, die Mäntel der griechischen Philosophen, die Phalanx der Mazedonier, die blonden Perücken der römischen Kurtisanen, die buntbesetzten Pelze der nordischen Barbaren, die Knotenstricke der christlichen Märtyrer mehr oder weniger bekannt sind, und was sonst noch die Dichter und Schriftsteller beschrieben haben; was man in der Schule studiert oder in einer Übersetzung gelesen hat. Viel bekannter aber sind die am Ende des Mittelalters auftretenden gepanzerten Ritter und die weißgekleideten Frauen, ein Amadis, Tristan, Richard Löwenherz, die Tempelherren, die Abencerragen, eine Jolanthe, Herminia und Armida. Ihre Wappenschilder und Rüstungen, ihre Liebesabenteuer und Erfolge kennt jedermann aus den Werken von Walter Scott, Victor Hugo, aus den Sammlungen der Museen und den Opern von Rossini und Meyerbeer. Aber vom sechsten bis zum neunten Jahrhundert, vom letzten römischen Kaiser bis zum ersten Ritter, was für Menschen waren es, die unsern Planeten bewohnten? Was taten sie? Was aßen sie? Woran glaubten sie? Wie kleideten sie sich? Auf diese Fragen kann nur der Historiker von Fach antworten, der sich der undankbaren Mühe unterzogen hat, die unendlichen Sammlungen der mittelalterlichen Chronisten, die endlos frommen Legenden, die Großfoliobände voll von den unverdaulichen Schwätzereien der Mönche, die Schriften von Cassiodor, Cäsarius, Alkuin, Sankt Agobard, Rhabanus Maurus und tausend andere Bücher zu durchblättern, die nur den Gelehrten und den Würmern bekannt sind und die Muratori einmal treffend »unfruchtbare Wüsteneien der mittelalterlichen Literatur « nennt. In diese Einöden habe auch ich mich auf der Suche nach den Spuren Johannas verirrt. Wie der Reisende, der entlegene, schwer zugängliche Gegenden besucht, aus jeder eine Erinnerung an seine Wanderfahrten mitzunehmen pflegt, ein Blatt von dem Baum, der den Wüstenquell beschattet, eine Muschel von der den Seefahrern unbekannten Küste, oder eine Blume, die auf unbetretbarer Höhe sproßt, so habe auch ich aus jedem der zu ewiger Vergessenheit verurteilten Bände als Erinnerung irgendeine Stelle herausgegriffen, die uralte Gewohnheiten, sonderbare Anschauungen, populäre Vorurteile, Reste des Heidentums veranschaulicht, und was ich sonst noch finden konnte, das der Aufmerksamkeit der neueren Historiker entgangen ist. Denn diese, ganz in allgemeine Theorien versenkt, verfolgen keinen anderen Zweck, als die ihnen zusagenden Ansichten zu verfechten, und haben für derartige Einzelheiten weder Zeit noch Raum übrig.

Aus diesen Steinchen, die ich an den trüben Quellen des Mittelalters sammelte, habe ich ein Mosaikbild zusammengesetzt – oder vielmehr zusammenzusetzen versucht – in der Absicht, eine möglichst genaue Darstellung jener dunkeln Zeit zu geben, wie sie meines Wissens noch nie in einem allgemein zugänglichen, gewissenhaft geschriebenen Buch unternommen worden ist. Mein Buch verfolgt die Absicht, möglichst breiten Schichten des Publikums eine so genaue Kenntnis jener Epoche zu vermitteln, wie die »Abenteuer Telemachs« von dem Griechenland der Heroenzeit, die »Märtyrer« von dem Rom des Verfalls und »Ivanhoe« vom englischen Rittertum. Da ich aber sofort bemerkte, wie unzureichend meine Kräfte für ein derartiges Werk seien und wie sehr ich hinter denen zurückstand, die solche Arbeiten unternehmen, so konzentrierte ich meinen Ehrgeiz darauf, wenigstens in der historischen Wahrheit nicht hinter ihnen zurückzustehen. Jeder Satz in der »Päpstin Johanna«, ja fast jedes Wort, stützt sich auf das Zeugnis eines zeitgenössischen Schriftstellers. Die Mönchsanekdoten stammen aus den Chroniken der damaligen Klöster, die Wunder aus den mittelalterlichen Legenden, die Beschreibung der Zeremonien aus den Briefen Eginhards und Alkuins und aus der Kirchengeschichte Gregors von Tours, die wunderlichen theologischen Glaubensmeinungen aus den Schriften der zeitgenössischen Theologen, des Sankt Agobard, Inkmar, Rhabanus und anderer. Jede Beschreibung einer Stadt, eines Bauwerkes, eines Kleidungsstücks oder einer Schrift ist bis in die kleinsten Kleinigkeiten hinein genau, wie zum Teil aus den an das Ende des Werkes verwiesenen Anmerkungen ersichtlich wird, die ich leicht noch hätte vervielfältigen können. Ehe man jedoch sein Buch umfangreicher macht, muß man zunächst wissen, ob es Anerkennung finden wird oder nicht. Ich führe dies alles hier an, nicht um mit Kenntnissen zu prunken, sondern um zu zeigen, wie sehr ich den Leser achte. Diese Achtung vor dem Leser, die bei uns Griechen etwas vollständig Neues und Fremdes ist, wird, meine ich, gerechtfertigt sein, wenn sie die freundliche Aufnahme findet, die alle wohlerzogenen Menschen den Fremden bereiten.

Aber obgleich die Achtung vor dem Publikum eine ebenso schätzbare Tugend ist wie ein Familienvater, der die Uniform der Nationalgarde trägt, so genügt sie doch für die Leser nicht, die von dem Verfasser außerdem noch verlangen, daß er sie nicht einschläfert. Auf die Griechen üben bedruckte Blätter dieselbe narkotische Wirkung aus wie die Blätter der Saubohne, und darum mögen sie die meisten nicht einmal aufschneiden, sondern sie hinterlassen die Produkte unserer zeitgenössischen Literatur den kommenden Generationen jungfräulich und unberührt. Ein englischer Schriftsteller, ich glaube Swift, erzählt, daß die Bewohner, ich weiß nicht mehr welchen Landes, so gleichgültig und unaufmerksam sind, daß, jedesmal wenn man mit ihnen zu reden hat, man sie von Zeit zu Zeit mit einem getrockneten Kürbis auf den Kopf schlagen muß, damit sie nicht einschlafen, während man spricht. Solch ein antihypnotisches Mittel gedachte auch ich gegen die Gleichgültigkeit des griechischen Lesers anzuwenden und habe mangels eines Kürbisses versucht, die Langeweile zu beschwören, indem ich auf jeder Seite zu unerwarteten Abschweifungen, eigentümlichen Vergleichen und sonderbaren Wortfügungen meine Zuflucht nahm, jeden Gedanken sozusagen in ein anschauliches Bild kleidete und sogar die ernstesten Fragen der Theologie mit Troddeln, Quasten und Schellen garnierte, wie die Schürze einer spanischen Tänzerin. Diese Schreibweise, die Byron in England, Heine in Deutschland, Murger und Musset in Frankreich eingeführt haben, wurde von den italienischen Dichtern der nachklassischen Periode erfunden, die, da sie daran verzweifelten, die Höhen zu erreichen, auf denen Dante, Petrarca und Tasso ihr Banner aufgepflanzt hatten, einen anderen, leichteren Weg zwar nicht zum Ruhm, so doch zur Popularität suchten. Diese Art von Literatur gleicht in Wahrheit jenen galanten Frauen, die des Reizes beraubt sind oder mehr Jahre als Zähne zählen und auf verschiedene Weise, durch Schminke, Lächeln, liebenswürdiges Entgegenkommen und ausgeschnittene Kleider statt der versagten reinen Liebe die Begierde oder wenigstens die Neugierde der Beschauer zu erregen suchen. Ich beabsichtige hier dieses System weder zu loben noch zu empfehlen, aber ich war der Meinung, daß es nur mit Hilfe einer solchen Sauce möglich sei, das unverdaulichste aller Gerichte, die mittelalterliche Kirchengeschichte, einigermaßen genießbar zu machen. Ein hervorragender Kochkünstler, ich glaube Vatel, rühmte sich, er könne einen Bock, ja sogar eine Ratte, mit solcher Kunst zubereiten, daß diejenigen, die davon äßen, sich die Finger ableckten; ich würde es für einen Erfolg halten, wenn ich durch irgendeine Würze den Mönch des Mittelalters wenn nicht angenehm, so doch wenigstens erträglich zu machen vermöchte.

Bevor ich zum Schluß dieser wohl schon zu langen Vorrede eile, dürfte es für mich, der ich in Griechenland schreibe, vielleicht vonnöten sein, mich wegen der in meinem ganzen Buch herrschenden Freiheit zu entschuldigen, daß ich z.B. zuweilen die Dinge beim richtigen Namen nenne, anstatt zu jenen Umschreibungen Zuflucht zu nehmen, mit denen die anständigen Schriftsteller ihre unanständigen Gedanken verhüllen, wie unsere Voreltern ihre Blöße mit Feigenblättern. Das wäre mir leicht möglich gewesen, indem ich den literarischen Theorien folgte, die Voltaire, Byron, Casti und andere ihren Büchern solchen Genres vorausschickten. Aber, wie das französische Sprichwort sagt, *comparaison n'est pas raison,* und außerdem verabscheue ich Wiederholungen. Nur das eine will ich sagen, daß ich diese Freiheit für die Art meiner Erzählung so notwendig und natürlich finde, wie das Salz für das Meerwasser. Wer die Pucelle d'Orleans, den Don Juan oder die italienischen Dichter des sechzehnten Jahrhunderts gelesen hat, wird sich gewiß nicht beklagen, daß die Päpstin Johanna gar zu dekolletiert sei. Ein jeder, der das Mittelalter kennt, der die Chronisten, die Verfasser der Legenden, die Kirchenväter studiert hat, wird ohne Zweifel zugeben, daß mit solchen Schriften verglichen das vorliegende Buch der Jungfrau gleicht, die sich der heilige Basilius vorstellte wie eine verehrungswürdige Statue auf dem Marmorsockel der Jungfräulichkeit stehend und jedem Verlangen, jeder Berührung gegenüber unempfindlich.

Als ein schwereres Vergehen wird mir sicherlich von vielen die Kühnheit angerechnet werden, mit der ich den Kirchenschmutz des Mittelalters sowohl bei den

Westeuropäern als den Byzantinern aufrühre, und die gelegentlichen Seitenhiebe auf den gegenwärtigen Zustand der byzantinischen Kirche. Aber der nicht voreingenommene Leser meines Buches wird wenigstens davon überzeugt sein, daß nicht die Spur einer polemischen Tendenz darin vorliegt. Die Schändlichkeiten der Franken sowohl wie der Südeuropäer werden mit derselben leidenschaftslosen Unparteilichkeit dargestellt, und die Visionen der mittelalterlichen Theologen und die Träumereien der deutschen Professoren sind mit dem nämlichen Freimut gegeißelt worden. Wo immer sich ein Anlaß zum Spott darbot, habe ich zugegriffen, unbekümmert, ob sich die Lächerlichkeit in einem Kloster oder einer Akademie, unter der Kutte eines Mönches oder dem Mantel eines Philosophen verbarg. Die religiösen oder philosophischen Verschrobenheiten von der Erschaffung der Welt bis auf unsere Tage werden mit derselben Leidenschaftslosigkeit dargestellt, mit der der Seefahrer die Richtung der Winde in sein Journal einträgt. Der heilige Basilius, Paschalis und Chateaubriand haben das Christentum verteidigt, Libanius, Voltaire und Strauß haben es im Namen der Menschlichkeit oder der Philosophie angegriffen. Sie alle jedoch haben mit Leidenschaft geschrieben und, wie sie selbst zugestehen, im Glauben an ihre religiösen oder philosophischen Prinzipien. Aber so oft ich irgendein mit ausgesprochener Tendenz oder Überzeugung über eine solche Materie geschriebenes Buch lese, kommt mir sofort eine Stelle des Isidorus in den Sinn, wo er sagt: »Sie geben sich den Anschein über göttliche und jenseits aller Vernunft liegende Dinge verschiedener Meinung zu sein und werden doch

22

nur vom Ehrgeiz geleitet.« Was mich betrifft, so gestehe ich ohne zu erröten, daß ich keinen anderen Zweck hatte:

> *Unless it were to be a moment merry.*
> *(Einen Augenblick einmal richtig vergnügt zu sein.)*

Über meine Urteile hinsichtlich der Zeremonien der heutigen orthodoxen Kirche sage ich nur dies eine: Wie auch immer die innersten Überzeugungen der Menschen sein mögen, irgendeine äußere Form der Gottesverehrung ist überall und immer für notwendig gehalten worden. Der einfache Christenmensch geht in die Kirche, um Trost zu suchen in der Hoffnung auf die Diamanten und Smaragde des Paradieses der Apokalypse, und der Philosoph denkt dort über die Unendlichkeit, das Ideal, die Bestimmung des Menschen oder andere derartige philosophische Knackpunkte nach. Bei beiden jedoch erhebt sich der Geist zu Gedanken, die über das alltägliche Einerlei hinausgehen, beide verlassen die heilige Stätte in sich geklärter und mit dem Verständnis für die tiefe Wahrheit, die Jesus selbst ausgesprochen hat: Der Mensch lebt nicht vom Brot allein.

Aber ein solcher Kultus muß, um seinen Zweck zu erfüllen, mit den Ideen, Sitten und der Moral der Menschen in Einklang stehen, und diese ändern sich fortwährend unter dem Einfluß der zunehmenden oder der sich lediglich umgestaltenden Zivilisation. Der Altar, so sagt der ganz und gar christliche Chateaubriand, muß unerschüttert bleiben, aber sein Schmuck muß sich je nach den Zeiten ändern.

Die Westeuropäer haben dies längst erkannt und deshalb Sorge getragen, aus ihren Kirchen alles zu verbannen, was mit dem Geschmack der Zeitgenossen nicht harmonierte. Die Dauer der Messe wurde auf eine Viertelstunde beschränkt, die Fasten sind erträglich, die Priester gut gebildet, ihre Bilder sind den Augen wohlgefällig und ihre Musik schmeichelt sich dem Ohre ein; darum kann ein jeder ohne große Mühe und Langeweile ein guter Christ sein. Aber wir Griechen haben es für gut gehalten, immer noch an dem mittelalterlichen Wust zu kleben, wie die Austern an ihrem Felsen. Unsere Messe dauert zwei Stunden wie zur Zeit des heiligen Basilius, und niemand hört sie an; die Priester werden aus dem Kehricht der Erde genommen, wie zu den Zeiten des Apostels Paulus, und niemand macht sich etwas aus ihren Ratschlägen; die Fasten sind nur für Priester strengster Observanz geeignet, und darum fastet keiner; die Bilder sind monströs, und niemand küßt sie; und was das Näseln in unserer Kirche angeht, so halte ich jedes Wort hier für überflüssig. Aus alledem folgt, daß unter den übrigen christlichen Nationen allein wir, oder wenigstens die gebildeten Stände bei uns, ich will nicht sagen des Glaubens verlustig gegangen sind, denn dies ist ein allgemeines Unglück, sondern jedes äußeren Kultus, der, wie schon oben gesagt wurde, auch sein Gutes hat, da er dem Menschen zu Gemüte führt, daß es außer den sinnlichen Genüssen auch noch andere gibt. So oft ich wenigstens unter der Kuppel eines gotischen Domes kniete und ein Bild von Raffael küßte oder einer heiligen Melodie von Mozart oder Rossini lauschte, fühlte ich stets das religiöse Gefühl in meinem Herzen wiedererwachen; ich vergaß, daß es eine Kirchengeschichte gibt, und rief wie Galilei: *Eppur si muove,* während dagegen derjenige, der in eine von unseren Kirchen hineingeht, nur von einem Gefühl beherrscht wird, nämlich dem Verlangen, wieder hinauszukommen. Nur ein Blinder oder einer, der absichtlich die Augen schließt, kann die Richtigkeit und Wahrheit dieser meiner Behauptung anzweifeln. Wenn es aber bei uns Griechen vernünftige Männer gibt, die meinen, daß wir leere Kirchen und einen unwissenden, verachteten Klerus haben müssen, daß die Nase das zum Preise des Höchsten geeignetste Organ, daß die Kalokärini ein Handbuch der Moral für junge Mädchen und die Beichtvorschriften von Nikodemus das für einen Priester passendste Vademekum sei, dann will ich mich zu ihrer Meinung bekehren, sobald ich auch vernünftig geworden bin. Wieder andere geben zwar zu, daß diese Zustände nicht gut sind, behaupten aber nichtsdestoweniger, sie müßten unverändert bleiben aus Dankbarkeit gegen die Kirche, die uns vom fremden Joch befreit habe, und von der wir früher oder später die Verwirklichung unserer nationalen Wünsche erwarten. Wirklich sonderbar ist jedoch diese Art von Dankbarkeit, die anstatt die Gebrechen ihrer Retterin, der Kirche, zu heilen und sie in anständige Kleider zu hüllen, sie obdachlos und verachtet unter den zerschlissenen Lumpen des Mittelalters verkümmern läßt; diejenigen aber, welche sie als Werkzeug zur Erreichung politischer Zwecke gebrauchen wollen, vergessen, wie es scheint, daß die Zeit der Wunder längst vorüber ist und daß weder die Sonne still steht noch die uns und die geknechteten Brüder scheidenden Mauern durch den näselnden Gesang unserer Priester fallen werden, wie einst die Mauern von Jericho durch den Schall der Trompeten des Josua.

Die obigen Bemerkungen habe ich zur Vermeidung von Mißverständnissen vorausgeschickt, aber wahrlich nicht zur Rechtfertigung des Buches, das ich dem geneigten Wohlwollen des Lesers übergebe. Für die Kritiker bemerke ich, daß Dinge und Tatsachen darin enthalten sind, die sich auf einwandfreie Zeugnisse stützen; daher müssen diejenigen, die es kritisieren wollen, *res et non verba* bei ihrer Beurteilung vor Augen haben. Die unbestimmten und unbegründeten Proteste aber im Namen der Moral, Moralität oder Moralisation oder wie sonst die heutigen Zeitungen die Sache benennen, haben nicht nur keine Bedeutung, sondern erinnern an den Ausspruch des englischen Dichters, nach dem nur die Unmoralischen von Moral reden.

Athen, den 1. Januar 1867

Einleitung

Partout où vous voyez une légende, vous pouvez être sûr, en allant au fond des choses que vous trouverez une histoire.

(Valet de Siriville, *Études sur l'alchimie*)

Bei dem Versuch, in den dunkelsten Kreis des Mittelalters einzudringen, werde ich wie Dante den Vergil als Führer und unzertrennlichen Begleiter auf diesem durch ungewisse Traditionen und unwahrscheinliche Schwätzereien so schlüpfrigen Pfade den skeptischen Philosophen Pyrrhon nehmen. Jedoch will ich nicht den Spuren jener Historiker folgen, die obwohl auf ihren Skeptizismus stolz, dennoch oftmals das Fundamentalprinzip ihrer Richtung zu vergessen scheinen. Die alten Pyrrhonisten zweifelten zwar an allem, aber sie leugneten niemals etwas ab und schlossen ihre Deduktionen stets mit den Worten: Ich weiß nicht. Unsere Zeitgenossen dagegen begnügen sich nicht damit, das, was ihnen sonderbar erscheint, als lächerlich und unmöglich zu verspotten, sondern sie machen ihren Unglauben auch für den Leser zum Glaubensartikel.

Solchen Pyrrhonisten ist leider auch die Geschichte der Päpstin Johanna in die Hände gefallen und von ihnen zum Märchen gestempelt worden. Sieben volle Jahrhunderte ist die Erhebung einer Frau auf den Stuhl Sankt Petri als eine geschichtliche Tatsache angesehen worden, und als solche haben sie die ernsten Chronisten in den Annalen der Geschichte der Päpste überliefert; plötzlich jedoch, zu Anfang des sechzehnten Jahrhunderts, haben einige Geschichtsschreiber, anscheinend frömmer als die Mönche des Mittelalters, den Versuch gemacht, den Namen dieser Frau aus der Liste der Päpste zu streichen, als sei er ein Schandfleck und eine Verunreinigung, und alles, was über sie geschrieben worden ist, als Erfindung zu brandmarken. Den Grund dieser späten Verleugnung findet man unschwer, wenn man bedenkt, daß ehemals die Päpste, unerschütterlich auf dem Heiligen Stuhl und verschanzt hinter dem unüberwindlichen Bollwerk der damaligen Unwissenheit, jede Rechtfertigung als überflüssig und ihrer unwürdig ansahen. Als sich jedoch allmählich die Nebel des Mittelalters zerstreuten, verminderte sich ihre Macht, und die Ketzer und nach ihnen die Philosophen begannen die Archive der Papstgeschichte zu durchstöbern, um darin Stoff zum Tadel oder Spott zu finden. Nunmehr hielten es die Nachfolger des heiligen Petrus für angebracht, diese Frau als ein *Monstrum imaginarium*, eine Ausgeburt der Einbildung, hinzustellen und diejenigen, die die unleugbaren Taten dieser Heldin der Vergessenheit entrissen haben, als leichtgläubige, greisenhafte Schwätzer zu behandeln. Ihre fortgesetzten Bemühungen hatten teilweise Erfolg, dank der Gleichgültigkeit der späteren und der Oberflächlichkeit einiger denkfauler Schriftsteller. Da es letztere weniger anstrengend fanden, die wahrscheinlichste Hypothese anzunehmen, nach der der weibische Charakter Johanns IX. zu der Fabel von der Päpstin Veranlassung gegeben habe, als sich mühsam durch staubige Handschriften und wurmzerfressene Folianten hindurchzuarbeiten, wählten sie den leichteren Weg und zogen die öffentliche Meinung auf ihre Seite.

Was mich betrifft, so habe ich mir nicht etwa die kritische Wertung der für und wider die Päpstin verfaßten Schriftwerke zum Hauptziel gemacht, sondern vielmehr eine getreue und ins Datail gehende Darstellung der religiösen und moralischen Zustände sowie der Sitten im 9. Jahrhundert; indem ich Johanna als die merkwürdigste Erscheinung jener Epoche zur Hauptperson meiner Erzählung machte, bezweckte ich die Liebhaber historischer Diskussionen auf die umfangreichen Bücher von Desmarets, Launoy, Allatius und Mabillon zu verweisen, die alle Hilfsmittel, die ihnen ein umfassendes Wissen und ein durchdringender Verstand boten, zur Verteidigung oder zur Widerlegung der Existenz des weiblichen Papstes angewandt haben. Aber in der Erwägung, daß die lateinischen Schriften dieser Gelehrten in den Bibliotheken in einem tiefen, nur von wenigen gestörten Schlaf ruhen, und daß die kürzer gefaßten Abhandlungen aus dem 17. Jahrhundert fast verschollen sind,[1] habe ich es für zweckmäßig gehal-

---

1 Unter ihnen zeichnen sich die zwei des Chioten Leon Allatius oder, wie ihn Dufresnois spöttisch nennt, Allaci aus: *Confutatio fabulae de Johanna papissa*, Rom 1630, und die *Commentatio in Johannae papissae fabulam.* In diesen Schriften sucht er nicht nur auf jede Weise die Existenz der Päpstin zu widerlegen, sondern beschimpft auch alle diejenigen, die seine Meinung nicht teilen. Ein wenig später schrieb David Blondel seine viel-

ten, um nicht als ein Fabelerzähler zu erscheinen, in der Form einer Einleitung eine Inhaltsangabe der glaubwürdigsten Zeugnisse zu geben, auf die sich die vorliegende Erzählung stützt und die ich mühsam aus einem vielbändigen Haufen von unverdaulichen Mönchskompilationen zusammengestellt habe.

Bei der Aufzählung der Verfasser von Chroniken, die uns das Gedächtnis Johannas aufbewahrt haben, wird der Leser vielleicht mit Erstaunen sehen, daß die meisten Prälaten oder Mönche sind, und daß sie, was noch sonderbarer anmutet, ihre Schriften Päpsten widmen, die die Widmung offenkundig mit Bereitwilligkeit und gern annehmen, ohne den Heiligen Stuhl für entehrt zu halten, weil ein weibliches Wesen auf ihm gesessen hatte, während die guten Katholiken die Existenz der Päpstin als eine gemeine, böswillige Verleumdung hinstellen. Dabei vergessen sie aber vollständig, daß die Verleumder gesalbte Würdenträger sind und die Mitra tragen. Andererseits benutzen die Feinde des Klerikalismus den Namen dieses unglücklichen Weibes, um ihn als einen Vorwurf dem Papsttum ins Angesicht zu schleudern. Was ist nun wohl der Grund dieses Wandels? Warum sucht man als eine Schmach eine Heldin zu verbergen, deren die älteren Autoren mit Bewunderung gedenken? Sind wir vielleicht weniger galant ge-

---

berufene *Anacrisis* unter dem Titel: *De famosae quaestionis an femina inter Leonem IV. et Benediktum III. Anacrisis*, Amsterdam 1659. Hierauf antwortete unmittelbar nachher Samuel Desmarets durch seine *Johanna restituta*, Groeningen 1659, und der berühmte Friedrich Spanheim mit seiner *Disquisitio historica de Papa femina*. Aber diese von der Kurie unnachsichtig verfolgten Abhandlungen verschwanden bis auf wenige im Besitz von Bücherliebhabern verbliebene Exemplare. Die neueren Schriftsteller, Gibbon, Hallam, Sismondi und andere, erwähnen die Päpstin nur beiläufig oder in einer kurzen Anmerkung.

worden als unsere Vorväter, oder beschränkt sich bei uns der Fortschritt nur auf die mechanischen Künste, und messen wir den Wert der Frauen mit gerechterem Maßstab? Wie dem auch sei, nachdem so viele fromme Prälaten die Sandalen der Päpstin zu ihren Lebzeiten und ihren Staub nach ihrem Tode geküßt haben, hat es unter den Späteren nur der ketzerische Historiker Jurieu gewagt, von ihr zu sagen: »Da Johanna klug, beredt und schön war, wurde der apostolische Thron, auf dem so viele ungebildete und schmutzige Mönche gesessen hatten, durch sie viel mehr geehrt als geschändet.«[1]

Da ich wohl weiß, daß viele selbst gegen augenscheinlichste Wahrheiten mißtrauisch sind, wenn eine Tatsache der Wahrscheinlichkeit zu entraten scheint, so will ich vor der Beibringung der direkten Zeugnisse über meine Heldin in wenigen Worten darzulegen versuchen, daß die Erhebung auf den Heiligen Stuhl, obwohl sie uns zur Zeit unglaublich und märchenhaft anmutet, in der Epoche, in der sie sich ereignet hat, nichts Außerordentliches an sich hatte, außer wenn wir das Argument des Onuphrius ernst nehmen, der meint:

»Es ist unmöglich zu glauben, daß der Höchste eine Frau auf Sankt Peters Thron habe gelangen lassen, der

---

1 *Jurieu: Histoire du Papisme,* Kap. III. Derselben Meinung ist auch der Abbé Dufresnois, ein Historiker am Anfang des 18. Jahrhunderts, der sich durch große Unbefangenheit des Urteils auszeichnet. In seiner *Méthode pour étudier l'histoire,* Paris 1729, Bd. III. S. 319 sagt er: »Ich wundere mich über die Hartnäckigkeit der heutigen Katholiken, mit der sie die Existenz Johannas ableugnen, während man im Gegenteil auf jede Weise die Wahrheit des über sie Berichteten zu beweisen suchen müßte. Denn sie machte dem Heiligen Stuhl die größte Ehre, da sie nach dem Zeugnis aller Historiker fromm und weise regiert hat.«

von seinem Sohn, unserem Erlöser, errichtet worden ist.«[1] Aber nachdem der Höchste zur Besserung der Menschen Sintfluten, Feuer, Aussatz und Pest vergebens angewendet, hat er, wie es scheint, die Sache aufgegeben und darauf verzichtet, seinen Zorn durch Zeichen kundzutun. Und gerade in jener Epoche, in der er es duldete, daß ihn Ketzer, Ehebrecher, Atheisten und Blutschänder als Päpste vertraten,[2] sieht man keinen Grund, warum er die arme Johanna von der allgemeinen Amnestie sollte ausgenommen haben.[3] Man muß auch sagen, daß in jenen Zeiten, wie der fromme Baronius mitteilt, »Jesus und die Apostel fest schliefen, während schlimme Winde von allen Seiten wehten und gefährliche Wellen das Schiff der Kirche bedeckten.« Aber lassen wir das Mönchsgeschwätz beiseite und untersuchen, ob es, während Christus und die Apostel »in tiefem Schlafe ruhten«, für eine Frau in männlicher Kleidung schwierig war, den Blicken der Priester zu entgehen und sich die Schüssel des heiligen Petrus anzueignen.

Sehen wir zunächst, wie es damals in Rom aussah. Um nicht gar zu weit zurückzugehen, beschränken wir

---

1 *Non si è da credere che Iddio avesse permesso che una femina occupasse la sedia di san Pietro, da Christo Salvator nostro ordinata (Onofrio Panvinio, Annot. in Platina).* Das Buch befindet sich in der Athener Universitätsbibliothek.

2 Liberius war Arianer, Anastasius Nestorianer, Honorius Monophysit, Johann XXIII. Atheist, die beiden andern Bezeichnungen passen für alle damaligen Prälaten. Siehe Platina, Stelle, Lesueur u.a.

3 Bei den Juden, die dem Anschein nach nicht an ein jenseitiges Leben glaubten, war die Strafe für die Sünden im Diesseits ein zur Zügelung der Schlechtigkeit notwendiges Dogma. Daher sehen wir Gott im Alten Testament sein Volk mit Epidemien, Heuschrecken, Hungersnot u. dgl. heimsuchen. Bei uns Christen aber, die wir nach dem Tode Lohn oder Strafe erwarten, wird jeglicher Eingriff von droben in irdische Dinge überflüssig; zudem dünkt es uns Gottes unwürdig, den Staatsanwalt oder Henker zu spielen.

uns lediglich auf das Jahrhundert Johannas und das nach ihr, in dem sich, wie wir von allen damaligen Historikern erfahren, die Gesellschaft im Abendland infolge der Herrschsucht, der Habgier und der Niedertracht der Priester in einem jämmerlichen Zustand befand.[1] Die Korruption war so allgemein, daß jeglicher Verstoß ungestraft blieb. Damals begann man den Papst ohne Mitwirkung des Kaisers zu wählen, unter ihnen Leo IV. und Sergius II.[2] Nach Baronius, dessen wertvolles Zeugnis wir getreu übersetzen, »wurde die Wahl der Prälaten nicht mehr von den Klerikern vollzogen, ja es wurde nicht einmal mehr ihre Zustimmung nachgesucht; die kirchlichen Regeln wurden mißachtet, die päpstlichen Verfügungen mit Füßen getreten, die Traditionen und geheiligten Zeremonien bei der Wahl des Oberhirten der Kirche vollkommen vernachlässigt, und von den alten Gebräuchen blieb nicht eine Spur erhalten, sondern eine unersättliche Herrschsucht, die vom Arm der weltlichen Machthaber beschützt wurde, nahm alles für sich in Anspruch«.[3] Viele Wahlen wurden gewaltsam vollzogen, oft stellten gegnerische Parteien zu gleicher Zeit zwei Päpste auf, die, von einem mit Prügeln bewaffneten Pöbelhaufen begleitet, mit Steinen und Knütteln um den Heiligen Stuhl kämpften. Der Besiegte wurde verstümmelt und

---

1 *Dormiebat tunc plane alto, ut apparet, sopore Christus in navi, cum hisce flantibus validis ventis navis ipsa fluctibus operiretur.* (Baronius, Annal. eccles. Bd. X S. 461.)

2 Chronik von Bayern, Buch IV.

3 *Nusquam cleri eligentis vel postea consentientis aliqua mentio, canones omnes pressi silentio, decreta Pontificum suffocata, proscriptae antiquae traditiones veteresque in eligendo Pontifice consuetudines sacrique ritus. Omnia vindicaverat sibi libido saeculari potentia percita* (Baronius, Ann. eccles. Bd. I. S. 561).

ins Gefängnis oder in den Tiber geworfen. Unmittelbar nach dem Tode Johannas gelingt es dem Priester Anastasius, obwohl er von einem zahlreich besuchten Konzil exkommuniziert worden ist, mit Hilfe der französischen Gesandten sich von einigen Aufrührern wählen zu lassen. An der Spitze einer Schar Soldaten stößt er die Tore der Peterskirche ein, verbrennt die Akten des Konzils, dann zieht er zum Lateran, reißt dem ehrwürdigen Benedikt die Tiara von seinem grauen Haupt, zerschlägt den Krummstab auf dem Rücken des unglücklichen Greises, tritt ihn selbst mit Füßen und steigt auf den Heiligen Stuhl. Solche Szenen fielen damals nicht auf; sehr viele Pontifizes oder Pseudopontifizes, wie sie Baronius nennt, stiegen über Leichen auf den Thron.[1] Diejenigen, die zu feige waren, sich seiner mit Gewalt zu bemächtigen, nahmen zur List und Geld ihre Zuflucht. Marinus II. erkaufte die Tiara von dem Grafen Toscanelli, Formosus von dem Herzog von Spoleto mit dem Gold, das er als Steuern von den leichtgläubigen Bulgaren eingetrieben hatte. Bonifatius VI., nach Baronius[2] ein »abscheuliches Ungeheuer«, erkaufte, obwohl als Mörder und Ehebrecher seines Amtes enthoben, an demselben Tage die Vergebung seiner Sünden und den Heiligen Stuhl; kurz darauf starb er durch Giftmord oder, wie Baronius sagt, an den Folgen der Völlerei. Mit einem Wort, die Wahlen der Päpste fanden damals auf offener Straße, durch Gold und Knüttel, Dolchstöße und Bestechung statt.

---

1 Platina, *Leben der Päpste*. Siehe auch die anonym erschienene »Geschichte des Papismus«, Brüssel 1842, Bd. III, ferner Lesueur, Jurieu u.a.

2 *Annal. eccles. ad annum 987.*

Kurz nachher ändern sich die Verhältnisse, aber sie bessern sich nicht. Der Heilige Stuhl gerät unter die Herrschaft von Frauen. Die verführerische Theodora und ihre beiden Töchter Marontia und Theodora die Jüngere sind die einzige in Rom verehrte Trinität, die Päpste auf den Thron erhebt und um ihre Hüfte, oft jedoch auch um ihren Hals,[1] den Strick legt.[2] Kardinäle, Bischöfe, Konsuln, Patrizier küssen demütig kniend den Saum des Purpurgewandes dieser abscheulichen Damen. »Was tatest du damals, allerheiligste, aber auch unglückliche Kirche,« ruft Baronius als ein zweiter Jeremias, »als Rom den Winken jener allmächtigen und schändlichen Hetären gehorchte, die Bischofswürden verteilten, Päpste einsetzten und, was das Schlimmste war, ihre Liebhaber und deren uneheliche Kinder auf den Stuhl Petri erhoben?« Da sich dem Anschein nach die Sitten gemildert hatten, wird das, was man früher mit Gewalt durchgesetzt hatte, nun durch feinere Mittel erreicht, und die Wähler, die früher durch Prügel gezwungen worden waren, werden jetzt durch Küsse gewonnen. So oft die unermüdlichen Lippen Theodoras und ihrer Töchter nicht ausreichen, um die Menge zu befriedigen, nehmen sie die halbnackten Dirnen der römischen Bordelle zu Hilfe und durchziehen an der Spitze dieser gemeinen Schar in losen Gewändern die Straßen der Ewigen Stadt, dringen in die Kirchen

---

[1] Johann X., der Geliebte Theodoras, wurde auf Befehl ihrer Tochter Marontia erdrosselt. Siehe Sismondi, *Republ. ital.* am Anfang von Bd. II und Liutprand (apud Reiber, vol. IV).

[2] *Chronic zum Jahre 901.* Siehe darüber die Bruys zugeschriebene »Geschichte der Päpste«, Haag 1732, Bd. II (aus der Athener Universsitätsbibliothek), Sismondi, *Republ. ital.* Bd. I und Liutprand (apud Reiber, vol. I).

und die Schenken und werben in beiden Anhänger für ihren Kandidaten. In dieser Weise wurden acht Päpste hintereinander gewählt, lauter Liebhaber oder Söhne dieser zweifelhaften Damen, Päpste, die Bischof Genebrard statt apostolisch apostatisch nennt.[1] Wenig später schrieb der englische König Eduard in einem Brief an die Bischöfe seines Reichs: »In Rom sieht man nichts anderes als Trunkenbolde, die sich selbst auf den Straßen der Völlerei hingeben und umhertaumeln. Die Zellen der Priester sind Schlupfwinkel von Prostituierten und Sodomitern. Selbst im Palast des Papstes werden Orgien gefeiert, die einer Messalina würdig wären. Statt frommer Lieder und Psalmen hört man nur Trinklieder und Fußgestampfe von Tanzenden.«[2]

Ein anderes Zeugnis der viehischen Zügellosigkeit in dieser Epoche finden wir in einer Predigt eines Priesters namens Clerus, der von der Kanzel herab folgenden Ausspruch tat: »Früher fischte der Teufel die Sünder einzeln mit einem kleinen Angelhaken, jetzt fängt er sie scharenweise in einem großen Netz. Damals verheirateten sich alle, heute treiben sie wie Hunde auf den Straßen Unzucht. Einst kannten betagte Diakonen das nicht, was jetzt fünfzehnjährige Chorknaben tun. Ihr alle seid Kuppler, Wucherer, Gotteslästerer, Hurer und Adjutanten des Teufels geworden, der euch im großen Höllenpfuhl braten wird, wo Heulen und Zähneklappern ist.«

---

[1] Dieses wertvolle historische Schriftstück ist uns von dem Bischof Alfred von Reinwall erhalten worden. Siehe auch die in Brüssel anonym erschienene zehnbändige »Geschichte der Päpste«, speziell Bd. III.

[2] *Clerei: Quadragesima feria ante Pascha* (apud Potter).

Nach dem Chronisten Flodoard von Rheims »begnügten sich die damaligen Priester nicht, sich in den Weinschenken zu betrinken, sondern sie wandelten die Vorhallen der Kirchen in Kneiplokale um, in denen der Wein an den offiziellen Festtagen in Strömen floß. In dem geweihten Umkreis vieler Gotteshäuser und Klöster hatte man dauernde Schankstätten, *cauponaria officina*, eingerichtet. Die die Messe zelebrierenden Priester traten oft, statt vor dem heiligen Abendmahl zu fasten, so mit Fleisch und Wein überladen vor den Altar, daß ihnen übel wurde und sie den Leib des Herrn auf den Abendmahlstisch spien. Dies geschah nicht nur einfachen Priestern, sondern oft auch Bischöfen, die im goldgestickten Meßgewand zelebrierten.«

Die Überzeugung, daß die Sitten der Geistlichen nicht zu bessern seien, veranlaßte die Verfasser der heiligen Kanones zur Veröffentlichung eines Gesetzes, durch das den Laien verboten wurde, einen Priester für schuldig zu halten, selbst wenn sie ihn in flagranti ertappten. »So oft ihr einen geweihten Priester euer Weib umarmen seht,« befiehlt das kanonische Recht, »sollt ihr meinen, daß er dies tut, um sie zu segnen.«[1] So groß war die Zügellosigkeit des damaligen Klerus; sehen wir nun, ob seine Unwissenheit geringer war.

Wenn wir irgendeine der Schriften über jene Epoche durchblättern, finden wir Stellen, wie die folgende: »Im Jahre 846« – also neun Jahre vor Johanna – »waren die Priester so unwissend, daß sie die Kinder in *nomine Patria, Filia et Spirita sancta* statt *in nomine Patris, Filii et Spiritus sancti* tauften. Da sich das Übel fortwährend

---

1 *Decretal. Teil I, Kap. VIII (apud Potter).*

steigerte, hielt man es für nötig, ein Gesetz zu erlassen, nach dem die Priester nachweisen mußten, daß sie das Vaterunser verstanden.«[1]

An einer anderen Stelle heißt es: »In den Litaneien rief man die heiligen Orichel, Roguel und Tobichel statt Raphael, Michael und Gabriel an, bis ein Konzil sich versammelte und erklärte, diese Engel seien ganz einfach Dämonen und Brüder des Sabaok, Astaroth und Enia.«

Der obenerwähnte Clerus erzählt, daß »viele Diebe, die an der Kommunion teilzunehmen wünschten, fürchteten, für die Vergebung ihrer Sünden dem Geistlichen einen Teil des Gestohlenen geben zu müssen, und umherziehenden Priestern beichteten, die weder italienisch noch lateinisch verstanden, sondern nur das Patois ihres Heimatortes sprachen. Diese zogen in den Städten und Dörfern umher und verkauften die Vergebung der Sünden für einen billigen Preis, oft für eine Flasche Wein.«[2]

Alle diese aus leicht zugänglichen Büchern entnommenen Belege, die ich leicht vermehren könnte, habe ich nicht zwecklos oder aus einfacher Skandalsucht angeführt, sondern um den nunmehr wohlunterrichteten Leser zu überzeugen, daß es in einer Epoche, in der keine für die Wahl der Päpste geltende Vorschrift mehr beobachtet wurde, in der die Kurtisanen allmächtig, die Priester ungebildet und das Volk eine Herde von Tieren war, für eine schlaue, kluge und kühne Frau, die ihr Geschlecht von Kindheit an unter männlicher Kleidung

---

1   Potter, *Geschichte des Christentums*, Bd. III.
2   Mabillon, *Vetera analecta*, Bd. I S. 682.

verborgen und jahrelang öffentlich Theologie gelehrt hatte, keineswegs schwierig war, unwissende, leichtgläubige und durch Trunksucht abgestumpfte Priester zu täuschen.

Aber wie brachte es Johanna zustande, so viele Jahre hindurch ihr Geschlecht zu verbergen?

Auch auf diese Frage ist die Antwort leicht und läßt sich in der Kirchengeschichte finden. Seit den ersten Zeiten des Christentums hat es tatsächlich nicht an Frauen gefehlt, die in frommem Eifer in Männerklöstern Zuflucht suchten und in der Mönchskutte allen verborgen blieben. Außer der heiligen Thekla, die dem heiligen Paulus als Mann verkleidet auf allen seinen Reisen folgte, und der Margareta Pelagiana, die nach der »goldenen Legende«[1] in der Brautnacht aus dem Brautgemach entfloh und sich in einen »Pferch von Mönchen« zurückzog, wo sie sich »Bruder Pelagianus« nannte, ferner mit Übergehung von Verkleidungen noch anderer Frauen, die in den Annalen der Kirche erwähnt werden, beschränken wir uns auf die geschichtlich am besten beglaubigten Beispiele. Unter der Regierung des Kaisers Galienus gelang es Eugenia, der Tochter des Präfekten Philipp von Alexandrien, nachdem sie viele Jahre mit Mönchen zusammengelebt hatte, sich sogar zum Abt des Klosters wählen zu lassen, von allen un-

---

1 *Legenda aurea,* ein von einem gewissen Jacobus Voraginus aus dem Dominikanerorden im 13. Jahrhundert verfaßtes Buch, von dem der gelehrte Dufresnois sagt, daß es »ebenso viele Dummheiten wie Worte enthält.« *(Mette. hist., Bd. III, S. 225).* Jedoch sind alle neueren Ausgaben, unter ihnen auch die in der Athener Universitätsbibliothek, durch die jeweiligen Herausgeber von den gröbsten Verstößen gereinigt worden, so daß derjenige, der dieses ungeheuerliche Elaborat in der Fülle seines Blödsinns bewundern will, die venetianischen Ausgaben von 1478 und 1496 einsehen muß.

erkannt, bis sie der Verführung einer Jungfrau angeklagt wurde und als unwiderleglichen Beweis ihrer
Unschuld ihre weiblichen Brüste vorzeigte.[1] Noch er-
staunlicher ist, was wir bei Nicephorus Callistus[2] über
eine andere wunderbare Frau namens Theodora lesen.
Nachdem sie sich während der Nacht ihrem Liebhaber hingegeben hatte, der ihr versicherte, der Höchste
»habe nicht, wie die Katzen, die Fähigkeit zu sehen,
was im Dunkeln geschehe,« merkte sie, daß sie Gott,
den Allgegenwärtigen, beleidigt habe. Sie vergaß ihren
Reichtum und ihre vornehme Geburt und trat unter
der Kutte eines Mönchs in ein Kloster ein; aber auch
dort fand sie die ersehnte Ruhe nicht. Ein junges
Mädchen verliebte sich in den bartlosen Mönch, und
da es nicht ahnte, warum sein Entgegenkommen von
ihm unbeachtet gelassen wurde, ganz im Gegensatz zu
den sonstigen Mönchsgewohnheiten, übte sie Vergel-
tung an ihm und ergab sich einem anderen Mönch. Als
sie sah, daß ihre Formen sich rundeten, beschuldigte
sie die arme Theodora, sie in diesen interessanten Zustand versetzt zu haben. Theodora leugnete hartnäk-
kig bis zuletzt, wollte sich aber um keinen Preis zu erkennen geben. Aus dem Kloster verjagt, zog sie das
fremde Kind auf, als ob es ihr eigenes wäre, obwohl sie
sich von der Verleumdung dadurch hätte reinwaschen

---

[1] Zum Lobe Eugenias verfaßte im 5. Jahrhundert Alcimus Avitus, der Bischof von Vienne in Frankreich, ein lateinisches Gedicht, welches mit
den Versen beginnt:

Eugeniae dudum toto celeberrima mundo
Forma fuit, dum dat Christi pro nomine vitam.

Cruizot (*Histoire de la civilis. en France*, 3. Vorlesung) trägt kein Bedenken,
dieses Gedicht dem »Verlorenen Paradies« von Milton gleichzusetzen.

[2] *Kirchengeschichte*, Bd. II, S. 739 (Paris, 1630).

können, daß sie den Richtern einige Kleinigkeiten enthüllte. Als die Zeit ihrer Buße verstrichen war, kehrte sie ins Kloster zurück und lebte dort im Besitz der größten Vorrechte, sogar desjenigen, daß ihr die wilden Tiere gehorchten. Erst nach ihrem Tode wurde ihr Geschlecht von den Leichenbestattern erkannt.

Im 12. Jahrhundert lebte die heilige Hildegunde, ermutigt durch den Erfolg dieser Frauen, vielleicht auch durch den Johannas, bei den Mönchen von Citeaux; sie nahm den Namen Joseph an und wurde nach ihrem Tode als Heilige verehrt.[1]

Beim Durchblättern des »Italienischen Museums« von Mabillon habe ich eine Anekdote gefunden, die dieser Schriftsteller aus einer alten Chronik ausgegraben hat. Der Verfasser der letzteren war ein Mönch namens Herembert, der ungefähr dreißig Jahre nach der Päpstin in der Lombardei lebte.

Nach Angabe dieses Mönchs, dessen Schwätzereien ich nur als Beweis für den damals weitverbreiteten Glauben an die Verkleidungen von Frauen anführe, träumte der Fürst von Benevent, Arechisus, daß das damalige Oberhaupt der oströmischen Kirche eine Frau sei, und da er diesen Traum für eine Offenbarung von oben hielt, beeilte er sich, seine Vision durch Gesandte in Konstantinopel bekanntzugeben. Die dortigen Priester, durch die Botschaft erschreckt, drangen unvermutet beim Patriarchen ein, den sie entblößten, als Weib erkannten und nackt aus dem Patriarchat verjagten. Aber von einem weiblichen Patriarchen ist niemals und von niemand die Rede gewesen; historisch

---

1 Trithemius, *Chronicon zum Jahre 1128.*

wichtiger ist jedoch der Umstand, daß in jener Zeit kein Patriarch mit Gewalt von dem Stuhl in Byzanz vertrieben wurde. Im Gegenteil, Niketas, nach Theophanes ein Eunuch, starb als Patriarch, sein Nachfolger Paulus dankte freiwillig zugunsten des Tarasios ab, der im Jahre 806 gottselig starb. Der nächste Patriarch, Nicephorus, wurde von Leo dem Armenier in einem Kloster gefangengehalten und beschloß nach dem Zeugnis aller Geschichtsschreiber daselbst sein Leben unter Fasten und Beten. Theodot, der Nachfolger, war noch ziemlich lange nach des Arechisus Tod Patriarch. Daraus geht also hervor, daß die Lateiner, die sich damals im vollständigen Schisma befanden, das bei ihnen Geschehene auf die Byzantiner abzuwälzen suchten und sie beschuldigten, sie hätten die Schmach des byzantinischen Stuhls Rom zugeschrieben.[1] Darüber jedoch wollen wir später reden.

Außerdem ist zu bemerken, daß zur Entstehung dieser Täuschung nicht wenig die bei den Geistlichen des Abendlandes herrschende Gewohnheit des Rasierens beitrug, die damals selbst bei den Mönchen allgemein üblich war, wie wir von Muratori[2] erfahren; nach ihm »schoren die Diener Gottes Haupt- und Barthaar zum Zeichen der Demut, wie es auch bei den Römern die Sklaven taten.« Chalkokondyles erklärt eben damit zu einem Teil den großen Erfolg Johannas »denn es wurde nicht offenbar, daß sie eine Frau war, weil sich die Männer in Italien und in jedem westlichen Land gewöhnlich den Bart scheren«,[3] während dagegen die ost-

---

[1] S. Baronius, *Chronik,* Bd. I, S. 75.
[2] *Antiquit. ital. medii aevi, dissertat. XXIII.*
[3] *Chalcocondyles,* Bonner Ausgabe, Buch VI, S. 303.

europäischen Christen das Rasieren als eine der Priester unwürdige Weichlichkelt betrachteten, ja »man ging sogar soweit, auch daraus den Lateinern einen Vorwurf zu machen«, wie Papst Nikolaus an den Bischof Inkmar von Rheims in einem Brief über die Verleumdungen der Griechen schrieb.[1]

Die übrigen Einzelheiten über Johanna enthalten nichts Unwahrscheinliches, wie sogar Blondel, ihr erbitterter Gegner, zugibt. So war ihre Reise nach Athen eine natürliche Folge ihrer warmen Verehrung der alten Literatur. Freilich wissen wir nichts Genaues über das damalige Athen, aber es enthielt, wie es scheint, noch viele Denkmäler des alten Ruhms, und die griechische Sprache war noch lebendig. Denn Erigenes, der Übersetzer des *Areopagita*, erlernte sie gründlich im 9. Jahrhundert zu Athen. »Ich besuchte«, sagte er in einer in der Oxforder Bibliothek befindlichen Handschrift, »die Tempel und Hallen, in denen die Philosophen umhergingen und ihre Werke ausdachten; ich fragte alle Gelehrten, von denen ich etwas über die alte Philosophie zu lernen hoffte.«[2]

Endlich hat man die deutsche – nach anderen Quellen die englische – Herkunft Johannas als ein Hindernis betrachtet, auf den päpstlichen Stuhl zu gelangen. Aber das ist ein Irrtum. Denn zu jener Zeit war die Erlangung der Papstwürde noch kein ausschließliches Vorrecht der römischen Kardinäle, sondern Griechen, Syrer, Thrazier und Galater sind Päpste gewesen und

---

1 *Act. concil.*, Bd. VIII, S. 471.

2 Conon, ein Papst des 7. Jahrhunderts, war Thrazier; Johann VI. (im 6. Jahrhundert) war Grieche; Sisinius, Konstantin und Gregor III. waren Syrer. Siehe *Tavola cronologica dei Papi* von Ludwig Vima (Turin 1842).

haben zum Teil, da sie erst kurze Zeit in Rom lebten, nicht einmal Latein gesprochen. Ihre Entbindung aber, von der Johanna vor der Zeit und plötzlich bei einer Prozession überrascht wurde, wird von Launoy und Blondel selbst als wahrscheinlich angesehen, so daß ich zum Schluß dieses Kapitels wohl berechtigt bin, mit Platina zu sagen: »Ich finde nichts Unwahrscheinliches dabei.«

Bevor ich jedoch dieses Kapitel abschließe, kann ich der Versuchung nicht widerstehen, die »fabelhafte« Geschichte Johannas mit einigen anderen zu vergleichen, die uns ihre Gegner als gesichert und verbürgt überliefern, so oft es sich darum handelt, durch diese die päpstliche Machtfülle zu stützen. Wenn diejenigen, die diese Absurditäten an den Mann zu bringen suchen, dem guten Johann Chifflet[1] oder den Kompilatoren der *Legenda aurea* oder selbst dem *Nicephorus Kallistus* glichen, wäre ein solcher Vergleich wertlos; aber es befinden sich auch seriöse Autoren von bewundernswertem Wissen darunter: der gelehrte Baronius mit seinen Annalen und Kommentaren zum Martyrologium, der kenntnisreiche Sacconius mit seinen »Lebensbeschreibungen der Päpste«, Wzovius mit seiner Fortsetzung der Annalen des Baronius[2] und viele andere, die miteinander wetteifern, völlig absurde Dinge mit großer

---

[1] Dieser Johann aus der gelehrten Familie der Chifflet, die zwei Jahrhunderte hindurch mittelalterliche Manuskripte herausgaben und kommentierten, verfaßte mehrere Werke über die kirchlichen Altertümer, in welchen er alle Schwätzereien der Legendenschreiber unterschiedslos zusammenstellte, darunter eine Abhandlung über die Päpstin, die ich nirgends aufzufinden vermochte.

[2] Siehe darüber die »Methode« von Dufresnois, Bd. III, in dem Verzeichnis der Kirchenschriftsteller.

Gelehrsamkeit zu beweisen. Um diesen Männern nachzueifern, hat wahrscheinlich unser Landsmann Ikonomos der Welt sein vierbändiges Werk über die Septuaginta geschenkt.

Ich wähle aus diesen Geschichten das aus, was am wenigsten weit geht, gestehe aber, nicht einsehen zu können, wie Baronius, der den ganzen synonymischen Wortschatz der lateinischen Sprache erschöpft, um die Überlieferungen über Johanna als »unsinnig, von Anfang bis zu Ende lügenhaft, geistlos, dumm, kindisch, inhaltslos, frivol, töricht, einander widersprechend, jeder Wahrscheinlichkeit entbehrend« usw. hinzustellen,[1] gleich darauf den Mut hat, mit solcher Ernsthaftigkeit den Einsturz des Friedenstempels in Rom in der Geburtsnacht Jesu[2] zu erzählen – ein solches Bauwerk war, wie es scheint, für denjenigen überflüssig geworden, der gekommen war, »nicht den Frieden, sondern das Schwert zu bringen«. Ebenso wagt er es, in allem Ernst zu behaupten, Christus habe dem frommen Herrscher von Edessa ein Selbstbildnis geschickt, das die wundersame Eigenschaft hatte, alle Belagerer und Widersacher unschädlich zu machen. Eben dieser Baronius berichtet ferner von einer angeblichen Bischofszeit des Areopagiten Dionysos in Paris; weiter will er uns glauben machen, die Geschichte von dem zweihundertjährigen Schlaf der sieben Epimeniden von Ephesos sei tatsächlich wahr wie das berüchtigte Martyrium

---

[1] Baronius, *Annal. eccles.* X, p. 75. Für die mit synonymischen Studien Beschäftigten setze ich die lateinischen Worte her: *fabulas indoctas, omni parte mendaces, insulsas, ineptas, vanas, frivolas, varias sibi contradicentes, se invicem dissolventes, nulla verisimilitudine subsistentes.*

[2] Baronius, *Chronic.* ann. 35.

der elftausend Jungfrauen in Köln. Ein dummes Ammenmärchen ist auch seine Geschichte von der Rache des Bischofs Benedikt von Auxerre, der den König und die Königin der Bretonen entthronte und einen Hirten und eine Hirtin auf den Thron setzte, die um seinetwillen das einzige ihnen übriggebliebene Kalb geschlachtet hätten[1], sowie andere derartige Torheiten, von denen die Chroniken der Kirche strotzen.

Vergleichen wir dies mit dem über Johanna Erzählten, so bemerken wir, daß es aufgrund des unsicheren Zeugnisses eines oder nur zweier wenig glaubwürdiger Chronisten überliefert worden ist. So reden z.B. von dem Einsturz des Tempels in Rom, den Baronius als »sicher« betrachtet, weder die Evangelisten noch die Kirchenväter noch ein anderer Historiker irgendwelcher Konfession, sondern wir haben als einzigen Bürgen Peter Damian, der zehn Jahrhunderte danach schrieb; über das Bild in Edessa, von dem sich keine Erwähnung bei Prokop oder bei dem die Beziehungen des Heilands zum König von Edessa eingehend schildernden Eusebius findet, spricht nur Euagrius im 6. Jahrhundert, während die Geschichte der Päpstin mehr als 500 Schriftsteller bezeugen, die gleichzeitig oder kurz nachher lebten und alle den Ort, die Zeit und die übrigen Umstände genau wiedergeben. Außerdem kann jeder, der sich die Finger beim Durchblättern verschimmelter Folianten des Mittelalters beschmutzen mag, zu der Quelle gelangen oder sich ihr wenigstens nähern, aus der diese Fabeleien entspringen. So hat die

---

1 Ebenda, *ann. 712* und *Legenda aurea*.

Erzählung bei Gregor von Tours[1] über den angeblichen Bischof Dionys von Paris infolge der Verwechselung mit dem gleichnamigen Areopagita, ebenfalls Bischof und Märtyrer, einige Unwissende oder auch fanatische Anhänger der gallikanischen Kirche veranlaßt, im 4. Jahrhundert den Zeitgenossen des heiligen Paulus, den Areopagita, zum Bischof von Paris zu machen; die Geschichte von den sieben Langschläfern in Ephesus ist offenbar der Erzählung des Laertius über Epimenides nachgebildet, der volle 16 Jahre in einer Höhle schlief. Und die Legende von den elftausend Jungfrauen führen die Archäologen auf die falsche Lesung einer Inschrift in Köln zurück. Auf dieser findet man die Zeichen XIMV, das ist *undecim martyres virgines,* elf Jungfrauen als Märtyrerinnen; dafür haben einige *undecim milia virginum gelesen,* elftausend Jungfrauen.[2] Es wäre ermüdend und reizlos, jedoch nicht erfolglos dem Ursprung auch der anderen Fabeln nachzuforschen. Sehen wir nunmehr zu, zu welchen Extravaganzen sich diejenigen verstiegen haben, die den Ursprung der »Fabel« von der Päpstin nachzuweisen versuchten.

---

[1] *Gregorii Turonensis Historia eccles. lib. XVIII* (kürzlich in einem französischen Auszug in der Klassikersammlung von Didot erschienen). Der hier erwähnte Dionys wurde während der Valerianischen Verfolgung auf dem Montmartre *(mons martyrum)* enthauptet, nahm seinen abgehauenen Kopf unter den Arm und marschierte eine ziemlich weite Strecke, um ihn an dem nach ihm benannten Orte St. Denis zu begraben, wo sich deshalb auch die Gruft der französischen Könige befindet.

[2] Bei meiner Durchreise durch Köln im Jahre 1864 besuchte ich die eigens für die Aufnahme der Reliquien dieser Jungfrauen erbaute Kapelle. Während ich die pietätvoll, in Glaskästen hübsch übersichtlich geordneten Reliquien gebührend bewunderte, fragte ich den Cicerone, wie in diesem feuchten Klima und seit so vielen Jahrhunderten die Konservierung jener zerbrechlichen Schädel möglich gewesen sei. Ich erhielt die ungenierte Antwort: »Man ersetzt sie durch andere, wenn sie vermodert sind.«

Übergehen wir mit Stillschweigen die wertlose Hypothese von Onuphrius, der die Tradition von einem weiblichen Papst auf die mädchenhafte Schönheit des Sohnes der Morantia zurückführt; letzterer, namens Octavianus, bestieg als 18jähriger Jüngling den päpstlichen Thron, mehr als 100 Jahre nach Johanna; ebenso unbeachtet lassen wir die Hinweise des Griechen Leon Allatius auf eine Zauberin Thiota, die durch ihre Prophezeiungen die Menge in Aufregung versetzte,[1] und die Deutungsversuche von Aventin und Corbière, die von den Gegnern der Päpstin selbst wegen ihrer Ungereimtheit unbarmherzig verspottet werden, sowie auch die allgemeiner angenommene Meinung, der zufolge Johanns IX. Nachgiebigkeit gegenüber den Ansprüchen des Photius als ein Zeichen der Weiblichkeit gedeutet wurde.[2] Wir wollen uns lediglich auf die Erklärung des Baronius beschränken, von dem wir auch etwas mehr Ernst und Gewissenhaftigkeit zu erwarten berechtigt sind. Nach ihm sind die Angaben über Jo-

---

[1] *Confutatio fabulae de Johanna, § III.*

[2] Hier ist zu bemerken, daß Allatius in seinem Werk über das achte Konzil ausdrücklich die Anerkennung des Photius seitens des Papstes Johann verwirft und vermutet, der berüchtigte Patriarch habe die Akten des Konzils und die Briefe des Pontifex' gefälscht. Aber selbst wenn man sie für echt hält, findet man in ihnen nichts den römischen Stuhl Erniedrigendes oder etwas, das Johann als weibisch denkenden Mann charakterisierte. Denn die Anerkennung des Photius verlangte Kaiser Basilius selbst durch eine Spezialgesandtschaft und versprach als Gegendienst seine Hilfeleistung gegen die Italien verheerenden Sarazenen. Aber niemand unter den Zeitgenossen hat den Pontifex spöttisch »Johanna« genannt oder seine Politik als weibisch geschmäht, im Gegenteil, alle haben seine Handlungsweise als von den Verhältnissen gefordert anerkannt. Daher erscheint es mir sehr ungereimt und für die Frauen äußerst schmeichelhaft, wenn die vielleicht einzige vernünftige Handlung dieses Papstes von den Neueren als weibisch angesehen worden ist.

hanna auf die Überlieferung von einer Frau zurückzuführen, die in Konstantinopel die Patriarchenwürde erlangte. Da diese Stadt manchmal Neu-Rom, zuweilen auch schlechtweg Rom genannt wird, so meint er, aus dieser gleichen Namensgebung erkläre sich die Verwechselung. Als Beweis führt er außer dem schon erwähnten Traum des Arechisus einen Brief Leos IX. an, der an den Patriarchen Michael Cerularius gerichtet ist[1] und die Worte enthält: »Ich habe Bedenken, an das allgemein verbreitete Gerücht zu glauben, nach dem Ihr, nicht genug, daß Ihr Eunuchen auf den Patriarchenthron erhebt, sogar ein Weib zum Oberhirten erwählt habt. Die Abscheulichkeit einer solchen Handlung und unser brüderliches Wohlwollen gegen Euch hindern mich, an die Wahrheit des Gerüchts zu glauben. Erinnere ich mich jedoch an Eure Leichtherzigkeit bei der Befolgung der heiligen Regeln und an die Eunuchen, die Patriarchen gewesen sind, so bin ich genötigt, auch das übrige für möglich zu halten.« Soweit der Brief Leos, dessen Besprechung Baronius mit den Worten schließt: »Was das Gerücht über die Kirche von Konstantinopel behauptete, ist von den schisma-

---

[1] Diesen auch von Onuphrius Pambinius (Bd. I, S. 175) erwähnten Brief, von welchem eine italienische Übersetzung in der Athener Universitätsbibliothek existiert, hält Dositheus, der Patriarch von Jerusalem, nicht für echt, weil, wie er sagt, Leo, der augenscheinlich den Zusatz *filioque* zum Symbolum gemacht hat, vom Konzil von Konstantinopel exkommuniziert wurde. Wie sollte er also derartiges geschrieben haben? Was die Eunuchen betrifft, so ist das, was er sagt, falsch, weil der Kanon nur die freiwilligen Eunuchen ausschließt, während er die von ihren Herren verstümmelten zuläßt, wenn sie sonst treffliche Männer sind (*Geschichte der Patriarchen von Jerusalem, Buch VII, Kap. 12*). Diese Bemerkungen des Dositheus sind richtig und zutreffend, aber im weiteren Verlauf seiner Darstellung nennt er nach mönchischer Unsitte den Papst Leo einen verächtlichen Menschen, Bösewicht, Galgenschwengel usw.

tischen Griechen sofort auf die römische Kirche angewendet worden, und Marianus Scotus hat daraus die Fabel von der Päpstin Johanna entlehnt.« Hier nehmen wir des Lesers ganze Aufmerksamkeit in Anspruch, damit er sich mit uns wundert, wie weit pfäffische Unverschämtheit zu gehen vermag. Die obige Stelle, aus der wir erfahren, daß die Griechen den Franken ihren eigenen Schandfleck angedichtet haben, findet sich auf der 75. Seite des 10. Bandes der *Chronika*; auf Seite 77 desselben Buches macht Baronius, der vergessen hat, was er eben geschrieben, und die Griechen, die er der Verleumdung geziehen, als Bundesgenossen gegen die Päpstin nimmt, aus ihrem Schweigen ein siegreiches Argument und betrachtet sogar die Stelle bei Chalkokondyles als eingeschoben!

Nachdem er jedoch mit Hilfe der Griechen das »phantastische Ungeheuer« abgetan, tritt sie der undankbare Kardinal mit Füßen und beleidigt sie wieder. »Die schmähsüchtigen Schismatiker«, ruft er aus, »wären lieber geplatzt, als daß sie geschwiegen hätten, wenn bei uns etwas Derartiges geschehen wäre.« Die in all diesem zutage tretende mönchische Unvernunft und *mala fides* überwältigen den Leser so sehr, daß er nicht weiß, wohin er sich wenden soll, um aus diesem schmutzigen Labyrinth herauszukommen. Auch wir beeilen uns, aus ihm zu entweichen, und bemerken bloß, daß nie und von niemandem von einem weiblichen Patriarchen gesprochen worden ist; Leo, der das obige schrieb, beabsichtigte offenbar nur, die Christen des Ostens wegen der Wahl von Eunuchen zu verspotten, wir müßten denn etwa annehmen, er habe auch einen Traum wie Arechisus gehabt. Und dann, wie sollte man glauben, daß die Griechen auf ein einfaches Gerücht hin, welches von Leo erwähnt und als erlogen betrachtet wird, sich sofort beeilt haben sollten, den ganzen Roman von einer Päpstin zu konstruieren und mit tausend eigentümlichen Zügen auszuschmücken, während sie doch mit einem Schlag *in flagranti* der Lüge überführt werden könnten? Aber nehmen wir auch an, die Fabel sei auf die eine oder andere Art erfunden worden, so ist der Umstand noch verwunderlicher, daß die bei den Lateinern angesehensten Historiker, unter ihnen dem Papste ergebene Bischöfe und Kardinäle, die Märchen der Griechen ohne weiteres annahmen und sie als faktische Tatsachen in den Archiven des Papsttums verzeichneten, ja daß sie sogar noch viele geschichtliche Beweise aufhäuften, um die Verleumdung der Orientalen noch glaubwürdiger zu machen. Nach Baronius müßte man annehmen, daß einer so gröblichen Täuschung Anastasius, ein Zeitgenosse Leos, der kritische Sigbert, der leidenschaftliche Papstfreund Marianus Scotus, ja alle katholischen Chronisten zum Opfer gefallen seien, die doch dasselbe erzählen. Stattdessen ziehe ich es entschieden vor, die Existenz Johannas als wahrscheinlicher zu betrachten.

Nunmehr komme ich zur Darstellung der bemerkenswertesten Zeugnisse für sie, wobei ich mehr Wert auf die Glaubwürdigkeit und die Klarheit als die Menge der Quellen lege, deren Verzeichnis bei Desmarets, Dositheus und Spanheim unendlich ist.[1]

---

1 Bei letzterem werden über 500 Schriftsteller angeführt, die die Päpstin erwähnen, aber viele von ihnen schlummern in einer Handschrift in einer der verschiedenen Bibliotheken von Deutschland, andere sind nur einmal herausgegeben worden und deshalb nicht minder schwer

Der Deutsche Spanheim teilt mit, daß er die ersten Spuren unserer Johanna in dem Manuskript eines ihrer Zeitgenossen, des Bibliothekars Anastasius sowie ferner in einer Handschrift des fünfzig Jahre später lebenden Mönchs Radulph, der Erläuterungen zum 4. Buch Moses geschrieben hat, gefunden hätte. Aber Blondel und Baronius behaupten, daß die Stellen bei Anastasius eingeschoben seien, während sie die Lebenszeit des Mönchs Radulph ins 11. Jahrhundert setzen. Da wir nicht die nötigen Kenntnisse besitzen, um zwischen ihnen den Richter abzugeben, bemerken wir bloß, daß selbst aus dem Schweigen der zeitgenössischen und unmittelbar folgenden Chronisten noch kein Schluß auf die Nichtexistenz Johannas zu ziehen wäre. Denn die einen von ihnen, darunter Frekulph und Walafrid, sind vor dem Jahre 856 gestorben, die übrigen, wie Bischof Adam von Wien, Regino und die Verfasser der *Chronik des heiligen Bertinus*, haben sich lediglich auf die Erzählung der Taten der Könige von Frankreich und der Kaiser beschränkt und von vielen Päpsten nicht einmal die Namen erwähnt. Man darf auch nicht vergessen, daß nach den Befehlen des Heiligen Stuhls Jo-

---

zugänglich. Ich habe es darum vorgezogen, diejenigen zu zitieren, die in den bekannten Sammelwerken von Leibniz (*Scriptores rerum Brunsvicensium*, 3 vol. in folio) von Pistorius (*Veteres scriptores rerum Germanicarum*, Frankfurt 1607), von Freher (*Germanicarum rerum scriptores*, Frankfurt 1600) und von Meibom (*Rerum Germanicarum tomi tres*, Helmstedt 1688) vereinigt sind. Diese haben außer den übrigen auch noch den großen Vorzug, in allen Bibliotheken zur Hand zu sein, außer der Athener, wo man nur Kompilationen Späterer findet. Die Benutzung dieser Quellenschriftsteller dürfte, zumal ihrer nur wenige sind und sie sich sämtlich in den genannten Sammelwerken befinden, weder schwierig noch allzu zeitraubend sein, falls man sich dazu entschließt, auf eine der vier Ausgaben der langatmigen Geschichte des Abbé Flori oder die Schwätzereien des Pater Capeleti zu verzichten.

hanna in der Reihe der Päpste nicht mitgezählt werden durfte, wie wir von Martinus Polonus[1] und dem Griechen Dositheus erfahren; nach letzterem setzten die Chronisten nach Leo Benedikt III., »seinen legitimen Nachfolger, an, während sie die Närrin Johanna ausließen, die sich durch gottlose Prozeduren hatte wählen lassen.«[2] Sehen wir nun sogar den gelehrten Baronius zweifeln, welche von den damaligen Päpsten er als rechtmäßig anerkennen und welche er streichen soll, dann meine ich, zumal er oftmals ganz willkürlich bei seiner Entscheidung verfährt, daß wir uns nicht wundern dürfen, wenn Johanna, für einen Augenblick in dem Dunkel jenes finsteren Jahrhunderts unsichtbar, bald wieder auftaucht, von unwiderleglichen Quellen bezeugt, sobald gewissenhaftere Geschichtsforscher ein wenig Ordnung in das wüste Chaos gebracht haben. Wie dem auch sei, Baronius zu gefallen und damit er uns seinerseits die bitteren Wahrheiten verzeihe, die uns über ihn entschlüpft sind, fangen wir mit Marianus an.

Dieser Historiker, der damaligen Sitte entsprechend nach seinem Vaterland Schottland Scotus benannt, verließ am Ende des 10. Jahrhunderts seine heimatlichen Berge und kam nach Köln, wo er Mönch wurde, von dort nach Mainz, wo er betend und schreibend sein Leben beschloß. Er verehrte den päpstlichen Stuhl bis zur Vergötterung; er wagte sogar, für den Papst in dem berüchtigten Investiturstreit gegen Kaiser Heinrich IV. Partei zu ergreifen. Abgesehen davon gehörte Marianus durchaus nicht zu jenen Mönchen, bei denen man

---

[1] Leibniz, *Script. rer. Brunsvic.*, Bd. II, 2
[2] *Dodecabiblos.* Buch VII, Kap. 12.

auf jeder Seite Zeichen von Beschränktheit oder bösem Glauben findet, sondern er erfreute sich bei seinen Zeitgenossen solcher Wertschätzung, daß England, Schottland und Deutschland ihn als den ihrigen in Anspruch nehmen, so wie sich einst sieben Städte um Homer stritten. Wenn man also das Zeugnis eines solchen, noch dazu papstfreundlichen Schriftstellers als verdächtig verwirft, nach dessen Mitteilung auf Leo IV. ein Weib, Johanna, folgte, die zwei Jahre, fünf Monate und vier Tage als Papst regierte,[1] wem sonst soll man dann mit größerem Recht Glauben schenken?

Sigbert, aus dem Städtchen Gembloux in Belgien, ein Mönch und geschätzter Chronist, der gegen Ende desselben Jahrhunderts lebte, erzählt ebenfalls in seinen Annalen die Geschichte Johannas mit den wesentlichsten Hauptzügen: *Fama est hunc Iohannem feminam fuisse* usw., das heißt wortgetreu übersetzt: Man sagt, dieser Johann sei ein Weib gewesen,[2] nur von einem ihrer Diener erkannt, dem sie ein Päpstlein geboren hatte.[3]

Otto, Bischof von Freising in Deutschland, ein Halbbruder Kaiser Konrads III. und Enkel Heinrichs IV., erwähnt in seiner bis zum Jahre 1146 reichenden Chronik den Papst Johann, der »ein Weib war«[4]; dasselbe be-

---

1 *Marian. Scot., Chron. ad ann. 854* in der Sammlung des Pistorius, Bd. 1. Über Marianus siehe das Lexikon von Bayle. Der gelehrte Vossius achtete diesen Mann so sehr, daß er allein auf sein Zeugnis hin Stellen des Eusebius und Cassiodor korrigierte.

2 Die Redensart »man sagt« gebrauchen die Chronisten häufig wie die alten Griechen auch bei sicheren Tatsachen. Siehe Asopios, *Geschichte der griechischen Literatur*, Vorrede S. 186.

3 Sigeberti, *Chronic. ad annum 839* (in der Leibnizschen Sammlung, Bd. I).

4 Othonis Frising., *Chronic. ad annum 839* (Frankfurt 1720).

zeugen Gifrid Arthur und Gottfried von Viterbo[1], die in derselben Zeit lebten; die beiden letzteren setzen Johanna zwischen Leo und Benedikt an und bemerken nebenbei für den Leser, diese Frau sei unter den Päpsten nicht mitzuzählen.

Im 13. Jahrhundert erzählen sehr viele von Johanna, aber besonders bemerkenswert sind die Äußerungen bei Martinus Polonus[2] aus dem Orden der Dominikaner. Schon zeitgenössische Chronisten bekunden vor seinen Werken und seiner Tätigkeit den größten Respekt. Dieser Mann war lange Jahre Beichtvater der Päpste Johann XXI. und Nikolaus III. und wurde schließlich von letzterem als Bischof nach Polen gesandt. Wenn daher irgendein Historiker in der Lage war, die Wahrheit genau zu kennen, so war es sicherlich dieser sowohl durch seinen Charakter als durch seine Stellung beim römischen Stuhl höchst vertrauenswürdige Martinus. Von ihm erfahren wir außer dem bereits Bekannten, daß Johanna als Kind englischer Eltern in Mainz geboren wurde, daß sie zwei Jahre, fünf Monate und vier Tage Papst war, während einer Prozession niederkam und starb, und daß sie ohne Ehrerweisung direkt an der Stelle, wo sie verstarb, beerdigt wurde, ferner daß die späteren Pontifices diesen Platz mieden und auf einem anderen Weg in den Lateran gingen. Dies erzählt Martinus und fügt die Mahnung hinzu, die Frau nicht unter die Päpste zu zählen.

Der Leser sieht gewiß ein, wie unangenehm den Gegnern der Päpstin das bestimmte Zeugnis eines so

---

[1] In der Sammlung von Freher I, 1.

[2] Martini Poloni, *Chronic. ad annum 854, Scriptores rer. Brunsvic.*, Bd. II.

bedeutenden Mannes sein mußte; daher haben sie denn auch auf jede Weise versucht, es aus der Welt zu schaffen, die einen durch die Behauptung, Martinus glaube offenbar selbst nicht an das, was er erzähle, die anderen, er habe in einer Stunde guter Laune die Fabel ersonnen. Aber derartige Anklagen gegen einen solchen Mann waren einfach lächerlich; deshalb hat es Allatius aus Chios[1] für zweckdienlicher gehalten zu behaupten, die Stelle über die Päpstin sei in die Handschriften des Martinus von den Feinden der Kirche, d.h. den Protestanten, eingeschoben worden; derselben Meinung ist auch Pater Chifflet, der zur Bekräftigung anführt, er habe »in der Bibliothek seines Vaters« (!), die verbrannt sei (!), eine Handschrift des Martinus gesehen, in der von Johanna keine Rede gewesen sei.

Nichts Dümmeres und Unlogischeres als diese bei den Katholiken häufig vorkommende Behauptung über alte, von den Protestanten gefälschte Handschriften! Eine geradezu eiserne Stirn muß aber Allatius besitzen, um die Protestanten, die doch erst im 16. Jahrhundert erschienen sind, zu beschuldigen, in die Martinushandschrift eine Tatsache eingeschoben zu haben, die so viele katholische Chronisten 200 Jahre vor der Reformation aus Martinus selbst abgeschrieben haben.[2] Wenn übrigens Fälschungen vorgekommen sind, liegt es dann nicht näher, dieselben den katholischen Besitzern der Manuskripte zuzuschreiben, die ein Interesse an der Streichung vieler Schändlichkeiten hatten, statt

---

[1] *Confut. fab.*, § 4.

[2] Das erinnert an die äsopische Fabel: »Vor sechs Monaten hast du mich beleidigt«, sagte der Wolf. »Damals war ich noch nicht geboren«, antwortete das Lamm.

den Neuerern, denen nicht einmal der Zugang zu den Bibliotheken gewährt wurde? Und kein Protestant ist auch je als Fälscher angeklagt oder überführt worden, dagegen beschuldigen sogar katholische Schriftsteller oftmals die Mönche, in Handschriften Zusätze und Streichungen vorgenommen zu haben.

Im 14. Jahrhundert entdeckte Spanheim in der Leydener Bibliothek ein Zeugnis über Johanna, das in keiner Hinsicht dem vorigen an Wert nachsteht; es ist dasjenige des Bischofs von Galizien, Bernhard Guy, Inquisitor unter Johann XXII. In seinem Chronikwerk *Flores temporum* sagt er: »Da ich mir vorgenommen habe, die der Erwähnung werten Taten der Päpste niederzuschreiben, habe ich eine ziemliche Anzahl von Chroniken durchgelesen und miteinander verglichen, um mir eine vollständige und genaue Kenntnis von allem zu verschaffen, zumal ich beobachtet habe, daß bei vielen Geschichtsschreibern nicht geringe Differenzen in der chronologischen Fixierung der römischen Bischöfe und, was noch wichtiger ist, in der Darstellung ihrer Taten vorliegen.« Nach diesem Vorwort setzt der ebenso gewissenhafte wie ins einzelne gehende Historiker, zur Biographie der Pontifices übergehend, Johanna an die ihr zukommende Stelle und erzählt ihre Geschichte so, wie wir sie bei Martinus lesen. Wir müssen es dem Leser überlassen zu entscheiden, ob der Verfasser in dem Wunsch, »die alten Chroniken zu korrigieren und untereinander durch eine ernste Kritik in Einklang zu bringen«, ob ein Inquisitor und Verfolger der Albigenser, die den Heiligen Stuhl wegen der Päpstin schon zu verspotten pflegten, wohl die auf sie bezüglichen Nachrichten aufgenommen haben würde, wenn sie in der Epoche, in der er schrieb, irgendwie hätten angezweifelt werden können.

Nach Guy übergehen wir Johann von Paris, Siegfried von Meißen, Sozomenus, Barlaam, einen aus Kalabrien gebürtigen griechischen Mönch, und viele andere, die der interessierte Forscher bei Vossius nachschlagen kann, und kommen auf Amalrich von Auger, der im Jahre 1362 Papst Urban IV. die »chronologische Aufzählung der Bischöfe von Rom«[1] widmete. In diesem Buch findet sich folgende, ganz neue Mitteilung über Johanna: »Anfangs führte dieses Weib ein vernünftiges und frommes Leben, dann aber wurde sie durch den Mißbrauch guten Essens dick, verfiel in Schwelgerei und wurde von einem aus der Dienerschaft schwanger.«

Mit Beiseitelassung der großen Schar wenig bedeutender Zeugen gehen wir von dem berühmten Amalrich, dessen Chronik die Leydener Würmer aufgefressen haben, zu dem lorbeergeschmückten Petrarca über, dessen Liebespoesien vor diesem Unglück sicher sind, da sie in dem Bücherschrank und dem Gedächtnis aller Italienerinnen aufbewahrt werden. Als dieser Dichter am Grabe Lauras sein Schwanenlied gesungen hatte, zog er sich nach Venedig zurück, wo er seine letzten Jahre mit der Abfassung von Biographien der Kaiser und Päpste bis Gregor IX. verbrachte. In diesem Werk finden wir die überall erwähnte Johanna wieder und erfahren außer dem übrigen, daß Gott erzürnt über eine solche Befleckung des Heiligen Stuhls, »die Felder

---

[1] Das Manuskript dieses Werkes ist verlorengegangen, aber die auf die Päpstin bezügliche Stelle ist von Vossius (*Hist. lat.* S. 530) und von Leibniz (*Script. rer. Brunsvic.* Bd. I) abgeschrieben worden.

mit gräßlichen Heuschrecken heimsuchte.«[1] Zur Zeit Petrarcas lebte in Florenz Giovanni Boccaccio, der anmutige und obszöne Verfasser des *Dekamerone*, der bis zum letzten Atemzuge die List und Verschlagenheit der Frauen besang. In schon vorgerücktem Alter verfaßte er ein lateinisches Werk, *De claris mulieribus*, in dem Johanna einen hervorragenden Platz unter den Heldinnen einnimmt und mit Semiramis verglichen wird.[2]

Doch kommen wir zum Schluß und beschränken uns darauf, die hervorragendsten Autoren in der unendlichen Reihe der Biographen der vielberufenen Frau aufzuzählen. Unter ihnen zeichnen sich im 15. Jahrhundert aus:

I. Theodorich von Niem, Sekretär von Johann XXIII. Während einer Reise entdeckte er im Jahre 1413 in Florenz eine Abhandlung über »Die Privilegien und Rechte der Kaiser«, die er mit einem Kommentar herausgab; aus einer seiner Anmerkungen erfahren wir, daß Johanna »in der griechischen Schule zu Rom, in der vor ihr auch der heilige Augustinus tätig gewesen war, öffentlich lehrte und, solange sie arm war, ein tadelloses, ernsten Studien gewidmetes Leben führte; als sie jedoch Papst geworden war, wurde sie allmählich durch das schwelgerische Leben verdorben, gab sich einem ihrer Diener hin und kam bei einer feierlichen Prozession nahe beim Tempel der Pax[3] nieder, wo zur Erinnerung an das Ereignis eine Marmorstatue errichtet wurde.« Doch darüber reden wir später.

---

1 Genueser Ausgabe, Bd. III, gegen Ende.
2 Johann. Boccac., *De claris mulieribus; in Iohanna.*
3 Diese Abhandlung ist in der Sammlung von Schard, S. 250, enthalten.

II. Johann Karl Gerson, Kanzler der Pariser Sorbonne, wegen seines rechten Glaubens und seiner untadligen Führung *Doctor christianissimus* genannt, der sich auf dem Konzil zu Konstanz besonders auszeichnete. Bei einem gelegentlichen Aufenthalt in Tarascon an der Rhone hielt er vor dem Papst Benedikt XIII. eine Rede, in der er, um die Privilegien der gallikanischen Kirche zu verteidigen, unter anderem sagte: »Auch Rom hat sich getäuscht, als es so lange Zeit hindurch ein Weib als Oberhirten anerkannte.«[1] So redete Gerson im 15. Jahrhundert. Der Herausgeber seiner sämtlichen Werke, Louis Dupin, Doktor an der Sorbonne, ebenso bemerkenswert durch sein reiches Wissen wie durch seine mittelmäßige Urteilsfähigkeit, hielt es im 17. Jahrhundert für gut, hinter den Worten Gersons: »Rom hat sich getäuscht«, auf die Papst Benedikt XIII. nichts erwidert hatte, die Bemerkung in Parenthese hinzuzufügen: *tu falleris, vir bone (»Da irrst du, mein Bester!«)*.

III. Theodor Engelusius erzählt neben anderen Einzelheiten in seiner *Chronik*, der Teufel sei während der Niederkunft der Päpstin in der Luft erschienen und habe gerufen:

Papa, pater patrum, peperit papissa papellum.[2]
(»Der Papst, der Vater der Väter, gebar als Päpstin ein Päpstlein.«)

---

[1] *Gersonis opera,* tom. IV, Paris 1706, herausgegeben von Dupin. In der Sammlung der Schriften über das Konzil von Konstanz (*Scriptores rerum Concilii Constantiniensis,* Helmstedt 1700), die sich in der Athener Universitätsbibliothek befindet, ist die Biographie des Gelehrten und sein Werk über die Simonie (*Gersont. nobile opusculum de Simonia*) Bd. I, Teil 10, S. 26 enthalten.

[2] Leibniz, *Scriptor. rer. Brunsvic.* tom. 1, p. 1065

IV. Felix Amerbinus und Martinus Francus[1] erzählen, noch zu ihrer Zeit würden viele von Johanna zusammengestellte liturgische Bücher gezeigt, ebenso ein Stuhl mit durchlöchertem Sitz, der auf Befehl ihres Nachfolgers Benedikt gemacht wurde, damit auf demselben die neu ernannten Päpste einer körperlichen Untersuchung unterworfen würden und nicht etwa eine zweite Päpstin auf den Thron Petri gelange.

Der Athener Laonikos Chalkokondyles, der einzige Grieche, bei dem ich eine Bemerkung über die Angelegenheit gefunden habe, erzählt die Geschichte der Päpstin folgendermaßen: »Ich will jetzt vom Papst in Rom reden; wenn die Stimmen abgegeben und gezählt sind, ruft man den Erkorenen zum Papst aus, behält ihn aber im Konklave, bis auch die übrigen die Wahl gebilligt haben. Man läßt ihn sich auf einen Sessel mit durchbrochenem Sitz niederlassen, damit man sich durch Berührung von seinem Geschlecht überzeugen kann; man glaubte nämlich, vor alters sei einmal ein Weib zum Pontifikat gelangt, dieses sei einst schwanger zum Gottesdienst gekommen und habe während desselben vor den Augen der Menge ein Kind geboren; darum berührt man den neugewählten Papst, um sein Geschlecht zu erkennen und damit sich etwas Derartiges nicht wiederholt, und ruft nach vollzogener Prüfung: »Unser Herr ist ein Mann.«[2] Soweit Laonikos; kürzer und bezeichnender war jedoch der Ausruf bei den Rö-

---

1 Siehe über diese das Baylesche Lexikon unter: *Francus*.
2 *Laon. Chalcocondyl.*, Buch VI, S. 303, Bonner Ausgabe.

mern. Statt der Worte: »Unser Herr ist ein Mann« sagten sie ganz einfach: *habet.*

Außer den schon Genannten erwähnen Johanna in demselben Jahrhundert Aneas Piccolomini, der spätere Papst Pius II., und der Ketzer Johann Huß, über die wir später reden werden. Unerwähnt lassen wir dagegen Fulgosus, Jason Magnus, Werner, Platina, Pannonius, die Chroniken von Köln, Sachsen und Augsburg und viele andere, um uns angesichts der Menge von Zeugnissen nicht zu lange aufzuhalten.

Nachdem sich im 16. Jahrhundert die Buchdruckerkunst weiter verbreitet hatte, nahm die Zahl der Biographien der Päpstin derart zu, daß wir nicht mehr wissen, welche wir zuerst und welche zuletzt aufzählen sollen, und sie daher alle weglassen; wir ahmen hierbei jenem genuesischen Schneidermeister nach, der für das Osterfest eine Menge Anzüge fertig machen sollte und, weil er nicht wußte, mit welchem er anfangen sollte, das Licht ausblies und schlafen ging. Aber wenn wir uns auch mit dem Gesagten begnügen, so haben wir doch, glaube ich, ein Recht, mit Dositheus zu sagen: »Eine Überlieferung, die sich auf so viele Beweise und Zeugnisse selbst von Papisten stützt, abzulehnen, ist offenbar eine Schande.«[1]

Nach der Behauptung der Gegner der Päpstin hat indes diese große Zahl von Zeugen wenig zu bedeuten, weil die Chronisten oft voneinander abzuschreiben pflegen, ohne die Schwätzereien ihrer Vorgänger einer kritischen Prüfung zu unterwerfen. Aber diese an und für sich richtige Bemerkung läßt sich auf den vorlie-

---

[1] *Dositheus Hierosolym., Dodecabibl.,* p. 700.

genden Fall nicht anwenden. Handelte es sich um eine dunkle, wenig glaubwürdige Tradition, z.B. über den heiligen Pachomius, der auf dem Rücken eines Krokodils über den Nil setzte, oder über die heilige Magdalena, die sich in eine Höhle Galliens zurückzog, um die Vergebung ihrer Sünden durch Tränen zu erkaufen, die sich in Perlen verwandelten, dann wäre es wohl glaublich, daß die von ihr berichtenden Schriftsteller sich mit der wörtlichen Wiedergabe der von einem Legendenschreiber erfundenen Geschichte begnügt hätten. Aber anders verhält es sich mit der Erzählung von Johanna, die einen solchen Makel für das Papsttum bildete und trotzdem von Historikern gebracht wird, die dem Heiligen Stuhl mit Leib und Seele ergeben sind. Ebenso unmöglich ist anzunehmen, daß der Verehrer des Papsttums, Marianus, die Geschichte der Päpstin in sein Werk aufgenommen habe, ohne sich die Mühe zu machen, sie auf ihre Wahrheit zu prüfen, und noch weniger kann man glauben, daß die katholischen Schriftsteller nach ihm gezögert haben sollten, ihn zu dementieren, wenn er in einen so großen Irrtum verfallen wäre. Aber selbst wenn man annimmt, daß alle übrigen aus unverzeihlicher Gleichgültigkeit versäumt hätten, die Papstgeschichte von einem solchen Flecken zu reinigen, wie könnte man meinen, daß selbst der äußerst kritische Guy, welcher so viele Fehler in den Chroniken früherer Schriftsteller aufgedeckt und berichtigt hat, das von der Päpstin Überlieferte nicht nur unangetastet gelassen, sondern auch in seine Geschichte als unzweifelhafte Tatsache aufgenommen und dadurch den Ketzern eine furchtbare Waffe in die Hand gegeben hat? Aber außer den Menschen bezeugen auch die Tatsachen, selbst die Steine, »stumme, verständliche, wahrhafte Herolde«, die Wahrheit über Johanna. Besprechen wir kurz auch diese Beweise.

Nach dem bereits erwähnten Theodorich von Niem, dem Sekretär Papst Johanns XXIII., »der in alle Geheimnisse des päpstlichen Hofes eingeweiht war«[1], »erhebt sich in Rom ein Marmorbild, das die Sache so, wie sie sich zugetragen, darstellte, d.h. eine gebärende Frau. Dieses Bild ließ Papst Benedikt errichten, um Abscheu vor dem an jenem Ort geschehenen Skandal zu erregen.« Einige neuere Historiker jedoch, unter ihnen der gelehrte Pater Noël Alexander[2], der für sich nach dem bitteren Ausspruch von Dufresnois das Privileg in Anspruch nimmt, jede schlechte Sache zu verteidigen[3], haben behauptet, das Bild stelle »eine Gottheit der Heiden« dar. Aber diese Behauptung wird sogar von Blondel als eine Lächerlichkeit hingestellt; denn wäre die Statue in Wirklichkeit ein Rest der Antike gewesen, so ließe sich nicht begreifen, warum sie Papst Sixtus V., nach der Überlieferung ein warmer Verehrer der antiken Kunst, der einen Obelisk und andere römische Denkmäler restaurieren ließ, in den Tiber zu werfen befahl. Stellte aber das Bild eine gebärende Frau dar, so tat der Pontifex wohl daran, dieses anstößige Denkmal

---

[1] *Secretioribus Pontificum negotiis adhibitus* (*Rer. Concil. Constantin,* tom. 1, p. 480). In dieser wertvollen Sammlung sind auch einige Abschnitte von Niem über die Verhandlungen auf dem Konstanzer Konzil enthalten, die ein umfangreiches Wissen und, was noch wichtiger ist, eine in jener Zeit seltene Offenheit verraten.

[2] Noël Alexander schrieb in lateinischer Sprache kritische Studien über kirchengeschichtliche Stoffe (*Dissertat. critic. in histor. eccles.,* Paris 1715), die sich mehr durch Urteilslosigkeit als Kritik auszeichnen.

[3] *Langlet-Dufresnois, Methode etc.,* t. III, p. 101.

päpstlicher Schande in den Tiber zu versenken, zumal es keinen künstlerischen Wert besitzen konnte, weil es in einer Zeit der Geschmacklosigkeit und Barbarei errichtet worden war.

Außerdem ist nicht zu übersehen, daß Theodorich, der die meiste Zeit seines Lebens in Rom und im Dienste des Heiligen Stuhls zubrachte, auch in den Tiber geworfen oder mindestens exkommuniziert worden wäre, wenn er in einem ernsten Werk, wie den »Privilegien der Kaiser«, eine unverbürgte Fabel aufgenommen hätte, die dem allmächtigen und durch die Spöttereien Wicleffs erbitterten Papsttum einen solchen Makel anheftete.

Ein anderes Standbild Johannas zierte viele Jahrhunderte die berühmte Kathedrale von Siena, wo sie noch Mabillon und Launoy sahen; nach dem letzteren konnte jeder, der nicht blind war, die Statue zwischen Leo und Benedikt erblicken, und zum Überfluß stand noch am Sockel zu lesen: Johann, ein Weib aus England.

Aber auch hier tritt Pater Noël mit der Behauptung auf den Plan, »dieses Standbild sei das Werk eines unwissenden und liederlichen Bildhauers, der sich einen Scherz machen wollte.« Der treffliche Priester vergißt freilich, wie es scheint, daß diejenigen, die sich über die Päpste Witze zu machen erlaubt hätten, bei lebendigem Leibe verbrannt worden wären. Bedenkt man den damaligen Ruhm Sienas, der Vaterstadt so vieler mächtiger Päpste, und die Bedeutung der dortigen Kathedrale, in der die Pontifices bei ihren häufigen Besuchen und die gesamte Aristokratie des Landes versammelt waren, so vermag man schwer zu glauben, daß, während sie alle viele Jahrhunderte lang unter den Pförtnern des Himmels eine weibliche Gestalt erblickten, die »zum Scherz von dem Bildhauer in die Reihe eingefügt worden war«, keiner von ihnen daran dachte zu fragen, von welchem Frevler dieses anstößige Idol dorthin gesetzt worden sei, oder es auf dem Marmorfußboden zu zerschmettern. Eine solche unverständliche Toleranz aber müßte man nach Noël den zornmütigen Päpsten aus Siena, Gregor VII., Alexander III. und selbst Pius II. zutrauen, den man indessen schon in Böhmen als Apostel der von einem Weibe beherrschten Kirche[1] beschimpfte. Alle diese Päpste respektierten also die Künstlerlaune des »witzigen Bildhauers« und betrachteten, wie es scheint, jene Frau als ein notwendiges Übel. Jedenfalls blieb Johannas Standbild unerschüttert auf seinem Sockel, bis es ihrem unerbittlichen Verfolger Baronius durch die Vermittlung des Herzogs von Toskana gelang, bei dem Bischof von Siena die Beseitigung des Ärgernis erregenden Bildes oder nach Mabillon[2] seine Umwandlung in ein männliches durchzusetzen, wobei auch die Inschrift »Johann VIII., ein Weib aus England« durch »Papst Zacharias« ersetzt wurde.

---

[1] Pius II., bekannter unter dem Namen Aneas Piccolomini, besuchte 1458 als einfacher Bischof Böhmen. Als er eines Tages von der Kanzel herab predigte und die Gläubigen aufforderte, die Oberherrschaft des römischen Stuhls anzuerkennen, indem sie sich des Abendmahls in beiderlei Gestalt nach der Sitte der schismatischen Griechen enthielten, erhob sich ein alter Taborit und unterbrach ihn mit den Worten: »Erinnere dich, Aneas, daß auf jenem Stuhl Weiber und Kreaturen von Weibern gesessen haben.« Der Prediger stammelte einige Worte zur Rechtfertigung des wider seinen Willen getäuschten Roms und stieg ganz verwirrt von der Kanzel herunter (*Geschichte Böhmens* von Aneas Silvius, Kap. 12).

[2] *Museum Italic.*, II. Teil.

Nunmehr werden wir dem Leser ein anderes Zeugnis aus Marmor anführen, das alle Romreisenden erwähnen und dessen Ursprung und Gebrauch treue Diener des Heiligen Stuhls beschrieben haben, Platina, der Kustos der vatikanischen Bibliothek[1], der Kardinal Pandolphus[2], der Bischof Jacobatius und viele andere. Diesen widersprechen wieder Chifflet und Allatius, die in ihrer zelotischen Sucht, das Papsttum zu verteidigen, ganz und gar vergessen, eine wieviel größere Schmach des römischen Hofes so viele verlogene Prälaten sind als ein durch List auf den Thron gelangtes Weib. Nach den obengenannten Historikern befand sich also im päpstlichen Palast ein durchbrochener Sitz aus rotem Marmor, auf welchen sich die Pontifices nach Johanna niederließen und ihren Wählern die sicheren Beweise ihrer Männlichkeit durch Augenschein und Berührung darboten. Erst nach dieser Prüfung überreichte man ihnen die Schlüssel Sankt Petri. Diese schamlose Zeremonie blieb bis zum 16. Jahrhundert erhalten, ja nach dem Zeugnis des Geschichtsschreibers von Mailand, Corio[3], mußte sich sogar Alexander Borgia derselben unterwerfen und wurde gezwungen, den durchlöcherten Stuhl zu besteigen, bevor er sich auf den heiligen setzen durfte, obwohl er damals vier erwachsene Söhne hatte, »die er mit Stolz den Besuchern

---

[1] *In sede ad eam rem perforata genitalia ab ultimo diacono attrectabantur* (Vita Iohann. VIII).

[2] In der *Vita Gregor.* VII.

[3] Wegen ihrer Unanständigkeit führen wir Corios Worte italienisch an: *Finalmente, essendo fornite le solite solennità in sancta sanctorum, e domesticamente toccatoli i testicoli, Alessandro Sesto ritornò al palazzo, mansueto come bove* (Historia Mediolan., cap. IV).

zeigte«,[1] sowie außerdem Lucrezia, zu gleicher Zeit seine Gattin, Schwiegertochter und Tochter.[2] Nach Leo X. wurde diese eigentümliche Zeremonie wegen der Spöttereien der Ketzer abgeschafft, oder auch, nach Bischof Johann von Fünfkirchen, »weil die Sitten der damaligen von Kurtisanen und unehelichen Kindern umgebenen Päpste den Römern hinreichende Garantien ihrer Männlichkeit gaben.« Dies ersieht man aus dem folgenden Volkslied, das wir aus denselben Gründen wie die Bemerkung Corios unübersetzt lassen:

Non poterat quisquam reserantes Aethera claves
Non exploratis sumere testiculis.
Cur igitur nostro mos hic nunc tempore cessat?
Ante probat quod se quilibet esse marem.

Aus demselben Grund wurde auch dem Papst Innozenz III. aus dem Hause Cibo die Prüfung erlassen. Der Dichter Marullus läßt ihn folgendermaßen zu den Prälaten sprechen:

Quid quaeris testes, si mas an femina Cibo?
Respice natorum, pignora certa, gregem.[3]

---

[1] *Guicciardini, liv.* I, § 4.

[2] *Lucretia nomine, sed re Thais, Alexandri filia, sponsa, nurus.*

[3] Über dieses und die vorher angeführten Epigramme siehe Bd. IV, S. 389 der Werke des Abbé Casti, eines Dichters am kaiserlichen Hofe in Wien und des Verfassers der *Novelle gallanti* (Paris 1832), deren Helden im wesentlichen Päpste oder Kapuziner sind, unter ersteren auch Johanna. Diesen durch elegante und anmutige Verse bewunderswerten Dichter tadelt der durch seine Frechheit selbst so vielberufene Casanova (*Memoiren*, Bd. V, gegen Ende) wegen seiner Obszönitäten.

Es versteht sich von selbst, daß alle diese und noch viele andere Epigramme jener Zeit sinn- und salzlos wären, wenn nicht die Sitte, auf die sie anspielen, eine in Rom allgemein bekannte Tatsache gewesen wäre. Dies haben auch die vernünftigsten unter den Gegnern der Päpstin eingesehen, und statt den durchbrochenen Stuhl wegzubringen, haben sie eine andere Erklärung dieser sonderbaren Zeremonie zu geben versucht. So behauptete Mabillon, der Papst sei genötigt worden, sich auf den Stuhl mit Lochsitz niederzulassen, damit er sich erinnerte, daß er ein Mensch und den gewöhnlichen natürlichen Bedürfnissen unterworfen sei.[1]

Der gelehrte Benediktiner verwechselt, wie es scheint, absichtlich den betreffenden Stuhl mit einem anderen nicht durchbrochenen, der sogenannten Stercoraria, auf die man den Papst setzte, um ihn an die Wandelbarkeit des menschlichen Schicksals zu mahnen, indem man ihm den Psalmenvers vorsprach: »Der Herr erhebet den Armen aus dem Staube und den Bedürftigen vom Schmutz.« Aber, wie der Nestor der griechischen Gelehrten, C. Asopios, zu sagen pflegt, »beides« bedeutet nicht »das andere«. Übrigens sprachen nach dem positiven Zeugnis einer Menge von Geschichtsschreibern die Wähler nicht Psalmenstellen aus, während sie den neu erwählten Papst untersuchten, sondern das Wort *habet*, welches den Zweck der Zeremonie deutlich ausspricht. Die damaligen, dem Trunk und den Tafelfreuden ergebenen Päpste aber glichen nicht den Persern zu Cyrus Zeit, die nur Kresse aßen und es für unanständig hielten »an einen gewis-

---

1   *Comment. in Ordinat.* Rom., p. 121.

sen Ort zu gehen, um zu urinieren oder ein anderes Bedürfnis derart zu befriedigen«[1]; auch war keine Gefahr vorhanden, daß die Päpste lange Zeit hindurch die Notwendigkeiten der menschlichen Natur vergaßen.

Wieder andere Gegner Johannas, unter ihnen natürlich Pater Noël Alexander, behaupten, daß dieser Stuhl, den sie *balnearia* nennen, »den Päpsten, von denen viele wegen der sitzenden Lebensweise und des vielen Essens an Hämorrhoiden litten, zu Abwaschungen der unteren Körperpartien diente.« Aber diese wohl auf keinem einzigen Zeugnis beruhende Erklärung von Noël ist nicht nur zynisch, sondern auch lächerlich. Denn niemals würde man wohl glauben, daß die damaligen Päpste, für wie schamlos man sie auch halten mag, ihren Hintern öffentlich in der Kirche des heiligen Silvester wuschen. Denn dort befand sich jener vielbesprochene Stuhl, der aber, weil durchbrochen, nicht gut für Sitzbäder geeignet war. Bei allen diesen Erörterungen kommen einem diejenigen, die die Existenz Johannas leugnen, wie die Angeklagten im Gericht vor; da sie auf jede Weise eine offenkundige Wahrheit verhüllen wollen, verfallen sie aus Widersprüchen in Unsinn und erregen dadurch bei den Zuhörern bald Mitleid, bald Lachen.

Getreu der Vorschrift der antiken Rhetoren, man solle die stärksten Beweise an das Ende stellen, haben wir noch nichts von einem anderen Zeugnis für die Existenz Johannas gesagt, das für sich allein genügt, alle anderen unscheinbar und unbedeutend erscheinen zu lassen, so wie der Sternenglanz erbleicht, wenn das

---

1 Xenophon, *Cyropaed.*, Buch 1.

Tagesgestirn erscheint. Nicht mehr haben wir es mit zweifelhaften Stellen aus verstaubten Folianten noch ins Wasser geworfenen Marmorstatuen zu tun, sondern mit einem zahlreich besuchten, in der Geschichte hochberühmten Konzil, das Johanna unzweifelhaft als historische Persönlichkeit anerkannt hat. Der Leser mag alles, was wir aus dem Staub von acht Jahrhunderten mühsam zusammengesucht haben, indem wir Päpste und Dichter, Historiker und Heilige aus ihren Gräbern als Zeugen aufriefen, all dies mag er als unbeschriebene Blätter ansehen und seinen Blick nur auf dieses Konzil richten, das allein vollkommen geeignet ist, jede Unsicherheit, jeden Widerspruch und jeden Zweifel wie leichtes Gewölk zu zerstreuen.

Im Jahre 1410 repräsentierte die untrennbare heilige Trinität im Himmel eine sich bekämpfende, höchst uneinige Dreiheit auf Erden, Johann XXIII.[1], Gregor XII. und Urban III., die zu gleicher Zeit Päpste waren und sich gegenseitig Räuber, Antichristen und Antipapisten nannten. Johann, ehemaliger Seeräuber und jetziger Papst, brandschatzte Italien, Benedikt verbrannte Menschen in Spanien, und der alte Gregor, der alle seine Anhänger und Zähne verloren hatte, belegte von Ankona aus die ganze Welt mit dem Bannfluch. Unterdessen blieben die Felder unbebaut, die Städte wurden entvölkert, Wicleff in England und Huß in Böhmen erhoben ihre Stimmen gegen die pfäffische Verderbtheit,

---

[1] Siehe das Leben Johanns XXIII. in der »Geschichte der Päpste« von Bruys, die »Geschichte des Konzils von Konstanz« von Lenfant und die Akten dieses Konzils in den *Scripta Concilii Constantiniensis, typis Salom. Schnorii,* Helmstedt 1700, eine reiche und wertvolle Sammlung, aus der ich das meiste des Folgenden entnommen habe.

die Türken bedrohten wieder Europa, und weder Geld noch Leute waren zu ihrer Abwehr vorhanden. Denn alles hatte die dreiköpfige päpstliche Hydra verschlungen. Unter so schlimmen Verhältnissen und weil das Übel immer noch zunahm, hielt es Kaiser Sigismund für das einzige Rettungsmittel, nach Konstanz ein Konzil zur Beseitigung des Schismas und zur Reform der Kirche zu berufen. Durch lügenhafte Versprechungen erlangte er die Zustimmung Johanns, der seinerseits hoffte, auf diese Weise sich seiner Nebenbuhler zu entledigen.[1]

Am Ufer des gleichnamigen Sees war von Konstantin das früher unbedeutende und durch das Konzil zu Weltruhm gelangte Konstanz erbaut worden. Dort begannen gegen Ende des Jahres 1413 Könige, Kurfürsten, Theologen und Prälaten von allen Seiten zusammenzuströmen. Ihnen folgten 50 Goldschmiede, 340 Barbiere, 900 Köche, 300 Weinhändler, eine Menge Bediente, Tänzer und Tänzerinnen und 718 Kurtisanen[2]; alle diese Menschen wohnten in hölzernen Häuschen um den Dom herum, in dem »die Geschicke der Christenheit« verhandelt werden sollten. Als kurz nachher auch Papst Johann anlangte, begann das Konzil seine Arbeiten. Am Tage verbrachten die Hirten der katholischen Herde ihre Zeit mit dem Verbrennen von Men-

---

[1] Der Kaiser gebrauchte, um den störrischen Johann zu überreden, den Emanuel Chysoloras, welcher von Konstantinopel entsandt worden war, um Hilfe gegen die Türken zu erbitten. So ist vielleicht das Zustandekommen des Konzils einem Griechen zu verdanken.

[2] Nach einem handschriftlichen, in der Wiener Bibliothek befindlichen Tagebuch überstieg die Zahl der Buhlerinnen 1 500 (Lenfant, *Histoire du Concile*, tom. 1, p. 50). Die Prälaten brachten so viele Weiber mit, da sie, wie es scheint, durch den Augenschein beweisen wollten, wie notwendig eine Reformation der Kirche sei.

schen oder mit Verhandlungen über die Farbe der heiligen Gewänder und die Breite der Ärmel[1], des Nachts ruhten sie in den Armen der schönen Imperia[2] und ihrer Schwestern aus.

Aber treten auch wir in den heiligen Bannkreis des Konzils. Auf Sesseln, die in Hufeisenform geordnet sind, sitzen die Mitglieder und verhandeln; hinter ihnen glänzen die Lanzenspitzen der Trabanten und über ihren Häuptern die Adelswappen. Überall, wohin wir den Blick richten, Kurfürsten in goldnen oder Kardinäle in purpurnen Gewändern,

électeurs de drap d'or, cardinaux d'ecarlate
(Victor Hugo)

Hier sehen wir die Zierden der Kirche, Gerson, den *Doctor christianissimus*, den Kardinal von Ailly, den tiefen Gelehrten, Mathieu Röder[3], den neuen Jeremias und

---

1 *Statuunt contra clericos qui vestes virides, rubras, supra talum curtas, aut manicas latas ultra palmam* (*Concil.* tom. I, p. 636).

2 Über diese Phryne des Mittelalters und ihre Siege in Konstanz siehe die *Contes drólatiques* von Balzac. Außer ihr lebte in demselben Jahrhundert unter Leo V. eine andere gleichnamige Kurtisane, welche von den Prälaten so sehr geehrt wurde, daß ihre Leiche nach ihrem Tod in der Kirche der heiligen Barbara unter einer Marmorplatte beigesetzt wurde, auf welcher zum Lobe ihrer Schönheit folgende Grabschrift eingemeißelt war: *Imperia Cortinas Romana, quae digna tanto nomine rarae intra homines formae specimen dedit. Vixit annos XXVI, dies XII. Obiit 1511, die 15 Augusti.* Siehe das Werk von Briffault: *Secret. de Rome*, p. 143.

3 Mathieu Röder, Doktor der Theologie in Paris, der die damalige Kirche mit dem Gichtbrüchigen des Evangeliums verglich, soll der Verfasser des berühmten *Distichons* sein:

> *Virtus, Ecclesia, Populus, Daemon, Simonia,*
> *Cessat, errat, turbatur, regnat, dominatur.*

Dieses Distichon muß man lesen, indem man jedes Substantiv in der ersten Zeile mit dem Verb darunter verbindet (*Histoire du Concile*, p. 49).

Chrysoloras, den Einführer der griechischen Wissenschaft in Italien. Hier erblicken wir die Großen der Erde: Amadeus, den Herzog von Savoyen, das Zepter in der Hand; Adolf, den Herzog von Cleve, einen jungen, bartlosen Mann, sich auf ein Schwert stützend, das größer ist als er; den schrecklichen Herzog Ernst von Österreich, von dem man nur die Augen und den Bart unter einem Helm mit weißem Federbusch sieht; den Kurfürsten Rudolf von Sachsen, mit einem Kragen aus Eisbärenfell; hier bemerken wir vier Patriarchen und siebzehn Gesandte von allen Nationen, selbst von den Sarazenen. Niemals zuvor war eine ehrwürdigere und erhabenere Versammlung an ein und demselben Ort vereinigt. Es war ungefähr sieben Uhr morgens, die Junisonne, die durch die buntbemalten Fenster der Kirche eindrang, vermehrte noch den Glanz des Goldes und des Purpurs, als vor dem Eingang Klirren von Waffen und Ketten hörbar wird. Aller Augen wenden sich nach dem durch diesen unheilvollen Klang Angemeldeten; plötzlich aber erlischt das Sonnenlicht, und Finsternis verbreitet sich in der Kathedrale. Zitternd greifen die Priester nach den um den Hals hängenden Amuletten und die Fürsten nach den Degen.[1] Als nach dem Ende der Sonnenfinsternis das Tagesgestirn wieder leuchtete, erschien inmitten der Versammlung, von Gefängniswärtern umgeben und mit Ketten beschwert, ein bleicher, durch Leiden abgemagerter Mann in der Kutte und mit einem langen Bart; man hatte ihm eine Papiermütze auf-

---

[1] Alles dies ist der Wahrheit gemäß nach den Akten des Konzils geschildert: *Eo die, qui erat septimus Junii, horam circiter septimam, cum paulo ante totalis solis eclipsis fuisset, Johannem Huss magna turba armatorum militum cinctum coram eis sisti mandarunt* (Bd. II, S. 324).

gesetzt, die mit zwei Teufeln bemalt war.[1] Dies war der Apostel von Böhmen, Johann Huß, der das unwiderlegliche Zeugnis für Johanna ablegen sollte. Weil dieser Märtyrer in Böhmen gepredigt hatte, der Papst sei heilig, nicht als höchster kirchlicher Würdenträger, sondern wenn er den Geboten des Heilands von der Barmherzigkeit und Liebe folge; der vom Papst Gebannte könne durch Gottes Gnade erlöst werden; wer die Herde verschlinge, verdiene nicht den Namen Hirt; Judas sei ein falscher Jünger Jesu; wegen dieser und anderer ketzerischer Lästerungen wurde er in Banden vor das Konzil geführt, um gerichtet und dann den Flammen überantwortet zu werden. Das Verhör beginnt; man schlägt die Bücher Hussens auf, und die inkriminierten Stellen werden vorgelesen, unter ihnen folgende: »Christus kann seine Kirche auf Erden ohne sichtbares Oberhaupt durch seine über die ganze Welt verbreiteten wahren Jünger lenken.«

Man fragt den Angeklagten, wie er die Kühnheit gehabt habe, solche Dinge zu schreiben. Er antwortet: »War die Kirche nicht ohne Haupt und Führer, als zwei Jahre und fünf Monate hindurch ein Weib, namens Johanna, Papst war?« Wiederum fragt man ihn, warum er gesagt habe: »Es ist nicht genug, daß jemand zum Papst ernannt werde, um das wahre Oberhaupt der Kirche zu sein.« Er erwidert: »Ich habe es gesagt, damit nicht etwa ein Christ sich täuschen lasse und die Päpstin für den wahren Oberhirten der Kirche halte.«[2]

---

[1] *Corona papyracea Hussi capiti imposita, duobus cacodaemonibus adpictis ornata* (ebenda).

[2] Alle diese Stellen sind aus den Akten des Konzils (Bd. II, S. 320 ff.) übersetzt und finden sich abgekürzt in der *Geschichte* von Lenfant, Bd. I, S. 215.

Keiner der Anwesenden wußte etwas darauf zu erwidern noch widerlegte oder verspottete er den Redner und während das Buch von Huß »Über die Kirche« aufgeschlagen dalag und viele übelwollende Augen sich darauf hefteten, um in den kleinsten Kleinigkeiten Anklagepunkte und auf jeder Zeile Lästerungen zu suchen, entging nur die folgende Stelle der Verurteilung: »Die katholische Kirche, die die Pforten der Hölle überwinden soll, muß frei von Tadel, Flecken und Lastern sein; so aber sind die Päpste und ihre Ratgeber, die Kardinäle, nicht immer gewesen, vielmehr sind sie oft in Sünde und Täuschung verfallen, wie bei der Wahl des Papstes Johann, der eine Frau war. Soll man etwa auch dieses Weib für rein und fleckenlos halten, das auf offener Straße gebar?«[1] Zwei- und dreimal noch warf der Neuerer Johanna den Richtern vor, die die Unfehlbarkeit des Heiligen Stuhls vertraten, aber keiner der 22 anwesenden Kardinäle, keiner der 49 Bischöfe, keiner der 272 Theologen[2] widerlegte ihn als Lügner oder schnitt ihm als Lästerer das Wort ab. Ein solches in den Akten des Konzils von achtzehn päpstlichen Sekretären niedergeschriebenes Zeugnis läßt keinen Widerspruch zu und bedarf keines Kommentars.

Kurz darauf wurde Huß, weil er die Unfehlbarkeit des Papstes nicht anerkennen wollte, von denselben Prälaten als Ketzer verbrannt, die den Papst Johann XXIII., den Vorsitzenden des Konzils, als Ehebrecher,

---

[1] *Illi enim saepius sunt maculati deceptione prava et peccato, sit tempore Johannis papae, Anglicae mulieris. Quo modo illa Romana ecclesia, illa Agnes Johannis Papa cum collegio semper immaculata permansit, qui peperit?* (Huss, De Eccles., p. 200 u. 220).

[2] Siehe das Verzeichnis der Mitglieder des Konzils bei Lenfant, S. 50.

Giftmörder, Simonisten und Blutschänder absetzten und ins Gefängnis warfen.[1] Als Huß den Scheiterhaufen bestieg, dankte er seinen Kerkermeistern und Henkern und umarmte sie. Während die Flammen um die Füße des Märtyrers züngelten, warf ein Bauer, der mit einer Tracht Holz aus dem Wald heimkehrte, seine Bürde auf den Scheiterhaufen, um seinen katholischen Eifer zu beweisen. Huß wandte sich zu ihm und sprach lächelnd: »Heilige Einfalt.« Sofort wurde er von dem Rauch des grünen Holzes erstickt. Seine Asche wurde in den Rhein und seine Bücher ins Feuer geworfen. Jedesmal aber, wenn man die Inkonsequenz und den Blutdurst der katholischen Priester, Johanna als historische Persönlichkeit und Allatius als einen Lügner nachweisen will, blicke man auf den Scheiterhaufen von Huß und »suche am hellen Tage keinen leuchtenderen Stern.«

---

1 Die Aufzählung der Verbrechen Johanns füllt zwei ganze Seiten der Akten.

Päpstin Johanna

Erster Teil

Die epischen Dichter fangen ihre Erzählungen immer in der Mitte an. Dasselbe tun auch die Romanschriftsteller, die für ihre dickleibigen Erzählungen die Bezeichnung eines Epos in Prosa rechtfertigen. Da erzählt der Held gelegentlich in einer Höhle oder auf einer Burg, auf duftigem Rasen oder weichem Pfühl der Geliebten seine Vorgeschichte, »nachdem sie sich auf dem Lager an Liebe gesättigt haben.« Das ist die gewöhnliche Methode, welche die Kritiker empfehlen. Als Freund der Ordnung ziehe ich jedoch die Art und Weise der kyklischen Dichter vor, die den Gegenstand ihrer biographischen Darstellung, mag es nun ein Held oder Bösewicht sein, von der Wiege an vornehmen, indem sie in chronologischer Reihenfolge alle seine Schritte bis zur Unsterblichkeit oder bis zum Galgen verfolgen. Ich fange also mit dem Anfang an; der Liebhaber klassischer Unordnung kann jedoch zuerst die letzten und nachher die ersten Seiten meines Buches lesen und so meine schlichte und wahrhafte Erzählung nach Gutdünken in einen epischen Roman umwandeln.

Der große Byron hat die Geduld gehabt, das langweilige Geschwätz alter Weiber anzuhören, nur um zu erfahren, ob die Mutter seines Helden Don Juan das Vaterunser auf Lateinisch betete, ob sie Hebräisch verstand und ein leinenes Hemd nebst weißen Strümpfen trug. Auch ich durchsuchte dicke, alte Schwarten von Büchern voller alberner Erzählungen mittelalterlicher Herodote, um meinen freundlichen Lesern wenigstens den Namen des Vaters unserer Heldin sagen zu können. Aber er hat so viele und mannigfaltige Namen wie Zeus bei den Dichtern und der Teufel bei den Indern. Durch mehrjährige Handschriftenstudien hätte ich vielleicht herausbringen können, ob Johannas Vater Willibald oder Walafred hieß; aber ich bezweifle, ob das Publikum eine derartige Mühe hinreichend gewürdigt hätte. Indem ich also dem Beispiel der heutigen Gelehrten folge, die fürchten, wenn sie ihre Zeit mit Vorstudien vergeuden, sie könnten zu wenig schreiben und dadurch die Zeitgenossen und die Nachfahren schädigen. Ich schreibe daher meine Geschichte ruhig weiter – oder vielmehr, ich fange sie nun erst richtig an.

Der namenlose Vater meiner Heldin war also ein englischer Mönch; aus welchem Landesteil jedoch, vermochte ich nicht in Erfahrung zu bringen, da Britannien damals noch nicht zur Erleichterung der Steuereinnehmer in Grafschaften eingeteilt war. Aber er stammte von jenen griechischen Glaubensboten ab, die das erste Kreuz im grünen Irland aufpflanzten, und war ein Schüler des berühmten Scotus Eriugena, der zuerst die Kunst erfand, Handschriften zu fälschen, mit denen er die damaligen Gelehrten täuschte. Dies allein hat uns die Geschichte vom Vater Johannas überliefert. Ihre

Mutter hieß Jutta, war blond und hütete die Gänse eines sächsischen Barons. Als dieser einmal am Tage vor einem Gastmahl eine recht fette Gans als Braten aussuchte, kam ihm die Gänsemagd auf den Hof, die er vom Geflügelhof in sein Schlafzimmer versetzte. Nachdem er ihrer kurz darauf überdrüssig geworden war, gab er sie dem Mundschenk, der Mundschenk gab sie dem Koch, und dieser wiederum dem Küchenburschen, der als kluger Mann das Mädchen an den Mönch weitergab, wobei er als Tauschobjekt einen Zahn des heiligen Gutlak erhielt, der in einem Felsenloch von Mercia gelebt hatte und als Heiliger verschieden war. So geriet Jutta aus dem Herrenbett in die Arme eines Mönchs, wie noch heute die hohen Hüte vom Scheitel eines Diplomaten auf den Kopf eines Bettlers. Denn in diesem Musterland verhungern zwar alljährlich eine Menge Menschen, andere verlieren alles Schamgefühl, weil sie kein Hemd haben – alle aber, Lords und Totengräber, Grafen und Bettler tragen einen vornehmen Zylinder, der dort als das Palladium demokratischer Gleichheit und Freiheit angesehen wird.

Die Ehe war glücklich. Tagsüber zog der Mönch auf den Gutshöfen der Umgebung umher, verkaufte Gebete und Rosenkränze und kehrte abends in seine Zelle zurück, die Hände feucht von den Küssen der Gläubigen und den Quersack voll Brot, Fleisch, Kuchen und Nüssen; denn Kartoffeln gab es damals noch nicht in England; die wurden später zugleich mit der Verfassung zum Besten des freien Volkes eingeführt, als mit dem Aufkommen der Gleichheit die Dienstboten nicht mehr gutes Fleisch an demselben Tisch wie die Herrschaft zu essen bekamen.

Sobald Jutta von weitem den Gesang des heimkehrenden Gatten auf dem Feld hörte, deckte sie den Tisch, d.h. sie setzte auf roh behauene Bretter einen hölzernen Teller für beide, ein Büffelhorn als Trinkgefäß, legte eine eiserne Gabel daneben und warf trockene Zweige auf den Herd, damit es während des Essens etwas Licht gab, denn Tischtücher, Kerzen und Flaschen waren damals nur den Bischöfen bekannt. Nach dem Essen breiteten die jungen Ehegatten ein Schaffell auf einen Haufen trockener Blätter, streckten sich selbst darauf aus und deckten sich mit einem dichtbehaarten Wolfsfell zu. Je durchdringender draußen der Nordwind wehte, je dichter das Schneegestöber war, desto mehr schmiegte sich das glückliche Paar aneinander und bewies so, wie sehr sich der heilige Antonius mit seiner Behauptung täuscht, daß die Kälte die Liebe abgekühlt. Auch die alten Griechen, die ja meinten, der Winter sei ein Greis und ein ausgesprochener Weiberfeind, wurden durch sie ins Unrecht gesetzt.

So verlebten Johannas Eltern herrliche Tage, an lieblichen Weisen sich freuend,[1] als eines Morgens, während der Mönch den Schlaf aus den Augen und aus seinem schwarzen Bart einige blonde Haare seiner Frau herausstrich, zwei angelsächsische Bogenschützen mit nackten Schienbeinen und barfuß, mit kleinen Schilden am linken Arm und wohlgefüllten Köchern auf der Schulter, vor der Hütte erschienen und den Hausherrn im Namen des »Heptarchen« Ekbert aufforderten, ihnen zu folgen, dabei aber die für eine weite Wanderung nötige Wegzehrung mitzunehmen. Zitternd nahm der

---

[1] Theokrit: *Idyll*. 27, V. 65.

Mönch den Ranzen auf die Schultern, faßte sein Weib mit der Rechten, den Stock in die Linke, steckte das Gebetbuch unter die Achsel und folgte den finsteren Soldaten. Nach einem Marsch von drei Tagen und zwei Nächten über kahle Berge und durch Ebenen voll Erika, wobei sie unterwegs noch viele andere geweihte Priester unter dem Geleit von Bogenschützen trafen, gelangten sie am vierten Tag in das Städtchen Garianor, dem heutigen Yarmouth. Eine große Menschenmenge war am Strand versammelt, auf einem grünen Thronsessel saß Bolsius, der Bischof von York, und segnete die Gläubigen, während im Hafen ein geräumiges sächsisches Fahrzeug auf dem Wasser schwankte, ungeduldig das viereckige Segel dem vom Lande her wehenden Wind bietend. Als die aus ganz England herbeigeholten Mönche, an Zahl sechzig, sich näherten, umarmte sie der fromme Bolsius einzeln, händigte einem jeden zwei Denare aus und sprach: »Gehet hin und lehret alle Völker!« Nach dieser Verabschiedung durch den Bischof betraten die Missionare sofort die Planken des »hohlen Schiffs« und kreuzten kurz darauf die trüben Wogen der Nordsee, ohne zu wissen, zu welchen Küsten sie segelten, um die Märtyrerkrone oder ein stattliches Kloster aufzusuchen. Aber während sie unter dem Schutz des Kreuzes dahinfahren, wollen wir den Leser aufklären, wie es kam, daß Bischof Bolsius die Leuchten der englischen Kirche dem wankelmütigen Meere anvertraute. Aber zu diesem Zweck nehmen wir Abschied von der Insel der Briten und begeben uns in das Land der Franken.

Als Karl der Große auf seinen Kriegszügen in Europa mit seinem langen Schwert Lorbeeren und Köpfe geerntet, als er drei Viertel der Sachsen ertränkt, geblendet oder zu Tode gemartert und so die Unterwerfung und Verehrung der Überlebenden gewonnen hatte, ruhte er sich schließlich auf seinen Lorbeeren in Aachen, einer durch Überreste von Heiligen und durch ihre Nadeln berühmten Stadt aus.

Alles ging in dem ungeheuren Reich nach Wunsch; der weise Alkuin wusch die schmutzigen Untertanen Karls im Taufwasser, schnitt ihnen die roten Bärte und die Nägel der kleinen Finger ab, und indem er ihnen den unerschöpflichen Schatz seines Wissens erschloß, bestrich er die Lippen des einen mit dem Honig des heiligen Wortes, nährte einen anderen mit den Wurzeln der Grammatik und lehrte einen dritten, daß die Gänsefedern, mit denen er seine Pfeile schneller machte, auch zum Schreiben zu gebrauchen seien. Der glückliche Kaiser verlebte seine Tage ohne Kummer, zählte die Eier seiner Hühner, brachte seine Uhren und seine Reiche in Ordnung, spielte mit seinen Töchtern und dem Elefanten, den er von dem Kalifen Harun zum Geschenk erhalten hatte, verurteilte die Mörder und Räuber zu geringer Strafe und hängte diejenigen von seinen Untertanen an den Bäumen seines Gartens auf, die am Freitag Fleisch gegessen oder nach dem heiligen Abendmahl ausgespuckt hatten.

Aber während der fromme Karl, der, obwohl er nicht schreiben konnte, doch das klassische Altertum kannte, jeden Tag die Worte wiederholte: *haec mihi Deus otia fecit*, erhoben die Sachsen wiederum ihr freches ungekämmtes Haupt, und indem sie die Hände in das Blut nicht von Stier-, sondern Menschenopfern tauchten, schworen sie bei Teut, Irminsul und Armin, entweder das Joch Karls abzuschütteln oder die Ufer der Elbe und Weser mit ihrem Blut zu röten.

Aber wie gewöhnlich, so ging es auch diesmal: Der unüberwindliche Kaiser kam, sah und siegte mit jener Lanze, die einst der römische Soldat nach dem Bericht der Evangelisten in die Seite des Heilands gestoßen und die der dem Kaiser Karl im Traume erschienene Erzengel Michael auf sein Bett niedergelegt hatte, um ihn, wie die Schriftsteller jener Zeit erzählen, dafür zu belohnen, daß er sich zur Fastenzeit gekochten und rohen Fleischs enthielt und sogar allein schlief. Da aber der heilige Kaiser nach dem Sieg die Furcht nicht loswerden konnte, von jenen Wilden wieder zu einer Unterbrechung seiner frommen Mußestunden gezwungen zu werden, entschloß er sich, die Besiegten entweder ganz auszurotten oder sie alle zu taufen, ob sie wollten oder nicht. Nie zuvor ist es einem Missionar gelungen, in so kurzer Zeit so viele Ungläubige zum Christentum zu bekehren. Aber die Beredsamkeit des fränkischen Eroberers war unwiderstehlich. »Glaube, oder du bist ein Kind des Todes«, sagte er zu dem gefesselten Sachsen, vor dessen Augen als kräftigstes Beweismittel das Beil des Henkers blitzte, und jene ganze Schar sprang in das Taufbecken, wie die Enten in den Teich, wenn es geregnet hat. Da aber, wie allmächtig auch der Glaube sein mag, es nichtsdestoweniger erforderlich ist, daß der Christ irgendwie zu erfahren bekommt, an was er glaubt, so war es damals in Europa üblich, wie heutzutage in Tahiti und Malabar, daß die Neugetauften eine Art von Christenlehre lernten, die die Diakonen die Sachsen lehrten, indem sie sie als Novizen in Reihen zu je zehn Mann aufstellten und unbarmherzig durchprügelten, wenn sie bei einem schwer auszusprechenden Wort des Glaubensbekenntnisses stockten. So nahm Jesus Rache an den Götzen für alles, was seine ersten Anhänger durch jene damals gelitten hatten, als sie unter Nero verbrannt oder unter Diokletian gebraten wurden. Daher das französische Sprichwort: *La vengeance est le plaisir des dieux* (die Rache ist das Vergnügen der Götter).

Solange der Krieg gedauert hatte, hatten die Soldaten zugleich die Obliegenheiten der Priester erfüllt. Nunmehr aber, wo die theologischen Lehren jener gepanzerten Missionare nicht mehr ihre Wirksamkeit ausübten, erkannten alle und besonders der Kaiser selbst die Notwendigkeit geeigneter Religionslehrer. Aber bei den Franken gab es damals nur solche Geistliche, die im Bierbrauen erfahrener waren als in der Dogmatik, die z.B. die Kinder im Namen des Vaterlandes, der Tochter und des heiligen Hauches tauften, die behaupteten, die Gottesmutter habe durch das Ohr empfangen, die vor dem heiligen Abendmahl frühstückten und den Diakon zwangen, das Wasser zu trinken, in dem sie sich nach der Liturgie die Hände gewaschen hatten. Den Händen solcher Priester wagte Karl nicht einmal die Sachsen anzuvertrauen aus Furcht, er könnte sich bald darauf wieder zu einem Kriegszug gezwungen sehen, um neue Götzenbilder, die des Bacchus und des Morpheus, zu zerstören. In seiner Verlegenheit zog er Alkuin zu Rate, auf dessen Orakel die damaligen Franken hörten wie damals die Hellenen auf die der Pythia. Alkuin war Engländer, und England hatte damals das Monopol der Theologen wie heutigen Tags das der Mechaniker. Dorthin wurde also ein Schiff geschickt, um Missionare zur Einweihung der Sachsen in die Geheimnisse des Glaubens herbeizuschaffen.

Jene heilbringende Arche der christlichen Religion, in die wir auch Johannas Vater mit seiner Frau steigen sahen, fuhr acht Tage auf den Gewässern, lief am neunten in die Rheinmündung ein und ging angesichts der Stadt Nimwegen vor Anker, wo jene Seelenfischer zum ersten Mal den deutschen Boden betraten. Von dort gelangten sie, die einen auf Eseln, die anderen in Kähnen, wieder andere *per pedes apostolorum*, an die Quellen der Lippe und kamen hungrig und müde in Paderborn an, wo Karl, umgeben von Kreuzen und Schilden, residierte. Sachsen wurde von dem Sieger sofort an die neuangekommenen Priester verteilt, von denen ein jeder den Auftrag erhielt, die Hütten in der ihm zugewiesenen Provinz des Sachsenlandes mit dem Kreuz zu schmücken; der Vater Johannas wurde nach Süden geschickt, um das Götzenbild der Irminsul in Eresburg zu stürzen, zu dem die damaligen Empörer zusammenkamen, wie die unseren in Chavtia (in Athen), Menschenopfer darbrachten und immer neue Verschwörungen anzettelten. Der unglückliche Mönch lud sein Weib und vier sächsische Schwarzbrote auf einen Esel und machte sich auf den Weg, das Tier am Zügel hinter sich herziehend und unter Tränen der behaglichen Hütte im Heimatlande gedenkend.

Acht volle Jahre zog Johannas Vater in den Wäldern Westfalens umher, taufend, lehrend, die Beichte hörend und die Toten begrabend. Er hatte dabei viel mehr Leiden auszustehen als selbst der Apostel Paulus, denn er wurde viele Male gepeitscht, zehnmal gesteinigt, fünfmal in den Rhein und zweimal in die Elbe geworfen, viermal verbrannt, dreimal aufgehängt und blieb trotz alledem durch die Hilfe der Mutter Gottes am Leben. Wer etwa vermuten sollte, ich erzählte unglaubhafte Dinge, den verweise ich auf die Legendenbücher jener Epoche, um aus ihnen zu entnehmen, wie die blonde allerheiligste Jungfrau mit ihren weißen Händen die Füße ihrer Gläubigen stützte, so oft sie aufgehängt wurden, mit einem Fächer aus Federn von Engelsflügeln die Flammen auslöschte, wenn sie verbrannt wurden, oder ihren blauen Gürtel abnahm und ihn den ins Wasser Geworfenen reichte, ähnlich wie bei Homer die Ino dem Odysseus ihren Schleier reichte.

Diese vielen Leiden hatten zwar nicht vermocht, den Eifer des unermüdlichen Apostels abzukühlen oder seine Gesinnung zu ändern. Sein Körper aber wurde allmählich unkenntlich, nachdem ihm die Friesen das rechte Auge ausgeschlagen, die Langobarden die Ohren, die Thüringer die Nase abgeschnitten und die wilden Bewohner des Hercynischen Waldes, um das Geschlecht der Missionare zu vertilgen, vor dem Altare des Teut seine beiden Kinder geopfert und darauf mit demselben unbarmherzigen Messer ihm jede Hoffnung auf Vaterschaft abgeschnitten hatten.

Jutta, die selbst nach dem letzten Unglück ihrem verstümmelten Gatten treu blieb, suchte ihm auf jede erdenkliche Weise seine Leiden zu erleichtern. Wenn er in einer schlaflosen Nacht mit vergeblichem Verlangen das eine ihm verbliebene Auge auf seine Gattin richtete und den Verlust seiner Kinder und der früheren Freuden beweinte, tröstete sie ihn mit den Worten: »Jeden Tag zünde ich vor dem Bild des heiligen Paternus eine Kerze an. Vielleicht wird dieser Beschützer des

Ehestandes ein Wunder tun, daß wir wieder Kinder bekommen.« Dieser Wunsch der schönen Jutta erfüllte sich bald darauf, aber ach! nicht durch ein Wunder des heiligen Paternus, sondern durch zwei Bogenschützen des Grafen von Erfurt. Diese bösen Buben trafen sie an dem Ufer der Fulda, als sie das Kleid ihres Mannes zum Trocknen aufhing, während sich dieser, da er kein anderes besaß, wie Odysseus in einem Haufen trockener Blätter versteckte, um das Trocknen seines frisch gewaschenen Kleids abzuwarten. Derweil streckten die zwei Knappen sie auf dem Gras aus und brachten ihr mit Gewalt die wahre Bestimmung des Weibes in Erinnerung. Kaum hatten die Soldaten ihre Lust genossen, zogen sie weiter, der unglückliche Mönch aber kroch aus seinem Versteck, zog das noch nasse Hemd an und entfernte sich mit seiner mißhandelten Frau, den Sachsen fluchend, die ihm außer dem Märtyrerkranz auch noch einen anderen auf das kahle Haupt gesetzt hatten.

Neun Monate später, im Jahre 818, gebar Jutta in Ingelheim, nach anderen Quellen in Mainz, ihre Tochter Johanna, die einst den Schlüssel Petri zum Himmel an sich reißen sollte. Ihr Vater oder vielmehr der Mann ihrer Mutter, taufte sie, damit sie sich gleich nach ihrer Geburt an die Unannehmlichkeiten des Wanderlebens gewöhnte, im kalten Wasser des Mains, in das auch die einheimische Bevölkerung ihre Schwerter tauchten, um sie härter zu machen.

Die Wiege aller Helden schmücken nach alter Gewohnheit die Biographen mit Wunderzeichen, gleichsam als Vorboten künftiger Größe. So erdrosselte Herakles als Säugling die Drachen, Criezot den Bären, die Bienen ließen sich auf Pindars Mund nieder, Pascal erfand als Zehnjähriger die Geometrie, als Byrons Held in den Armen seiner Amme die Messe hörte, wandte er die Augen von den runzeligen Heiligen ab, um sie mit Andacht auf die heilige Magdalena zu richten. Unsere Heldin aber, die sich in der kirchlichen Laufbahn auszuzeichnen bestimmt war, wollte niemals am Mittwoch oder Freitag trinken, sondern wandte, wenn ihr an einem Fasttag die Mutterbrust geboten wurde, die Augen mit Schaudern ab. Heiligenreliquien, Kreuze und Rosenkränze waren ihre ersten Spielsachen. Ehe sie zahnte, konnte sie das Vaterunser auf englisch, griechisch und lateinisch, ehe sie die Milchzähne verlor, unterstützte sie schon ihren Vater in seinem Missionsberuf, indem sie ihre sächsischen Altersgenossinnen, unterrichtete. Sie war kaum achtjährig, als ihre Mutter, die schöne Jutta, starb, und am Grab der Seligen hielt sie eine Leichenrede, auf den Schultern des Totengräbers stehend.

Während aber Johanna an Schönheit und Weisheit zunahm, fühlte ihr von den Schmerzen und dem Verlust seiner Lebensgefährtin niedergedrückter Vater seine Kräfte von Tag zu Tag schwinden. Vergebens rief er den heiligen Ghien an, damit er seinen wankenden Schritt festige, vergebens zündete er der heiligen Lucia eine Kerze an, ihm die Sehkraft auf seinem Auge wiederzugeben, damit er die Buchstaben des Psalteriums unterscheiden könne, und vergeblich bat er den heiligen Fortius, seine Stimme zu stärken; seine Hände zitterten vielmehr so sehr, daß er, als er eines Tages der Priorin des Bitterfelder Klosters, der schönen Gisela, die heilige Kommunion reichte, anstatt die heilige Hostie in den rosigen Mund der Jungfrau zu stecken, sie auf ihre weiße Brust fallen ließ, die diese Dienerin Gottes auf besondere Erlaubnis des Papstes Sergius immer entblößt trug. Das Ärgernis war groß; die Kommunikantin errötete, die Nonnen verhüllten das Antlitz mit den Händen, die einheimischen Priester aber schrien: »Heiligenschändung!«, und »Heiligenschändung!« wiederholten als treues Echo die Klosterjungfrauen, stürzten sich wie Bacchantinnen auf den unglücklichen Alten, rissen ihm die heiligen Gewänder ab und warfen ihn übel zugerichtet aus dem Kloster.

Vierzehn Tage irrte der unglückliche Apostel mit Johanna in den unwirtlichen Wäldern zwischen Frankfurt und Mainz umher, indem er unter den Laubkronen der Bäume übernachtete und mit den westfälischen Schweinen Eicheln verzehrte. Aber diese Speise, die jene Genossen des heiligen Antonius so fett macht, machte ihn und seine Tochter binnen kurzem dünner wie die sieben Garben, die der Pharao im Traum sah. Vergeblich versuchte der Mönch das Wunder seines Landsmanns, des heiligen Patrick, zu wiederholen, der durch ein Gebet die in den irischen Bergen umherlaufenden Wildschweine in saftige Schinken verwandelt hatte, und vergebens bat er die über seinem Kopf fliegenden Adler, ihm Speise zu bringen wie dem heiligen Stephan. Johanna hob manchmal die feuchten Augen zu ihrem Vater auf und schluchzte: »Ich habe Hunger!« Anfangs streckte zwar ihr liebevoller Vater die abgemagerten Arme zum Himmel empor und rief wie Medea: »Die Adern möchte ich mir öffnen, um mit meinem Blute deinen Hunger zu stillen.« Allmählich jedoch trocknete ihm der Hunger die Kehle und das Herz derart aus, daß er auf die Klagen seiner Tochter nur die lakonische Erwiderung hatte: »Geh'n wir weiter!«

Die Schwingungen einer Hängelampe brachten Galilei auf die Konstruktion der Pendeluhr, und der hungernde Mönch wurde durch eine tanzende Eisbärin auf die Entdeckung einer neuen Erwerbsquelle geführt. Als er eines dieser langhaarigen Geschöpfe des Pols auf einem Jahrmarkt tanzen und ihren Herrn bei den Zuschauern Almosen einsammeln sah, kam er auf den Gedanken, Johannas frühreife Klugheit so wie der Tierbändiger die Tanzkunst des Bären zu benutzen, um durch sie sein täglich Brot und Bier zu verdienen. Mit Recht hat also der gelehrte Erasmus behauptet, jeder Vernünftige könne sogar von einem Bären viel Nützliches lernen. Der Mönch begann also seine Tochter für den neuen Beruf auszubilden, indem er ihren zehnjährigen Mädchenkopf mit all dem albernen Geschwätz vollstopfte, das die damaligen Gelehrten Dogmatik, Dämonologie, Scholastik oder sonstwie benannten, und übertrug es auf ein Pergament, von dem er homerische Verse oder Epigramme Juvenals abgekratzt hatte. Nachdem er seine Tochter für den neuen Broterwerb hinreichend einstudiert hatte, begann er zwischen den Herrensitzen und Klöstern des fruchtbaren Westfalenlandes umherzuziehen. Beim Eintritt begrüßte er fußfällig den Herrn, segnete die Hausfrau, hielt den Dienstboten die Hände oder den Gürtel zum Kuß hin, dann stellte er Johanna auf einen Tisch, und die Vorstellung nahm ihren Anfang. »Meine Tochter«, fragte er, »was ist die Zunge?« »Die ›Geißel der Luft.‹« – »Was ist die Luft?« »Das Element des Lebens.« – »Was ist das Leben?« »Für die Glücklichen eine Lust, für die

Armen eine Qual, für alle aber ein Erwarten des Todes« – »Was ist der Tod?« »Eine Reise nach unbekannten Gestaden.« – »Was ist das Gestade?« »Die Grenze des Meeres.« – »Was ist das Meer?« »Der Aufenthaltsort der Fische.« – »Was sind die Fische?« »Eine Zutat für den Tisch.« – »Was ist eine Zutat?« »Eine gelunge Produktion des Kochs.«

Nachdem nun der Nachweis vielfältiger Kenntnisse, in der Theologie wie in der Kochkunst, durch Frage und Antwort erbracht war, bat der Vater des jungen Mädchens den Burggeistlichen, schwierige Fragen aus einem beliebigen Gebiet menschlicher Wissenschaft an sie zu richten. Johanna warf die Angel in den Ozean ihres Gedächtnisses und fischte stets die richtige Antwort heraus, die sie durch eine Stelle der Heiligen Schrift oder des heiligen Bonifatius belegte. Nach Beendigung der Vorstellung sprang sie leicht vom Tisch herunter, nahm die Enden ihrer Schürze zwischen ihre Finger und hielt sie ausgestreckt einem jeden der Anwesenden hin, indem sie mit einem süßen Lächeln seine Freigebigkeit anflehte. Die einen warfen ihr ein Kupferstück, die anderen ein Silberstück, andere Eier und wieder andere Äpfel zu; die aber, die nichts zu geben hatten, drückten einen Kuß auf die Stirn der blonden Theologin.

So lebten sie noch fünf Jahre zusammen, hatten jeden Tag zu essen, oft auch zweimal am Tag, übernachteten bald unter der getäfelten Decke eines Herrenschlosses, bald unter dem Strohdach eines Försters oder Jägers. Die Jahre und die Erinnerung an die ausgestandenen Leiden hatten den Eifer des Mönchs etwas gemildert, so daß er niemanden mehr wider

Willen zu bekehren versuchte, niemanden mehr ohne seine Zustimmung taufte, außer den Toten, die er am Tag nach einer Schlacht an den Ufern der Elbe oder des Rheins gefunden hatte. Denn nach der damals herrschenden Ansicht öffnete selbst den Toten die ihnen zuteil gewordene Taufe die Pforten des Himmels.

Nach so vielen Wanderjahren ging endlich der Greis, der so manches in seinem Leben durchgemacht hatte, zu jenen unbekannten Küsten, von denen es keine Wiederkehr gibt. Der Tod überraschte ihn in der Zelle des guten Eremiten Arkulph, der am Ufer des Mains in seiner Einsiedelei hauste, wo er Lobgedichte auf die Heiligen und Körbe für die Fischer anfertigte. Nachdem Johanna ihrem Vater das Auge zugedrückt hatte, begrub sie ihn unter dem Beistand des Einsiedlers am Flußufer unter einer Weide, in deren Rinde sie eine Inschrift einschnitt, die an die Tugenden des Seligen erinnerte. Dann sank das arme Mädchen auf den Grabhügel, der ihren einzigen Beschützer auf Erden bedeckte, und mischte wie Othellos Weib die Welle, die ihren Fuß netzte, mit heißen Tränen. Nachdem sie auf dem Grab ihres Vaters jene fromme Spende der Liebe dargebracht hatte, wischte sie sich schließlich die rotgeweinten Augen. Die Betrübnis, die wir über den Verlust eines geliebten Wesens empfinden, gleicht dem Ziehen eines Zahnes; der Schmerz ist heftig, aber nur momentan. Nur die Lebenden verursachen uns dauernde Schmerzen. Wer hat je am Grab einer Geliebten die Hälfte, den hundertsten, den tausendsten Teil der Tränen vergossen, die er über ihre Schlechtigkeit tagtäglich vergossen hatte?

Nachdem sich also Johanna ausgeweint hatte, neigte sie sich zu dem Wasser nieder, um die brennenden Augen zu kühlen. Da beschaute sie zum ersten Male aufmerksam ihr Spiegelbild im Wasser, das Bild des einzigen Wesens, das ihr zu lieben übriggeblieben war. Schauen wir über ihre Schulter und betrachten wir, was der feuchte Spiegel reflektiert: ein sechzehnjähriges Gesicht, runder als ein Apfel, blondes Haar wie das der heiligen Magdalena und ungeordnet wie das der Medea, Lippen so rot wie ein Kardinalshut, die unsägliche Wonnen verheißen, Brüste so voll wie bei einem Rebhuhn und noch wogend von schmerzlicher Rührung. So sah sich Johanna im Wasser, so habe auch ich ihr Bild in einer Kölner Handschrift gesehen.

Dieser Anblick milderte gewissermaßen den Schmerz meiner Heldin, die, sich auf dem Rasen ausstreckend und den Kopf auf die Hand stützend, darüber nachzudenken anfing, wie sie ihre Schönheit und Weisheit ausnutzen solle, ob sie die Kutte anlegen oder einen anderen Beschützer an Stelle ihres Vaters ausfindig machen solle. Da sie ziemlich lange keine Ruhe gehabt hatte, schlief sie infolge der Hitze und überwältigt von dem eintönigen Gesang der Grillen im Schatten der Bäume ein, die sie vor den Strahlen der Sonne und den Blicken der Neugierigen schützten.

Ich weiß nicht, ob Johanna auch den Lukian gelesen hatte; jedenfalls hatte auch sie, sobald sie die Augen geschlossen hatte, einen Traum wie der spöttische Dichter aus Samosata. Es schien ihr, als ob zwei Frauen aus dem Wasser stiegen. Die Brust der einen war entblößt, sie hatte Blumen im Haar und ein Lächeln auf den Lippen, die andere trug eine schwarze Kutte, ein Kreuz auf der Brust, und ihr Antlitz sprach von frommer Zerknirschung. Beide waren schön, aber die Schönheit der einen erinnerte an fröhliche Feste, Becherklingen und lustigen Reigentanz, der feuchte Blick der anderen mahnte an die heimlichen Freuden der Klöster, geräuschlose Gelage und verschwiegene Küsse. Die Hüfte der einen hätte man in einem geräuschvollen Tanzsaal unter den Augen einer Menge von Zuschauern und beim Scheine von tausend Lichtern umfassen, vor der anderen in einer stillen Klosterzelle beim unsicheren Schein einer vor einem Heiligenbild hängenden Lampe auf den Knien liegen mögen. Als sie näher an Johanna herangekommen waren, sprach die erste, indem sie liebkosend die blonden Locken unserer Heldin streichelte: »Ich sah dich in Zweifel befangen, ob du die Freuden dieser Welt oder die Ruhe des Klosters vorziehen solltest; darum bin ich sogleich herbeigeeilt, um deinen unsicheren Schritt auf den Weg des wahren Glücks zu geleiten. Ich bin die heilige Ida. Keines der Güter der Welt ist mir versagt gewesen; ich habe mich zweier Gatten, dreier Liebhaber und sieben Kinder erfreut, viele Becher guten Rheinweins geleert, manche lustige Nacht durchwacht; meine Schultern habe ich aller Welt gezeigt, meine Hände den Lippen aller zum Kusse gereicht, beim Reigen durfte mich umschlingen, wer nur tanzen konnte, und trotzdem werde ich als eine der Heiligen gepriesen und verehrt. Auch dies ist mir zuteil geworden, da ich zur Fastenzeit gute Fische aß, die Brosamen von meinem Tische den unersättlichen Mäulern der Priester zuwarf und meine abgelegten Kleider für die Bildsäulen der Madonna schenkte. Eine solche Zukunft verspreche ich auch dir, wenn du auf meine Ratschläge hören willst. Du bist arm, obdachlos und zerlumpt; aber auch ich hatte, bevor ich Graf Ekberts Weib wurde, nicht soviel, daß ich es von einem Fingernagel hätte wegblasen können, auch meine einzige Habe waren meine roten Lippen, durch die ich Reichtum, Ehre und Heiligkeit erworben habe. Sei also gutes Mutes, meine blonde Johanna. Du bist schön wie eine Blume des Feldes, weise wie ein Buch Inamars, schlau wie ein Fuchs des Schwarzwaldes. Dadurch kannst du dir alles verschaffen, was das Leben Angenehmes hat. Aber gehe den gebahnten Weg und überlaß den Dummen die rauhen Pfade. Suche dir einen Gatten, der dir seinen Namen und spanische Schuhe gibt, suche dir Liebhaber, damit sie diese Schuhe küssen, habe Kinder, damit sie dich im Alter trösten, habe, wenn du magst, auch ein Kreuz, unter das du dich flüchten kannst, wenn du die Lebenden langweilst oder von ihnen gelangweilt wirst. Nur dieser Weg führt zum Glück; ihm bin ich dreißig Jahre lang unter Blumen, in Gelagen, auf edlen Rossen und bei Liederklang gefolgt, umgeben von einem Gatten, der mich liebte, von Liebhabern, die meine Schönheit priesen, und von Untertanen, die meinen Namen segneten. Als aber das Ende nahte, verschied ich auf einem purpurnen Bett, indem ich das Abendmahl aus der Hand eines Erzbischofs empfing und von meinen Kindern gestützt wurde. Jetzt erwarte ich furchtlos den Tag des Gerichts unter einem marmornen Grabstein, auf dem meine Tugenden in goldenen Lettern eingemeißelt sind.«

So sprach die heilige Ida; so verständige Ratschläge flüstern auch heute noch die erfahrenen Mütter ihren Töchtern ins Ohr und flößen ihnen dadurch einen heilsamen Abscheu vor den Abgeschmacktheiten der Romanschreiber ein. Nachdem nun Ida den schimmernden Rosenkranz der weltlichen Freuden vor den Augen des Mädchens entfaltet hatte, trat ihre kuttentragende Begleiterin hinzu und begann mit ruhig fließender Stimme, wie die Quelle von Siloah, zu reden:

»Ich bin, Johanna, die heilige Liobba, wie auch du ein Kind Britanniens, eine Blutsverwandte des Schutzherrn dieses Landes, des heiligen Bonifatius, und Freundin deines unter diesem Grabhügel ruhenden Vaters.

Welches die Güter dieser Welt sind, hast du von Ida gehört. In bunter Reihe Heiraten, Mutterschaften, Liebesabenteuer und Ritte aufzählend, hat sie dir ein verlockendes Bild entworfen, wie die Fischer den Fischen den Köder vorwerfen. Aber die kluge Vermittlerin hat dir weder den Preis noch die Nachteile der Ware gesagt. Frage sie, wieviel Tränen sie über die Beleidigungen ihres Mannes vergossen hat, wieviel über die Treulosigkeit eines Liebhabers, wieviel an der Wiege eines kranken Kindes, wieviel vor dem Spiegel, wenn er ihr statt Lilien und Rosen bleiche Farbe und Runzeln zeigte. Weder fanatisch noch unverständig waren jene Jungfrauen, die der Welt entsagend unter dem Dach eines Klosters Ruhe suchten, sondern sie wußten, daß die Ehen voll Überdruß sind, sie hörten das Wehgeschrei der Frauen, die gebaren oder von ihren Männern geprügelt wurden, sie sahen ihre Leiber aufgetrieben und ihre Brüste von Milch strotzend, sie zählten auch die Runzeln, die schlaflose Nächte und Schmerzen auf ihre Stirnen gegraben hatten. Der abstoßende Anblick einer taillenlosen, schwangeren oder säugenden Frau hat uns ins Kloster getrieben, nicht

Engelsvisionen oder der Appetit nach trockenem Brot, wie die einfältigen Schreiber von Heiligenlegenden erzählen. Dort fanden wir Unabhängigkeit und Ruhe in schattigen Zellen, wo weder Kindergeschrei noch die Zumutungen eines Gebieters noch sonst welche Sorgen unseren Schlaf störten. Aber damit nicht die Welt ausstürbe, damit nicht die Weiber scharenweise in die Klöster gingen, verbreiteten wir seltsame Gerüchte über unser Leben, daß wir nächtelang auf kaltem Steinboden knien, daß wir Stöcke pflanzen und so lange begießen, bis sie treiben, daß wir in der Asche liegen und uns unbarmherzig geißeln. So erzählen ja auch die Falschmünzer, daß furchtbare Spukgeister und bösartige Vampire die Höhlen bevölkern, wo sie ihr falsches Geld machen. Fürchte dich nicht vor den kleinen Zwiebackbroten, die nach dem heiligen Pachomius benannt sind, noch vor der Mitternachtsglocke, die nur die Dummen weckt, noch vor der Ärmlichkeit unserer Gewandung; sieh, was unter diesem rauhen Gewebe verborgen ist.«

Bei diesen Worten streifte die heilige Liobba die Kutte von den Schultern und stand da, in ein durchsichtig-zartes Hemd von der Insel Kos gehüllt, »gewebte Luft«, wie die Dichter derartige Gebilde genannt haben, unter dem der Körper leuchtete wie edler Wein in böhmischem Kristallglas. Dann neigte sie sich zum Ohr der schlafenden Johanna hinab und fuhr mit noch sanfterer Stimme fort: »Auch Genüsse hat dir diese da verheißen; aber frage sie, ob sie, von mißtrauischen Blikken bewacht, je eine ungemischte Freude genoß, wenn sie sich dem Geliebten hingab und wenn sie nicht seinen zärtlichen Worten das Ohr lieh, sondern auf das geringste Geräusch in ihrer Nähe horchte und ihn angstvoll von sich stieß, wenn eine Tür knarrte oder ein Blatt sich regte. Hast du schon einmal eine Katze gesehen, die auf den Tisch gesprungen war und ihrem Herrn die Milch austrank, die Blicke gespannt, die Ohren gespitzt, die Haare von Furcht gesträubt, und die Füße zur Flucht bereit? So genießen auch die Damen der Welt die verbotene Frucht. Wir aber, weder von Sorgen noch von Spähern umgeben, sondern von hohen Mauern und dichten Wäldern, verbringen den Tag wie die alten Philosophen mit Gesprächen über die Lust, wenn aber die Stunde derselben geschlagen hat, ziehen wir uns in unsre stillen Zellen zurück, wo wir uns in Ruhe und Andacht für den Genuß vorbereiten wie die Ritter für das Turnier. Wir tauchen diesen härenen Stoff, den die Toren für ein Werkzeug der Kasteiung halten, in lauwarmes, wohlriechendes Waschwasser und reiben damit den Körper, bis er rot wie eine Rose und feinfühlig gegen jede Berührung wie ein Pferd gegen den Sporn wird, waschen das Haar, verhüllen die Heiligenbilder, strecken uns im Winter im Schein brennender Holzscheite, im Sommer am offenen Fenster aus und lauschen dem Gesang einer Nachtigall oder summen, uns süßen Träumen hingebend, das Hohe Lied, bis draußen auf dem Gang die Sandalen desjenigen ertönen, der kommt, um diese Träume in Wirklichkeit zu verwandeln. Die Orientalen haben die vereinigten Klöster erfunden, in denen die Diener des Höchsten und die Bräute Christi unter demselben Dach hausen, von einer Mauer getrennt, aber wir haben die Erfindung der Griechen vervollkommnet, indem wir in diesen Wänden Öffnungen anbrachten,

100

durch die unsere Brüder im heiligen Benedikt geräusch- und gefahrlos zu uns herüberschlüpfen. Wir Nonnen haben zuerst in den Klostergärten die süß duftende Raute angebaut, die von den Schmerzen der Mutterschaft befreit, die stark riechende Erika, die die Lippen unersättlich macht, und die scharfe Nessel, durch die unsere Liebhaber immer neue Kräfte bekommen, wie Antonius einst aus der Erde.

Aber glaube nicht, Johanna, daß wir unser Leben auf die vier Wände der Klosterzelle und das Glück auf solche Genüsse beschränken. Der Überdruß überfällt einen manchmal mitten im Genießen. Hinter den Gitterfenstern der Zelle scheint uns der Lauf der Sonne langsam und ein gepanzerter Ritter einem Mönch vorzuziehen. Unter dem Vorwand einer frommen Pilgerfahrt zum Grab eines Heiligen ziehen wir in die Welt hinaus; wir betreten die Paläste und Hütten, die Theater und Bäder und finden überall freundliche Aufnahme, offene Arme und andächtig gesenkte Häupter. Als ich einmal an den Hof Karls des Großen kam, wurde gerade seine Vermählung mit Hildegard gefeiert. Grafen, Edelfrauen, Ritter und Kirchenfürsten drängten sich in den weiten Sälen seiner Aachener Kaiserpfalz. Die Sänger feierten die Kämpfe des siegreichen Bräutigams, und die Tänzerinnen erregten durch ihre wunderliche Mimik das Lachen, die Würfel rollten, und der Wein kreiste in silberrandigen Bechern. Aber sobald meine schwarze Kutte in der Türöffnung erschien, sobald mein Name: Liobba die Heilige! in der Halle erschallte, ließen alle die Würfel, Becher und Frauen im Stich und schauten unverwandt zu mir. Die einen küßten die Enden meines Gürtels, die anderen die Spuren meiner Füße, der Kaiser allein meine Hände. Mein durchsichtiges Gewandt überstrahlte den Glanz der Seide, der Diamanten, die geschminkten Wangen und die nackten Schultern; unter der auf den Knien liegenden Menge erblickte ich den achtzehnjährigen Robert, der die feuchten Augen und die gefalteten Hände zu mir erhob und mit unersättlichem Verlangen mein Gesicht unter dem Schleier suchte. Als das Fest zu Ende war, wurde ich vom Kaiser selbst in das prächtigste Schlafgemach geleitet, das durch eine Glastür mit dem Garten verbunden war. Als ich gegen Mitternacht aufwachte, öffnete ich die Tür, um den Aloe- und Myrrhenduft abzuschwächen, mit dem die Schwestern des Kaisers mir zu Ehren das Gemach parfümiert hatten. Dabei sah ich mir gegenüber unter einem Apfelbaum Robert sitzen, die Arme auf die Knie und den jugendlichen Kopf auf die Arme gestützt, die Augen unverwandt auf mein Fenster gerichtet. Als er mich erblickte, erwachte er aus seiner Versunkenheit und wollte ängstlich fliehen, aber mit einem leichten Wink lud ich ihn zum Hereinkommen ein. Mit einem Satz aufspringend lag er vor meinen Füßen, aber der verzückte Jüngling wagte weder sich mir zu nähern noch ein Wort zu reden noch die Augen zu erheben. Als ich aber, sein Blondhaar streichelnd, seine Stirn mit meinen Lippen berührte, betastete er, aus Furcht, von einem Nachtgespenst genarrt zu sein, mein Kleid, meine Hände und mein aufgelöstes Haar, um sich zu vergewissern, daß er die heilige Liobba halbnackt und lächelnd vor sich hatte. Welche Dame der Welt genoß je solche Verehrung, und die Lippen welcher von ihnen entflammten den Liebhaber zu so dankbarer Ekstase?

Zwei ganze Monate blieb ich am Hofe Karls. Als ich, der Gelage, der Handküsse und des Lärms müde, von jenem gastlichen Palast Abschied nahm, hielt der Kaiser selbst die Zügel meines Esels, die Kaiserin und die Fürstinnen flehten mich unter Tränen an zu bleiben, und Robert raufte sich vor Verzweiflung die Haare aus. Ein solches Leben verspreche ich auch dir, Johanna; Freuden, unvermischt mit Schmerzen, anstatt der zweifelhaften Genüsse der Welt, Unabhängigkeit anstatt Sklaverei, einen Abtissinstab statt der Spindel und Jesus statt eines sterblichen Gemahls. Du hast Ida als Anwältin der Ehe gehört und mich als Sachwalterin des Klosters, wähle nun zwischen ihr und mir, Johanna!«

Die Wahl war nicht schwer, sie konnte auch mit geschlossenen Augen getroffen werden. Daher streckte unsere Heldin ohne Bedenken der beredten Kuttenträgerin beide Hände entgegen, während sich ihre Gefährtin beschämt und ohne einen Einwurf zu finden im Nebel auflöste, wie jene Dämonen in Weibergestalt, die die frommen Studien des heiligen Pachomius dadurch störten, daß sie weiße Brüste oder rote Lippen zwischen seine Augen und das Gebetbuch schoben. Nachdem die heilige Liobba die junge Proselytin auf die Wange geküßt hatte, setzte sie erfreut hinzu: »Um überzeugt zu sein, daß deine Vorliebe für das Kloster aufrichtig sei, habe ich dir nicht gesagt, welch eine hochberühmte Zukunft, welch einen unschätzbaren Lohn ich dir vorbehalten habe. Semiramis wurde Königin der Assyrer, Morgana der Briten und Bathildis Beherrscherin Galliens. Aber siehe, was du einst werden wirst, Johanna!«

Da versetzte eine seltsame Vision, ein Traum im Traume, unsere Heldin in Erstaunen. Es schien ihr, als säße sie auf einem Throne, der so hoch war, daß ihr mit einer dreifachen Krone geschmücktes Haupt fast bis zu den Wolken reichte, während eine weiße Taube um sie herumflatterte, ihr mit den Flügeln Kühlung zufächelnd, und viel Volk sich zu Füßen des Throns drängte und auf den Knien lag. Die einen schwangen silberne Weihrauchbecken, deren Dünste sich wie eine wohlriechende Wolke um sie lagerten, während andere die hohen Stufen hinaufstiegen, um ihr andächtig die Füße zu küssen.

Hast du vielleicht, lieber Leser, schon einmal geträumt, daß man dich aufhängt oder daß du aus großer Höhe in einen unermeßlich tiefen Abgrund hinabstürzt? Du wachst in dem Augenblick auf, wo der Strick deinen Hals zusammenschnürt oder dein Körper zerschellen soll, erwachst und – befindest dich im warmen Bett mit der Nachtmütze auf dem Kopf und den Hund zu deinen Füßen. Es gibt nichts Schöneres als ein solches Erwachen; du befühlst deine Glieder und freust dich, sie heil zu finden, dann öffnest du die Augen und das Fenster, damit dich der böse Traum nicht wieder heimsucht. Aber wenn du einen schönen Traum gehabt hast, zum Beispiel daß du den Stein der Weisen oder eine vernünftige Frau entdeckt hast, und du erwachst in dem Augenblick, wo du die Hände nach diesen fabelhaften Kleinodien ausstreckst, dann erscheint dir alles unangenehm und widrig. Du verwünschst die nüchterne Wirklichkeit und steckst den Kopf unter das Kissen, um auf jede Weise die entfliehenden Traumbilder wieder zu fassen. Etwas Derartiges empfand auch Johanna, als sie, aus jener entzückenden Vision erwachend, arm, schutzlos und allein vor dem frischen Grab ihres Vaters stand. Bald kam der gastfreundliche Arkulph herbei, um ihr Trost und Speise zu bringen. Sie aber wies die Trostworte und das ungesalzene Grünzeug des guten Asketen zurück und fragte: »Welches ist das nächste Kloster?« – »Das der heiligen Blithrud in Mosbach«, erwiderte verwundert der Greis und zeigte mit zitternder Hand nach Osten. »Ich danke«, antwortete Johanna, gürtete ihr Gewand und folgte der angegebenen Richtung, um zum Genuß der Güter zu eilen, die ihr die heilige Liobba verheißen hatte. Als sie der fromme Eremit mit langen Schritten davongehen sah, schrieb er in sein Tagebuch, daß durch seine Gebete die seine Einsiedelei beschattenden Bäume die Eigenschaft erlangt hätten, einem jeden, der in ihrem Schatten ausruhte, einen unbezwinglichen Drang zum Klosterleben einzuflößen.

Johanna, die in ihrer Eile versäumt hatte, sich genau nach dem Weg zu erkundigen, lief wie ein gejagter Hirsch, solange sich der Weg gerade vor ihr erstreckte; aber als sie kurz darauf in ein Gewirr von engen Wegen und undurchdringlichem Buschwerk geriet, warf sie sich wie Demeter am Rande eines Brunnens nieder, um zu trinken und zu überlegen, was sie jetzt tun solle. Indessen brach die Nacht mondlos und dunkel über den Wald herein, und in der Finsternis funkelten die Augen der Eulen und Wölfe unheimlich. Das arme, verlassene Mädchen kauerte sich bald unbeweglich am Fuß einer alten Eiche nieder, bald lief sie von Furcht gejagt wie ein Nachtgespenst zwischen den Bäumen umher. So hin und her irrend bemerkte sie endlich im dichtesten

Teil des Waldes ein schwach schimmerndes Licht, zu dem sie ihre wankenden Schritte lenkte, in der Hoffnung, dort eine gastliche Einsiedlerhütte zu finden. Aber stattdessen fand sie nur ein hölzernes Bildchen der Gottesmutter, das in der Höhlung eines Baumes stand, und vor welchem eine jener wunderbaren Lampen hing, deren Öl nach dem Bericht der zeitgenössischen Schriftsteller niemals versiegte oder nach anderen Erzählungen jeden Tag von den Engeln erneuert wurde. Vor diesem Bild warf sich Johanna nieder und flehte die Heilige Jungfrau um Schutz und Führung an, damit sie aus diesem ungeheuren Baumlabyrinth herauskomme. Ihre Gebete wurden erhört; ein dreifaches Wiehern von Eseln antwortete auf die Gebete des jungen Mädchens, und kurz darauf wurden die Tiere selbst sichtbar, unter der Last von drei dicken Mönchen seufzend, während ihnen ein vierter Esel folgte, der einen einrädrigen Karren zog, auf dem man zwei ziemlich lange Kisten erblickte, die in ein silbergesticktes Tuch eingehüllt waren. Die drei Eselreiter waren väterliche Freunde Johannas, die gottseligen Priester Raleigh, Ligun und Regibald; sie schafften die Gebeine der heiligen Märtyrer Petrus und Marcellinus nach Mühlheim, und unsere Heldin erhielt die Erlaubnis, sich auf den Wagen neben die heilige Ladung zu setzen. Als die guten Väter Johannas Schicksal erfahren hatten, erzählten sie ihr, daß sie auf Befehl ihres Priors Eginhard nach Rom gezogen seien, um Heiligenreliquien zu kaufen, daß sie, weil sie über den Preis nicht hätten einig werden können, nachts von einem Engel geleitet, der ein Licht trug, in die unterirdische Kirche des heiligen Tiburtius eingedrungen seien und die Gräber der dort ruhenden Heiligen, des Petrus und Marcellinus, geöffnet und ihre Gebeine gestohlen hätten, die sie dann unter tausend Gefahren und Mühen glücklich nach Deutschland gebracht hätten. Diese ausgegrabenen Heiligen seien anfangs anscheinend unwillig gewesen, daß man ihre Ruhe gestört habe; klägliche Seufzer seien aus den Särgen gedrungen und viel Blut täglich aus ihnen hervorgeflossen, allmählich jedoch hätten sie sich in ihr Schicksal gefunden und, ihre alte Wirksamkeit wieder aufnehmend, Wunder getan, Lahme, Blinde und Gichtbrüchige geheilt, böse Dämonen ausgetrieben, Bier in Wein, Raben in Tauben, Heiden in Christen gewandelt. Dies und vieles andere erzählten die ehrwürdigen Väter der Johanna zum Lobe der Wunderkraft ihrer Heiligen. Aber Johanna klangen noch die glänzenden Verheißungen der heiligen Liobba im Ohr, und sie achtete deshalb nicht auf die Legenden ihrer Reisegefährten. Nachdem sie schließlich zwei- bis dreimal gegähnt hatte, schlief sie zwischen dem heiligen Petrus und Marcellinus ein. Da wir dasselbe auch bei dir fürchten, liebe Leserin, so verschieben wir die Fortsetzung unserer wahrhaften Geschichte auf das nächste Kapitel.

Zweiter Teil

Regrettez-vous le temps où nos vieilles romances
Ouvraient leurs ailes d'or vers un monde enchanté,
Où tous nos monuments et toutes nos croyances
Portaient le manteau blanc de leur virginité?

(Musset, *Rolla*)

Hast du vielleicht, lieber Leser, wenn du den Tag mit der Lektüre eines Romans aus dem Mittelalter zugebracht, etwa der »Heldentaten König Arthurs« oder der »Liebesabenteuer Lancelots und Ginevras«, auf einen Augenblick die Hand mit dem Buch in den Schoß gelegt und, indem du die damalige Epoche mit der Gegenwart verglichst, jene goldenen Zeiten wieder herbeigewünscht, in denen die Frömmigkeit, der Patriotismus und die keusche Liebe noch auf der Welt herrschten? Als treue Herzen unter dem Eisenpanzer schlugen und fromme Lippen ehrfurchtsvoll die Füße des Gekreuzigten küßten, als Königinnen die Gewänder ihrer Gatten webten, jene Zeit, wo die Jungfrauen jahrelang in der Kemenate der Burg blieben und der Rückkehr des Bräutigams harrten? Und wo der berühmte Roland sich in eine Höhle gegenüber dem

Kloster zurückzog, das seine Geliebte umschloß, und vierzig volle Jahre nach ihrem Fenster blickte?

Oft erwärmte sich mein Blut bei solchen Erinnerungen, und meine Augen wurden feucht. Aber als ich die Lobredner jener Zeit aus der Hand legte und die Wahrheit unter dem Staub der Jahrhunderte suchte, in den Chroniken der Zeitgenossen, den Gesetzen der Herrscher, den Akten der Konzilien und den Verordnungen der Päpste, als ich die Chroniken eines Baronius und Muratori aufschlug und das Mittelalter so vor mir sah, wie es war, da beklagte ich nicht mehr, daß es vorüber sei, sondern ich hätte es lieber gesehen, jene goldenen Tage des Glaubens und Heldentums wären niemals über die Welt hereingebrochen.

Wir haben Johanna verlassen, als sie in Gesellschaft von zwei Heiligen, drei Mönchen und vier Eseln reiste. Der Weg war dunkel und uneben, so daß Menschen und Tiere nach einem zweistündigen Marsch auf den schwer passierbaren Pfaden ganz ermüdet waren. Als sie auf dem Gipfel eines Hügels von weitem die rote Laterne eines Gasthauses erblickten, folgten sie jenem heilbringenden Licht wie die Weisen aus dem Morgenland dem Stern, der sie zur Krippe des Heilands führte.

Wie Tacitus berichtet, sind Gefräßigkeit und Trunksucht die unausrottbaren Laster der Deutschen, aber die gastfreundlichen Bewohner des alten Germaniens betranken sich in ihren Hütten, dem müden Wanderer Speise und Trank darbietend, die Mönche des Mittelalters lebten jedoch, seitdem der heilige Benedikt auf der Klostertafel den Wein durch das Bier ersetzt hatte, ebenso in den Kneipen, wie die alten Griechen auf dem

Markt. Vergebens verfluchten die Konzilien und Papst Leo die Weinhändler und die Weintrinker, und vergebens legten die gastfreundlichen Eremiten ihre Einsiedeleien an den Landstraßen und in den Wäldern an, dem Reisenden unentgeltlich Unterkunft, grünes Kraut zum Essen und Heu zum Schlafen bietend. Die reisenden Priester gingen zwar manchmal in die Zellen der Einsiedler, nämlich wenn das Wetter schlecht war, aber sobald der Regen aufgehört hatte, eilten sie in das nächste Wirtshaus. Heutzutage sind die Wirtshäuser um der Reisenden willen errichtet, im Mittelalter wurden viele Mönche Reisende um der Wirtshäuser willen.

Nachdem die drei ehrwürdigen Väter ihre Esel im Stall, die Reliquien der Heiligen auf dem Gasthofsbett, sich selbst aber vor den Herd gesetzt hatten, weil es in jener Gegend keine Sommernächte gibt, öffneten sie die Nasenlöcher weit, um sich am Küchengeruch zu laben. Eine fette Gans wurde über einem glühenden Kohlenfeuer gedreht, und eine zweite schmorte in gutem Ingelheimer Wein. Der Anblick des Bratspießes und das Prasseln der Bratpfanne erweiterte den guten Vätern das Herz, die bald um einen Marmortisch herumsaßen und schon die Messer und die Zähne schärften, um den Braten zu zerlegen, als plötzlich ein düsterer Gedanke sich wie eine schwarze Wolke auf die frohen Gesichter der Gäste senkte

»Freitag«, sagte Raleigh und stieß den Teller von sich

»Ja, 's ist Freitag«, erwiderte Ligun und legte die Gabel nieder.

»Freitag«, rief Regibald aus und schloß seinen breiten Mund, und alle sahen zu den Gänsen, wie Adam nach dem verlorenen Paradies, indem sie aus Verzweiflung in ihre Nägel statt in die Gänse bissen.

Die damaligen Menschen waren arge Gesellen, Trunkenbolde, lüstern und Betrüger, aber sie hatten sich noch nicht wie die Leute heutzutage so weit verstiegen, an Fasttagen Fleisch zu essen! Im damaligen Himmel gab es wie im Olymp der Griechen Schutzheilige der Trunkenheit, und auf Erden erlaubten sie die Bischöfe nach dem Beispiel des Ekklesiastikus und des heiligen Augustin; wer aber die Fasten nicht einhielt, wurde entweder vom Blitz des Himmels erschlagen oder von den Speerträgern des Kaisers an einem hohen Baum aufgehängt.

Johanna, die aus Erfahrung wußte, was Hunger ist, bedauerte ihre hungernden Gefährten. Da sie aber in der Wissenschaft der Kasuistik wohl beschlagen war, die den Okzidentalen unbekannt ist und die nachzuweisen hat, daß das Schwarze weiß, der Mond viereckig und die Schlechtigkeit Tugend ist, so versuchte sie mit Hilfe dieser Wissenschaft ausfindig zu machen, wie sie wohl, ohne eine Sünde zu begehen, speisen könnten. Nachdem sie sich eine geraume Zeit den Kopf zerbrochen hatte, sagte sie: »Tauft diese Gans als Fisch und eßt sie ohne Furcht. So tat es mein guter Vater, als er von den Heiden ergriffen und unter Todesdrohungen gezwungen wurde, am Sonnabend vor Ostern ein ganzes Lamm aufzuessen. Übrigens sind ja auch die Fische und Vögel an ein und demselben Tage geschaffen worden, so daß ihr Fleisch verwandt ist.«

Das Argument war, wenn auch nicht gut, so doch wenigstens gut erfunden. Dann aber hat auch, wie es scheint, der Hunger, welcher selbst trockenes Brot schmackhaft macht, die Eigentümlichkeit, auch die zweifelhaftesten Gründe beweiskräftig zu machen, zumindest bei den Geschworenen, welche die Räuber oft deshalb freisprechen, weil sie seit langer Zeit nichts gegessen hatten, als sie das Verbrechen begingen. Aus demselben Grunde müßten die Geschworenen auch bei Vergewaltigung auf Freispruch erkennen, wenn die Angeklagten nachwiesen, daß sie es, um mit Theokrit zu reden, »nötig hatten«.

Pater Raleigh dankte Johanna mit einem schmatzenden Kuß auf die Wange, nahm einen Topf mit Wasser in die Hand, besprengte die Gans dreimal und sprach mit Salbung: »Im Namen des Vaters, des Sohnes und des Heiligen Geistes, dies wird heute für uns ein Fisch sein.«

»Amen«, antworteten seine Reisegefährten, und kurz darauf waren von den neugetauften Fischen nur noch die Knochen übrig. Nachdem die guten Patres ihren Hunger gestillt hatten, dachten sie daran, auch den Durst zu löschen, denn die damaligen Mönche aßen sich zuerst satt, dann verlangten sie nach salziger Nachspeise, um die Kehle abwechselnd zu befeuchten und trocken zu machen, indem sie wetteiferten, wer am meisten trinken könnte. Der Rausch war damals das billigste Vergnügen; kaum sieben Denare kostete das Maß Wein, der nicht nur in den Kneipen, sondern in den Kirchen, an den Straßen und selbst in den Frauengemächern in Strömen floß. Keine päpstliche Verordnung, keine Kirchenversammlung konnte etwas dagegen ausrichten; vielmehr wurden diese hochheiligen Institutionen selbst vom Strudel mitgerissen wie die Bäume des Waldes vom Wildbach. Bevor unsere hochwürdigen Patres zu trinken begannen, nahm ein jeder nach damaliger Sitte den Namen eines Engels an, der eine Gabriel, der zweite Michael und der dritte Raguel, dann begannen sie die Hörner zu leeren, aber nicht der eine auf das Wohl des anderen oder des Vaterlandes oder der abwesenden Freunde, wie das die Gewohnheit der Weltkinder ist, sondern der Madonna, des heiligen Petrus und aller Bewohner des Himmels. So verlangte es die Frömmigkeit jener Zeit, die selbst das Sichbetrinken zu einem gottgefälligen Werk machte.

Unterdessen war es spät in der Nacht geworden und der *stabularius* (Wirt) eingeschlafen. Das Öl in der Lampe und der Wein in der Flasche nahmen ab, und nur die Betrunkenheit der Kuttenträger nahm bei jedem Becher zu. Ihre Augen funkelten wie die Charons, aus ihrem Munde ertönten nur noch unartikulierte Laute, Flüche und Anrufungen der Madonna, Kirchengesänge und Trinklieder. Johanna, die den Spruch Salomos wohl kannte, daß der Wein zügellos macht und die Trunkenheit frech, jenen Spruch, den der Weise in seiner Strafrede gegen die Zügellosigkeit schrieb, umgeben von dreihundert Frauen und siebenhundert Konkubinen, hatte sich still in die dunkelste Ecke des Gemachs zurückgezogen, aber auch dort fand sie nicht lange Ruhe. Denn als die guten Patres Hunger und Durst gestillt hatten, fühlten sie das Verlangen, auch jenes sechste Gefühl zu befriedigen, für das die Physiologen noch keinen gesellschaftsfähigen Namen gefunden hatten und das die schamhaften Geschichtsschreiber »Sinnenlust« nannten. Daher nahmen sie nach Mönchssitte das untere Ende des Priestergewandes zwischen die Zähne und stürmten auf unsere leidgeprüfte Heldin los.

Zwinge dich nicht zu erröten, meine keusche Leserin! Die Stahlfeder, mit der ich diese wahrheitsgetreue Geschichte niederschreibe, ist englisches Fabrikat aus der Fabrik von Smith, und darum keusch wie jene blonden Engländerinnen, die, um ihr jungfräuliches Gewand nicht zu beschmutzen, es bis zum halben Schienbein hochheben und dem Wanderer große Füße in doppelsohligen Schuhen zeigen. Du läufst also keine Gefahr, von mir etwas zu hören, was »nicht erlaubt ist einer Maid zu sagen«, wie Euripides in der *Orestie* sich ausdrückt.

Johanna, von den drei Mönchen verfolgt, lief im Gemach hin und her, sprang über Tische und Stühle, indem sie ihnen bald einen Teller, bald einen Bibelspruch an den Kopf warf. Aber ihre heilige Beredsamkeit und die Tischgeräte zerschellten vergeblich an jenen Trunkenbolden wie die Wellen an den Felsen. Schon streckten sie die Hände nach ihr aus, als sie auf dem Bett die Kisten mit den Gebeinen der Heiligen erblickte und zitternd hinter sie flüchtete. Die Gottseligen schreckten anfangs vor dem heiligen Bollwerk zurück wie die Wölfe vor den Feuern, durch die die Hirten ihre Herden beschützen. Aber rasch vergaßen sie den Respekt vor den Heiligenreliquien und stürmten auf das Bett los, auf dem das arme Mädchen zitterte wie die Lerche im Netz des Jägers. Der Stoß war so gewaltig, daß das Bett umfiel und mit ihm die Schreine der Heiligen, deren Märtyrergebeine auf dem Boden umherrollten.

Da erinnerte sich Johanna, daß einst Simson mit einem Eselskinnbacken tausend Philister erschlagen hatte. Daher flehte sie zum Höchsten, ihre Rechte zu stärken, ergriff ein Schienbein des heiligen Marcellinus

114

und fing an, damit auf ihre lüsternen Verfolger einzuhauen. Aber die Knochen der Mönche waren scheinbar härter als die des Heiligen, so daß die Waffe binnen kurzem zerbrach und die Kräfte unserer keuschen Heldin erschöpft waren, die nach einem hartnäckigen Widerstand auf dem Schlachtfeld niederstürzte, die Augen schloß und sich in ihr Schicksal ergab. Aber es gab damals im Himmel Heilige, die für die gefährdeten Jungfrauen Wunder taten. Als der hochwürdige Raleigh, der als der Älteste das Vorrecht genoß, sich über Johanna neigte, als sein übelriechender Atem schon das bleiche Antlitz des Mädchens streifte, da ließ ihn plötzlich eine wunderbare Verwandlung, ein nie gehörtes Wunder mit Zittern zurückweichen. Weder in einen Baum wie Daphne, noch in eine Taube wie die heilige Gertrud, noch in ein wurmzerfressenes Skelett wie Vasine in den Armen des Dom Robert war Johanna verwandelt worden, sondern aus ihrer jungfräulichen Haut wuchs plötzlich ein langer, starker Bart hervor, wie er die Gesichter der byzantinischen Heiligen beschattet. So rettete damals die Madonna die Jungfrauen, wenn sie von gemeinen Mönchen bedrängt wurden, indem sie, um den heiligen Hieronymus zu zitieren, »als eifersüchtige Schwiegermutter« über die Ehre der Gemahlinnen ihres Sohnes wachte.

Johanna dankte der Madonna aus vollem Herzen für ihr hilfreiches Einschreiten, erhob sich, schüttelte ihren langen Bart wie ein Medusenhaupt gegen ihre eingeschüchterten Bedränger und entwich aus dem Gemach. Sie ging zum Stall, band einen von den Eseln los, bestieg ihn und entfernte sich aus der abscheulichen Herberge, in der sie in Gefahr geraten war, die einzige Mitgift zu verlieren, die sie ihrem himmlischen Bräutigam zu bieten hatte. Ich brauche selbstverständlich nicht noch besonders hinzuzufügen, daß, als die Gefahr vorüber war, auch ihr Bart verschwand.

Die Schatten der Nacht und die Bäume des Waldes begannen sich nach und nach zu lichten. Binnen kurzem sah sich unsere umherschweifende Heldin in einer mit Erika bewachsenen Ebene, den sich erglühenden Himmel über ihrem Kopf und einen schwarzen Esel zwischen ihren Schenkeln. Da Johanna den Weg nicht kannte, ritt sie dahin, wohin die vier Beine ihres Reittieres sie trugen. Aber als sie kurz darauf den Lauf des Mains erreichte, folgte sie den Windungen des Flusses wie Theseus dem Faden der Ariadne, bis sie bei Sonnenuntergang an das Ziel ihrer Reise gelangte.

Das Kloster Mosbach lag am Fuße eines steilen Berges; dort hatte es die heilige Blithrud angelegt, damit nicht der Eifer der Nonnen durch das Wehen des Nordwindes erkalte. Die Vesper hörte gerade auf, und die Klosterjungfrauen kamen Hand in Hand, einem Rosenkranz aus schwarzen Perlen gleich, aus der Kirche. Als sie Johanna erblickten, umringten sie sie sofort und fragten, wer sie wäre, woher sie käme und was sie wolle. Als sie erfuhren, sie wünsche eine Kutte, Sandalen und eine Zelle, führten sie sie zur Äbtissin, die unsere Heldin sogleich mit dem Erlöser verlobte, indem sie ihr die zehnmonatliche Probezeit wegen der Verdienste ihres seligen Vaters um die Religion erließ.

Die heilige Blithrud, die die junge Nonne sofort wegen ihrer Bildung und ihres Geistes liebgewonnen hatte, machte sie zur Leiterin der Klosterbibliothek; diese umfaßte 66 Bände, einen für jene Zeit märchenhaften

Schatz. Johanna, von früh bis abends in ihrer Zelle allein, verfiel in den ersten Tagen jener klösterlichen Langeweile, die die Novizen ergreift wie die Seekrankheit diejenigen, die zum ersten Mal auf einem Schiff fahren. Sie ging in der Zelle ein und aus, reinigte die Bücher, ihre Nägel und Haare, zählte die Perlen des Rosenkranzes und schimpfte auf das langsame Vorrücken der Sonne nach Westen. Ihre Mitschwestern, die auf das Wohlwollen eifersüchtig waren, das sie bei der Äbtissin genoß, und die fürchteten, sie könnte ihre Worte und Taten ausspionieren, hielten sich mißtrauisch von ihr fern. Während sich die übrigen Nonnen in der Freizeit gruppenweise im Garten zerstreuten, indem sie sich fröhlich unterhielten, die Alten neckten, einander ihre Träume der letzten Nacht erzählten, die Briefchen ihrer Liebhaber zeigten, die Länge ihrer Füße, die Farbe ihrer Lippen und ihres Haares verglichen, blieb Johanna oft allein wie ein Obelisk inmitten eines Platzes, maß die Höhe der Bäume und schimpfte auf die heilige Liobba, weil sie anstatt der versprochenen Genüsse nur Überdruß und Langeweile im Kloster fand, genauso wie die Glücksjäger die Zeitungen verfluchen, wenn sie in Kalifornien statt Gold nur Steine und Fieber fanden.

Langeweile und Müßiggang sind, glaube ich, die Hauptantriebe zur Frömmigkeit. Wir blicken nur dann zum Himmel auf, wenn wir auf Erden nichts zu tun oder zu hoffen haben, wir küssen die Heiligenbilder, wenn wir nichts anderes zu küssen haben. So begann Johanna, die bisher ihre theologischen Kenntnisse als Erwerbsquelle benutzt hatte, indem sie die Heilige Schrift und die Kirchenväter auswendig lernte, innerhalb der vier Wände ihrer engen Zelle über das zukünftige Leben nachzudenken, da sie das gegenwärtige langweilig fand.

Eine sonderbare Beschäftigung für ein siebzehnjähriges Mädchen. Aber die Klöster sind ja seit Jahrhunderten die Heimstätten der seltsamsten Unterhaltungen. Die ägyptischen Mönche pflanzten Stöcke in die Erde und begossen sie so lange, bis sie ausschlugen, die Heiligen Ungarns verschluckten Läuse, und gewisse orientalische Mönche brachten ganze Jahre zu, den Blick auf ihren Bauch heftend, um daraus das Licht der Wahrheit ausstrahlen zu sehen.

Die in metaphysische Spekulationen vertiefte Johanna verbrachte den Tag teils über die Schriften des heiligen Augustinus gebeugt, der die Freuden der Seligen und die Flammen der Hölle wie aus eigener Anschauung schildert, teils vergrub sie die Finger in ihren blonden Haaren und richtete an sich selbst jene Fragen über unsere gegenwärtige und zukünftige Existenz, die sich alle Bewohner des »irdischen Jammertals« mit Hoffnungslosigkeit vorlegen, und die die Geistlichen und Theologen mit Ausflüchten und Gemeinplätzen beantworten, wie die Minister die Gesuche zudringlicher Stellenjäger. Sonderbare Träume störten den Schlaf des armen Mädchens, in denen nicht mehr die heilige Liobba unendliche Freuden verhieß, sondern Dämonen fürchterliche Hörner schwangen oder Engel zweischneidige Schwerter in den Händen hielten. Bald hoffte sie auf die Freuden des Paradieses, bald fürchtete sie die Klauen des Teufels. Den einen Tag glaubte sie an die Wahrheiten des Christentums von den Evangelien bis zu den Wundern des heiligen Martinus, drei Tage zweifelte sie wieder an allem; das eine Mal beugte sie das Haupt vor dem göttlichen Richterspruch, der auf uns lastet, und ein anderes Mal hätte sie, falls ihr Felsen zu Gebote gestanden, diese gegen den Himmel geschleudert, um ihn zu zerschmettern. Mit einem Wort, sie war von jenem melancholischen Wahn ergriffen, dem alle anheimfallen, die mit Aufrichtigkeit die Lösung des geheimnisvollen Problems unseres Daseins suchen. Was sind wir? Woher kommen wir? Was wird einst unser Schicksal sein? Solche Fragen, unlösbar im menschlichen Gehirn wie Wachs im Wasser, versuchte sie zu lösen. Dabei blieben die Haare Johannas ungepflegt und ihre Zähne ohne Beschäftigung; ihre Augen waren vom Wachen gerötet, ihr Gesicht gelb und ihre Nägel schwarz. So soll ja nun nach dem berühmten Paschalis, jenem Kirchenlehrer, auf Erden die Verfassung des echten Christen sein, der fortwährend zwischen der Furcht vor der Hölle und der Hoffnung auf die Seligkeit schwebt und im Dunkel den Weg zum Himmel unter Seufzen sucht. Aber diesen Zustand, wie aristokratisch er auch sein mag und wie sehr er sich auch für hervorragende Geister eignet, wünsche ich dir nicht, lieber Leser. Da ist denn doch die heitere und sorglose Frömmigkeit jener guten Christen vorzuziehen, die, Loblieder auf die Heiligen singend und am Freitag Krabben essend, ohne Sorgen der Freuden des Himmels harren. Gar viele, die ihre geistige Überlegenheit beweisen wollen, bemitleiden diese glücklichen Sterblichen, ich aber beneide sie um ihre Seelenruhe und die gesunde Farbe ihrer Backen. Wenn sich ein Türke oder ein Feueranbeter zum Christentum bekehren wollte, so würde ich ihm raten, statt jeder anderen die katholische Kirche zu wählen, deren Feierlichkeiten so prächtig, deren Messe so kurz und deren Fasten so reich an Zwischenspeisen sind, während ihre Musik sich dem Ohre einschmeichelt und ihre Bilder die Augen erfreuen. Als Beichtvater müßte er nicht einen wilden Bossuet oder einen Lacordaire wählen, der seinen Augen unaufhörlich die Hölle und ihre Insassen vorführt, sondern einen sanften Schüler des Escobar, um ihn auf einem seidenen Teppich an den Ort der Seligen zu geleiten. Da der Höchste nach dem heiligen Augustinus und Lactantius, »die blumigen Pfade nicht verabscheut, wenn sie uns nur zu ihm führen«, warum sollen wir dann durch Dornen, Stacheln und in bloßem Wasser gekochte Kräuter zum Himmel streben, indem wir näselnden Gesang anhören und häßliche Bilder küssen? Aber das nur nebenbei! Kehren wir von unserer Abschweifung wieder zu Johanna zurück!

Alle schlimmen Krankheiten, nämlich die Pest, die Pocken, die Liebe und die nach Amors blonder Mutter genannten Krankheiten, haben wenigstens das Gute, daß man nur einmal von ihnen befallen wird. Derartig war auch die metaphysische Krankheit Johannas. Nachdem sie sich ein Vierteljahr den Kopf zerbrochen hatte, um die Lösung des unlösbaren Rätsels zu finden, schloß sie endlich ihre Bücher, öffnete das Fenster ihrer Zelle und sog die Frühlingsdüfte begierig ein. Der April näherte sich seinem Ende, und die ganze Natur, grünend, lächelnd und duftend, glich einem jungen Mädchen, das von einer erfahrenen Zofe angekleidet worden ist. Die Frühlingsdüfte berauschten die junge Nonne, die, in die Dunkelheit ihrer Zelle und der Metaphysik versenkt, mit stetig zunehmender Begierde das

Grün der Wiesen betrachtete und den Veilchenduft ein-
sog. Zwischen dem Frühling und einem zwanzigjährigen Menschenherzen besteht nach den Angaben der
Dichter und der Ärzte ein geheimnisvolles, schwer zu
erklärendes Verhältnis, wie das des Sokrates zu Alki-
biades. So oft wir grüne Bäume, schwellendes Gras
oder dunkle Grotten erblicken, fühlen wir sofort das
Bedürfnis nach einem Partner in diesem Paradies.

Johanna aber erinnerte sich ihres Traums und dachte an die Hoffnungen, mit denen sie in dieses Kloster
eintrat, in dem sie nur Langeweile, alte Bücher und nie-
derdrückende Gedanken gefunden hatte. »Liobba,
Liobba, wann wirst du deine Versprechungen erfüllen?« rief sie aus und rüttelte verzweifelt an den Git-
tern ihres Gefängnisses. Da sie aber in ihrer Zelle
weder einen Hund zum Prügeln noch chinesische Por-
zellangefäße zum Zerschlagen hatte, schlug sie die
Hände vor das Gesicht und fing an zu weinen. Nichts
Süßeres als die Tränen kann es geben, wenn eine Hand
da ist, bereit, sie zu trocknen, oder Lippen, die geneigt
sind, diesen »Regen des Herzens«, wie die Inder sie
nennen, wegzuküssen. Aber wenn man einsam weint,
dann sind die Tränen echt und bitter, wie jede Wahrheit
in der Welt.

Das Geräusch von Schritten auf dem Gang riß kurz
darauf Johanna aus ihrem schmerzlichen Sinnen. Als
die Tür sich öffnete, trat die Äbtissin herein und hielt
einen bartlosen Jüngling an der Hand, der das Gewand
des heiligen Benedikt trug und seine Blicke bescheiden
auf seine Sandalen heftet »Johanna«, sprach die Äbtissin, den jungen Mönch unserer erstaunten Heldin vor-
stellend, »der Prior von Fulda, der heilige Rhabanus

Maurus will Missionare nach Thüringen schicken und verlangt deshalb von mir die Briefe des heiligen Paulus mit goldnen Buchstaben auf wertvolles Pergament geschrieben, um durch den Glanz des Goldes die Augen der Ungläubigen zu blenden und ihnen so mehr Achtung vor den Wahrheiten des Evangeliums einzuflößen. Dieser junge Benediktiner ist Pater Frumentius, wie du durch Frömmigkeit und die Kunst der Schönschrift ausgezeichnet. Arbeite mit ihm zusammen, bis der Auftrag unseres Bruders Rhabanus ausgeführt ist. Nimm goldene Tinte, Federn hast du schon da, und Essen will ich euch von meinem eignen Tische schicken. Lebt wohl, meine Kinder.«

Nach diesen Worten ging die heilige Blithrud hinaus und schloß die Tür hinter sich, genauso wie die moldauischen Bauern, wenn der Gutsherr ihre Hütte besucht. Aber die heilige Blithrud gehörte zu jenen tugendhaften Frauen, deren Geist unfähig ist, etwas Böses zu denken. Hätte sie einen Diakonen eine der Klosterjungfrauen küssen sehen, sie hätte gewiß geglaubt, er tue dies, um sie zu segnen. Von Jugend an durch Pocken entstellt, kannte sie nur unschuldige Küsse und vermochte nicht zu glauben, daß es auch andere auf der Welt gebe. Überdies lebten in diesem Jahrhundert die Jünger des heiligen Benedikt, Männer und Frauen, mit kirchlicher Erlaubnis in den Klöstern hübsch beieinander. Nach einigen zeitgenössischen Chronisten waren ihre Beziehungen unschuldig und rein, wie die unseres heiligen Amun, der achtzehn Jahre lang mit seiner Frau zusammenlebte, die als Jungfrau starb. Nach Muratori jedoch entstanden durch ein derartiges Zusammenleben oftmals Skandale und Kinder. Aber die letzteren wurden gewöhnlich in die Fulda geworfen. So wurde die Ehre der Klöster gerettet und die Fische wurden fett.

Sobald das junge Paar allein war, streifte es die Ärmel der Kutten auf und begann sofort seine Tätigkeit, d.h. nämlich die Abschrift der Episteln des heiligen Paulus. Vierzehn Tage lang kam der junge Mönch jeden Morgen in die Zelle Johannas, wo er mit ihr bis zum Abend zusammen arbeitete. Aber der achtzehnjährige Jüngling, der weder die Heilige Schrift noch die Bekenntnisse Augustins noch die Rede des heiligen Basilius über die Jungfräulichkeit oder ein anderes heiliges Buch gelesen hatte, war gerade deswegen keusch und rein wie der Schnee, auf dem sich der heilige Franziskus wälzte, um die Versuchungen des Fleisches zum Schweigen zu bringen. Daher machte die Abschrift der Briefe des heiligen Paulus rasche Fortschritte, und seine Beziehungen zu Johanna blieben unverändert. So oft die Hand unserer Heldin der seinigen nahe kam oder ihre Haare sich berührten, wenn sie sich über das Pergament beugten, fühlte er sein Herz schlagen wie die Glocke eines Wachturms in der Stunde der Gefahr, aber er selbst hätte nicht sagen können, ob es rechts oder links schlug. Johanna, welche oft den Origenes, den Chrysostomus und die Regeln des Fasters gelesen hatte, kannte alles aus der Theorie. Sie hätte gewiß über derartige Dinge debattieren können, unter Anwendung der technischen Ausdrücke, die nur den Ärzten, den Hetären und den Theologen geläufig sind. Aber mit einem Manne allein befand sie sich jetzt zum ersten Mal, und ihre Ratlosigkeit, was zu tun sei, nahm täglich zu, etwa so wie die der englischen Reisenden mitten in den Nekropolen von Ägypten, deren Pläne sie doch zu Hause auf der Karte so genau studiert haben.

Die Lage der beiden jungen Leute wurde mit jedem Tag unerträglicher. Weder wußte Frumentius, was er verlangen, noch Johanna, was sie anbieten sollte. Unterdessen näherte sich die Abschrift dem Ende, nur noch der Brief an die Hebräer war übrig, und dann war die bittere Trennung unvermeidlich da. Oft kratzte Johanna, wie eine andere Penelope, während der Nacht aus, was sie am Tage geschrieben hatten. Ihr geistlicher Bruder bemerkte den Kunstgriff, ahnte seinen Zweck, errötete oder stieß Seufzer aus, die genügt hätten, die Flügel einer Windmühle in Bewegung zu setzen, aber darauf beschränkte er sich auch, und der Tag ging vorüber wie die anderen: voll vergeblicher Sehnsucht und getäuschter Hoffnungen.

Aber weder du noch ich haben so viele Tage zu verlieren, lieber Leser. Da ich übrigens eine wahre Geschichte schreibe, so kann ich mich nicht darauf einlassen, den Dichtern oder jenen Schriftstellern nachzuahmen, die, Aufregungen, Tränen, Erröten und andere platonische Zutaten anhäufend, ihre süßen Verse paarweise zusammenspannen wie die Bauern ihre Ochsen am Pflug, oder Perioden drechseln, die runder sind als die Brüste der Venus. Der große Dante gab solchen Leuten den Namen Kuppler, mir aber will weder die Bezeichnung noch diese Art des Erzählens gefallen. Ich überlasse daher dies beides Plato, Ovid, Petrarca und ihren Nachbetern und will nur immer die nackte, ungeschminkte Wahrheit darstellen, so wie sie aus dem Brunnen hervorgegangen ist.

Die beiden Liebenden hatten die Abschrift des letzten Briefs des Apostels vollendet, und die Sonne, die Galilei noch nicht zur Unbeweglichkeit verurteilt hatte, vollendete ihren täglichen Umlauf. Es war die Stunde, in der die Rinder zu ihrem Stall zurückkehren und die Christen die Madonna mit dem Ave Maria begrüßen. Die Glocke hatte die Nonnen zur Vesperandacht gerufen, und kein Laut ließ sich mehr in den Klostergängen hören. Johanna saß am Fenster und blätterte in einem Band der Schrift, Frumentius starrte verzückt nach seiner Freundin, die die untergehende Sonne, durch die roten Fenster der Zelle scheinend, mit einem strahlenden Schimmer umgab, wie die russischen Maler die Köpfe der Heiligen. Unsere damals siebzehnjährige Heldin glich nicht jenen weißen, engelhaften Jungfrauen, denen man nicht nahe zu kommen wagt aus Furcht, sie möchten ihre Flügel öffnen und davonfliegen, auch hätte man sie nicht mit einem Rosenkelch vergleichen können, sondern vielmehr mit jener Pflanze des warmen Palästina, die an ein und demselben Zweig nicht nur duftende Blüten, sondern auch dem hungrigen Wanderer appetitliche Früchte darbietet. Die schattige Zelle und die gute Verpflegung des Klosters hatten das Fleisch der schönen Johanna gefestigt und ihre Haut glatt gemacht, ihr erst einmal geschnittenes Haar wogte dichter als früher um die runden Schultern. Alles dies war freilich ungepflegt, vernachlässigt und etwas wild, aber nach einem Ausspruch Shakespeares bedarf weder das reine Gold der Vergoldung, noch die Rose des Parfüms, noch die Lilie der Schminke, noch, wie ich meinerseits denke, ein siebzehnjähriges Mädchen der Wohlgerüche und der kunstvollen Frisur.

Frumentius schwieg noch immer, während Johanna die Blätter der Schrift umschlug, wobei sie bald zwischen den Zähnen irgendeine Bibelstelle murmelte, bald laut las.

Aber bald hörte sie auf zu blättern, und mit verführerischer Stimme wie der einer jungen Indierin, die eine giftige Schlange beschwört, begann sie zu lesen:

»Das Hohelied Salomos:

Er küsse mich mit dem Kusse seines Mundes; denn deine Brüste sind lieblicher denn Wein und der Duft deiner Myrrhen herrlicher denn alle Wohlgerüche.

Dein Name ist eine ausgeschüttete Salbe, darum lieben dich die Mägde.

Du bist schön, mein Geliebter, und du bist lieblich. Unser Bett grünt.

Du sollst die Nacht im Schatten meiner Brüste verbringen.

Komm, mein Freund, laß uns aufs Feld gehen.

Draußen werde ich dich finden und küssen. Dort will ich dir meine Brust bieten. Festiget mich mit Myrrhen, bringet Äpfel um mich her.

Setze mich wie ein Siegel an dein Herz und wie ein Siegel auf deinen Arm. Denn Liebe ist stark wie der Tod, daß auch viele Wasser nicht mögen die Liebe auslöschen noch die Ströme sie ersäufen.«

Dies hörte Frumentius, und da er nicht wußte, daß die Äpfel, die Brüste und die Küsse prophetische Vergleiche seien, die die künftige Liebe des Heilands zu seiner Kirche versinnbildlichten, fühlte er wie ein zweiter

Hiob sein Fleisch und seine Haare sich vor Verlangen sträuben. Bei jedem Vers jenes göttlichen Hochzeitsliedes näherte er sich der Lesenden um einen Schritt, und beim letzten lag er vor ihr auf den Knien. Da hob Johanna den Kopf vom Buch, und die Augen der beiden Liebenden trafen sich. Wenn man sich am Rande eines Abgrundes befindet (und das war, glaube ich, die Lage unserer Heldin), muß man, wie gesagt wird, die Augen schließen, sonst wird man schwindlig und fällt; sie aber schloß die Augen nicht, daher fiel – das Buch aus ihrer Hand und

Quel giorno più non vi leggero avavti.[1]

Nach dem Krimkrieg verlangte der Bevollmächtigte Preußens eine Adlerfeder, um seinen Namen und seine Titel unter den Friedensvertrag zu schreiben; ich aber möchte aus Amors Flügel eine Feder haben, um das kurze Glück des jungen Paares zu beschreiben. Einsamkeit, Ruhe, reichliche Nahrung, Frühlingswehen, nichts fehlte ihnen, was das Glück der Liebe ausmacht. Johanna, die wegen der Abschrift von den Morgenandachten, den Bibelvorlesungen, den Betstunden und den sonstigen klosterlichen Übungen dispensiert war, konnte von früh bis in die Nacht mit ihrem Geliebten zusammensein. Aber obschon es Mitte Juni war, schienen doch die Tage den unersättlichen Lippen der jungen Liebenden zu kurz zu sein. Oft seufzten sie in der Vesperstunde am offenen Fenster sitzend, während die Glocken traurig klangen, als ob sie den sterbenden

---

[1] *An jenem Tage lasen sie nicht weiter* (Dante, *Hölle*, 5. Gesang)

Tag beweinten; gern hätten sie wie Josua zur Sonne sagen mögen: »Stehe still«; aber diese ging, um die andere Hälfte der Erde zu bescheinen, und die Liebenden trennten sich in der Erwartung des nächsten Tages.

Noch zehn Tage verbrachten sie in der engen Zelle, schreibend, plaudernd, küssend, und hatten der Zeit, die wirklich schön war, nichts anderes vorzuwerfen, als daß sie so schnell vorüberging. Aber dann brach der Unglückstag der Trennung an. Die Abschrift des heiligen Paulus war längst fertig, und der Prior schickte Frumentius einen Maulesel und den gemessenen Befehl, in seinen Pferch zurückzukehren. Der unglückliche junge Mann verwünschte sein Gelübde, seinen Vorgesetzten und alle Heiligen und verabschiedete sich von seiner Freundin, den Wanderstab in den Händen haltend, aber die Tränen vermochte er nicht zu halten. Johanna weinte nicht, weil einige ihrer Klosterschwestern zugegen waren, und weil die Frauen, so gefühlvoll sie auch sein mögen, nur so oft und wo es möglich ist, weinen. Als Beispiel hierfür mögen jene feinfühligen Engländerinnen dienen, die, wenn sie die Myrrha oder Medea von Ristori sehen, am Rande des Buchs die Stellen anstreichen, wo man weinen muß.

Aber sobald Johanna wieder allein war, fühlte sie auf ihrer Brust jenen Druck, der uns dann befällt, wenn wir zuviel gegessen haben, oder nach dem Verlust der Mutter, einer Geliebten, des Vermögens oder eines anderen unersetzbaren Gutes. Dem alten Plutarch zufolge kennen die Frauen nicht einmal den Schatten der echten Liebe. Ich meinerseits glaube, daß es bei ihnen nur eine sekundäre Krankheit ist, die sich aus der Langeweile und dem Alleinsein entwickelt. Die Frauen der Welt, die jeden Abend aus dem Arm des einen Mannes in den eines anderen übergehen (ich meine nämlich beim Tanzen), haben weder zum Seufzen Zeit noch um etwas anderes als ihren Fächer zu lieben. Sie gleichen daher jenem Esel, der inmitten vier Kleehaufen nüchtern blieb, weil er nicht wußte, welchem er vor den anderen den Vorzug geben sollte. Vielleicht täusche ich mich, aber alle verliebten Frauen, die ich gekannt habe, waren entweder junge abgeschirmte Mädchen, die von schlaflosen Eltern wie die Äpfel der Hesperiden von einem Drachen bewacht wurden, oder reife Damen, die schon mehr Jahre als Bewunderer ihrer Reize zählten.

Der Verdruß der armen Johanna, die zwischen den vier Wänden allein war, von denen noch gestern so viele Liebesschwüre und Küsse widerhallten, nahm von Tag zu Tag zu. So oft der heilige Augustinus melancholisch war, »wälzte er sich im Schmutz wie in einem duftenden Bad«, die heilige Genoveva weinte so lange, bis sie das Hemd wechseln mußte, der heilige Franziskus umarmte schneebedeckte Statuen, die heilige Libania zerriß ihren Körper mit einem eisernen Kamme, und die heilige Liutberga verschluckte Nadeln. Unsere Heldin, vernünftiger als alle diese Heiligen, legte sich in eine Ecke ihrer Zelle und versuchte mit einem Wedel aus Taubenfedern (Tauben waren die einzigen im Kloster geduldeten Tiere), die Fliegen und die trüben Gedanken zu verscheuchen. Die Junihitze machte ihren Schmerz noch brennender, und die Tage erschienen ihr länger als das Leben eines alten Onkels den wartenden Erben. In Anfällen von Verzweiflung nahm sie manchmal, um die sie umgebenden schlimmen Phantasiebilder zu verjagen, zu den frommen Vorschriften der Hagiographen Zuflucht, indem sie sich bald mit ihrem Gürtel geißelte, bald ihr Bettuch mit eiskaltem Wasser kühlte oder nach dem Rat des Predigers Salomonis versuchte, ihren Schmerz im Wein zu ersäufen Aber alle wundertätigen Mittel waren gegen diese Mutlosigkeit unwirksam, und selbst das *agnus castus,* das Keuschlamm, dessen bloßer Geruch nach Angabe der Hagiographen hinreicht, um jede Versuchung zu vertreiben, hatte keine Kraft gegen die Bitterkeit der Trennung.

Die Zeit, sagt man, heilt alle Wunden, aber ich glaube, die Liebe und den Hunger stillt sie nicht. Im Gegenteil: je länger man vernünftig oder nüchtern bleibt, um so mehr nimmt der Appetit zu, bis man schließlich dazu gelangt, seine Stiefel aufzuessen, wie die Soldaten Napoleons in Rußland, oder seine Ziegen zu lieben, wie die Hirten in den Pyrenäen.

Ungefähr in einem solchen Zustand befand sich auch unsere Heldin, als eines Abends, während sie am Ufer des Fischteichs saß und ihr Essen melancholisch mit den Karpfen teilte, sich ihr geheimnisvoll der Klostergärtner näherte und ihr, verstohlen nach allen Seiten umherblickend, heimlich einen Brief übergab, der mit roter Tinte auf dem zarten Leder eines totgeborenen Lamms geschrieben war. Johanna entfaltete ihn. Er war am Rand mit Blumengirlanden, blutenden, pfeildurchbohrten Herzen, sich schnäbelnden Tauben, brennenden Fackeln und anderen Symbolen zärtlicher Liebe geschmückt, mit denen man damals die Liebesbriefe verzierte, wie heutzutage die Matrosen ihre Arme und Schienbeine tätowieren.

Folgendes war der Inhalt:

»Frumentius grüßt in Gott seine Schwester Johanna. Wie der Hirsch schreit nach frischem Wasser, so schreit meine Seele nach dir, meine Schwester. Meine Tränen rinnen, und meine Augenlider fließen mit Wasser. Tränen sind meine Speise am Tag und mein Schlaf des Nachts. Der Hungrige träumt vom Brot, und auch ich sah dich im Traum der Nacht, Johanna, aber ich erwachte und fand dich nicht bei mir. Da bestieg ich meinen schwarzen Esel und kam zu deinem heiligen Haus. Am Grabe der heiligen Bomma erwarte ich dich. Komm, meine Taube, ausgezeichnet wie die Sonne, komm, daß du mit deinen Strahlen den Mond verdunkelst.«

So lautete Frumentius' Brief. Heutzutage stiehlt man, wenn man an seine Geliebte schreibt, die Phrasen aus Ugo Foscolo oder von George Sand.

Um die fünfte Nachtstunde des darauffolgenden Tages, als die Glocke die Jungfrauen zur Frühmesse rief, nahm Johanna in die rechte Hand ihre Sandalen, in die linke ihr Herz, um das Pochen zu mäßigen, und stieg die Klostertreppe hinab, indem sie lautlos wie eine Schlange auf dem Gras schlich. Der Mond, der den Schmugglern und Ehebrecherinnen so treulich leuchtet und den die Dichter euphemistisch »keusch« ebenso wie die Furien »ehrwürdig« nennen, ging gerade hinter den Zinnen des Klosters auf und beleuchtete den Weg unserer Ausreißerin, die zum Rendezvous eilte und dabei unbarmherzig den Sellerie und Lattich des Klostergartens zertrat.

Nachdem sie so ungefähr eine halbe Stunde vorwärts geeilt war, erreichte sie schließlich den Friedhof,
der von so dichten Zypressen und Eibenbäumen beschattet wurde, daß weder der Wind noch die Sonnenstrahlen in jene finstere Speiseanstalt der Würmer einzudringen vermochten. Frumentius hatte seinen Esel
an einen Baum gebunden, der das Grabmal der heiligen Bomma beschattete; er selbst saß auf dem Grabstein und hielt seinen Stock mit einer Laterne an der
Spitze hoch, um seiner Geliebten als Leuchtturm zu
dienen. Sobald er Johanna zwischen den Gräbern
furchtsam herankommen sah, stürzte er sich auf sie wie
ein Kapuziner auf einen saftigen Schinken am Ende der
Fastenzeit. Aber der Ort war für solche Zärtlichkeiten
nicht gerade geeignet; daher hängte er die Fackel an
den Hals des Esels, stieg mit Johanna auf seinen Rükken und entfernte sich eilends aus jenen Todesschatten.
Das unglückliche Tier, von einer doppelten Last ge-
drückt, aber auch von vier Fersen angespornt, ließ seine langen Ohren hängen und begann zu laufen, wobei
es als Protest gegen diese Behandlung ein so lautes Geschrei ausstieß, daß, nach einer glaubwürdigen Legende, viele von den dort ruhenden Jungfrauen in dem
Glauben, die Posaune des jüngsten Gerichts ertöne, ihre kahlen Köpfe aus den Grabhügeln hervorstreckten.

Johanna, umschlungen von den Armen und gelehnt
an die Brust des guten Frumentius, atmete mit unbe-
schreiblichem Entzücken die Luft der Felder ein. Das
junge Paar eilte schon, nachdem es den Wald hinter
sich gelassen hatte, durch eine offene, mit Gerste und
Bohnen bebaute Ebene. Da kurz darauf die Sonne auf-
ging, zwang der junge Mönch, um seine Gefährtin vor

den heißen Strahlen zu schützen, durch eine wunderwirkende Anrufung einen großen Adler, seine Flügel über ihrem Kopfe auszubreiten, indem er sich in seinem Flug dem Schritt des Esels anpaßte. Solche Wunder brachten die damaligen Christen zustande, deren Herz einfältig, deren Glaube fest und deren Gebete bei der Madonna allmächtig waren, während heutzutage die gelehrten, aber wenig gläubigen Weisen des Jahrhunderts, die den Kompaß und das Mikroskop statt Kreuz und Rosenkranz in der Hand halten, zwar genau wissen, wieviel Federn der Schwanz eines Vogels hat und wieviel Sporen der Kelch der Blumen enthält, dennoch weder Adler durch einen Wink zu zähmen noch die Dornen durch eine Träne in Lilien zu verwandeln vermögen. Übrigens werden sie auch von dem hochwürdigsten Abt Krelier gehörig gescholten, der sie Götzendiener nennt, weil sie im christlichen Himmel die Planeten Merkur und Venus beibehalten, und Atheisten, weil sie die Namen der Pflanzen ändern. Dabei ruft er wie ein zweiter Jeremias aus: »Fluch! Fluch! und abermals Fluch! Über den Fortschritt und die Wissenschaft.«

Nach einem vierstündigen Ritt machten die Flüchtlinge halt, um sich an einem kleinen See auszuruhen, an dessen Ufer sich einst ein riesiges Standbild des Irmin erhoben hatte. Dieses Götzenbild hatte der heilige Bonifatius durch einen Hauch in die Tiefe des Sees gestürzt; aber seine alten Verehrer, obgleich Christen geworden, bewahrten im Innersten ihres Herzens doch noch einige Reste von Ergebenheit gegen ihren ertränkten Beschützer, dem sie fortfuhren Geschenke darzubringen, indem sie das Jahr hindurch Kuchen,

Fackeln, Honigscheiben und Käse in das Wasser warfen, zur größten Freude der Fische, die durch diese Spenden so dick wie die Priester der syrischen Göttin Rhea geworden waren. Frumentius, der mütterlicherseits von den heldenhaften Mitstreitern Wittekinds abstammte, war, was den Aberglauben betrifft, ein echtes Kind Sachsens, während Johanna, obwohl eine tüchtige Theologin, doch wie Sokrates die abergläubischen Vorurteile der Zeitgenossen teilte. Die meisten Christen jener Zeit schwankten zwischen Christus und den Götzen hin und her; sie glichen in dieser Hinsicht jener alten Frau auf Chios, die täglich vor dem Bild des heiligen Georg eine Kerze anzündete und eine zweite vor dem des Teufels, mit der Begründung, es sei gut, überall Freunde zu haben.

Die beiden Liebenden knieten am Seeufer nieder und warfen dem Irmin die Reste ihres Frühstücks, einige Kopfhaare und wenige miteinander vermischte Tropfen ihres Blutes in den See, indem sie durch diese Spende ihren Bund ewig und unzerreißbar machten wie den des Dogen von Venedig mit dem Meer. Nach der Feier zog Frumentius aus dem Quersack ein Mönchsgewand, das er seine Geliebte anzulegen bat, damit sie als Novize im Kloster von Fulda aufgenommen würde. »So«, erläuterte der junge Mann errötend, »werden wir unbelästigt in derselben Zelle wohnen, von demselben Teller essen und die Feder in dasselbe Tintenfaß tauchen. Doch wüßten die Vorsteher, daß du ein Weib bist, sie würden dich mit den anderen Katechumenen in den Weibersaal einschließen, wo sie allein den Zutritt haben, während ich draußen vor der Schwelle vor Verzweiflung umkommen würde.«

Johanna lehnte die Verkleidung als gottlose Tat ab, indem sie den Bitten ihres Geliebten das Schriftwort entgegenhielt: »Nicht soll Mannesgewand an einem Weibe sein, noch soll ein Mann weibliche Kleidung antun.« Er aber hielt hartnäckig an seinem Verlangen fest und hielt der Bibelstelle die Meinung des Origenes entgegen, nach der die Frauen am Tage des Gerichts in Männer verwandelt werden sollen. Auf die Antwort Johannas, Origenes sei ein Häretiker und außerdem ein Eunuch gewesen, erinnerte sie der junge Mönch an das Beispiel der heiligen Thekla, der Schwester des Apostels Paulus, und außerdem an die heilige Margareta, die heilige Eugenia, die heilige Matrona und soviel andere Heilige, die unter einem Männergewand ihren weißen Körper wie einen Engelsfittich bergend die Heiligkeit erwarben, indem sie mit Mönchen zusammenlebten. Jugend, Schönheit und Leidenschaft waren Beweismittel, die des jungen Katecheten Beredsamkeit unwiderstehlich machten, so daß Johanna kurz darauf sowohl die Vorschriften des Moses und ihre weibliche Kleidung mit ihren kleinen Füßen trat. Sie schlüpfte also in eine Kutte und band Sandalen über ihre kleinen Füße, eben jene Füße, die sie wenige Jahre später den um ihren Thron knienden Großen dieser Erde zum Kuß reichen sollte.

Als die Verwandlung geschehen war, führte sie Frumentius an das Ufer des Sees, um ihr Spiegelbild im Wasser anzuschauen. Nie hatte der Gürtelstrick die Hüfte eines lieblicheren Mönchs umspannt, und ihr Antlitz schimmerte unter der Mönchskutte wie eine Perle in der Auster. Frumentius konnte sich gar nicht satt sehen an seinem Bruder Johannes, vor dem kniend er

in Verzückung seine Schönheit durch einen jener my-
stisch-anatomischen Hymnen zu besingen begann, mit
denen die Mönche jener Epoche die einzelnen Glieder
der Madonna, die Haare, die Wangen, die Brüste, den
Bauch, die Schenkel und die Füße priesen, wie heutzutage die Pferdehändler die Schönheit ihrer Tiere zu
rühmen gewohnt sind.

Nach Beendigung des Lobgesangs ritt das junge
Paar weiter und lenkte die Schritte des Esels dem
Kloster Fulda zu, wo Johanna in der Herde des heiligen
Benedikt Aufnahme finden wollte. Ganze zwölf Tage
brauchten die Flüchtlinge, um die dreißig Meilen zwischen Mosbach und Fulda zurückzulegen; sie ruhten
aus, wo sie Schatten fanden, badeten in jedem Bach
und schnitten ihren Namen in jeden Baum, der ihren
Freuden Schatten spendete. Die Wärme der Sonne, der
Jugend, der Liebe und vor allem die vom Reiten machte dieses beständige Haltmachen zur Notwendigkeit.
Übrigens fand Frumentius, der die heilige Geschichte
dieser Gegend genau kannte, immer einen frommen
Vorwand, um abzusteigen, bald um vor dem Baum zu
beten, wo die heilige Thekla den Blinden geheilt hatte,
indem sie auf seine erloschenen Augen einige Tropfen
Milch ihrer jungfräulichen Brust träufeln ließ, bald um
den Erdhügel zu küssen, wo das Blut des heiligen Bonifatius geflossen und aus jedem Tropfen wie aus dem
des Adonis eine Anemone entsprossen war.

Johanna ging lächelnd auf die Wünsche ihres Geliebten ein. Die Hirten und Bauern wunderten sich
über die Schönheit und Frömmigkeit der beiden kuttentragenden Jünglinge, beeilten sich, wenn sie sie trafen, ihre dreieckigen Hüte abzunehmen und wetteifer-

ten, wer zuerst ihre Hände küssen und ihnen Brot, geronnene Milch, Bier und Früchte darbringen durfte. Ein anderes Mal wieder begegneten sie halbnackten Slavoniern, die wie das Schilfrohr an den Flußufern hausten, von den Wanderern einen Wegezoll verlangten und die sich Weigernden ins Wasser warfen. Aber Frumentius konnte sie durch ein Gebet zum heiligen Michael vertreiben, das diese amphibischen Räuber sofort in die Flucht schlug.

Als sich eines Morgens das hübsche Paar im Schatten einer alten Eiche auf seinen Liebeslorbeeren oder vielmehr auf Klee ausruhte (denn in Deutschland wächst Lorbeer nur auf Heldenstirnen), kamen zwei Frauen heran, am Fuß mit einem leichten Kettchen gefesselt, mit geschminkten Wangen und als einzige Kleidung nur ihr aufgelöstes Haar tragend. Es waren Sünderinnen, die von ihrem Geistlichen dazu verurteilt waren, nackt und in Ketten zum Grabe des heiligen Marcellinus zu wallfahren, um Vergebung ihrer Sünden zu erlangen. Diese frommen Pilgerfahrten fanden gewöhnlich am Ende des Frühlings oder am Anfang des Sommers statt, wenn die Temperatur eine so paradiesische Kleidung erlaubte.

Die meisten dieser Magdalenen, die wohl wußten, daß die Berührung der heiligen Reliquien alsbald jeden Makel von ihnen nehmen werde, genierten sich durchaus nicht, unterwegs ihre Sünden zu vermehren, indem sie die Bauern um Gastfreundschaft und die Reisenden um Almosen baten und beide mit der Münze bezahlten, mit der die heilige Maria von Ägypten ihr Fährgeld entrichtete. Ihr adamitisches Kostüm machte diesen Akt von Tauschhandel nur noch bequemer und häufiger. Die beiden Pilgerinnen, die nicht ahnen konnten, was unter Johannas Mönchskutte verborgen war, näherten sich und baten um einige Denare, für die sie den beiden Jünglingen für das zukünftige Leben die Pforten des Himmels und für das gegenwärtige ihre Arme zu öffnen versprachen. Frumentius, der Johanna als Panzer gegen jedwede Versuchung vor sich hatte, wies mit seinem Gürtelstrick die schamlosen Anerbietungen jener Sirenen zurück, vor denen er zurückwich, indem er seine Freundin in die Arme nahm wie die Asketen das Kreuz, so oft sie vom Dämon des Fleisches versucht wurden. Aber während jene heiligen Eremiten mit Zittern das eine Auge vom Dämon abwandten, hefteten sie das andere mit Begierde und zugleich mit Schaudern auf ihn, wie ein hungriger Jude auf einen Schinken. Frumentius dagegen, ein echter Sohn des Abendlandes, gebrauchte den Genuß als Gegenmittel gegen die Begierde und wandte darum mühelos beide Augen ab.

Unseren Heiligen, die wachten, sich geißelten und fasteten, bis ihr Mund voll Würmer war, gelang es nur mit Mühe, dem Heulen des Fleisches Schweigen zu gebieten, dadurch, daß sie Tag und Nacht gegen die Teufel in Weibesgestalt ankämpften. Und so halten sie es sogar für nötig, Hühner und Ziegen aus den Klöstern zu entfernen, da diese ihrer Enthaltsamkeit zu gefährlich erscheinen. Die Franken sind klüger, denn nachdem sie durch ein kleines Opfer den Geist des Unreinen befriedigt hatten, konnten sie in Ruhe und Seelenfrieden über ihr Heil nachdenken, ohne jeden Augenblick gezwungen zu sein, ihre Gebete zu unterbrechen, um wie der heilige Antonius die Versuchung durch eine Dusche zu überwinden. Nach einem Wort des weisen Archigenes ist die Abstinenz das stärkste Reizmittel; die Franken taten daher wohl daran, solche Mittel aus ihren Klöstern zu verbannen.

Nachdem die Sonne den längsten Tag des Jahres erhellt hatte, war sie schon längst zur Ruhe gegangen, als die beiden Reisenden nach Überschreitung der das Kloster Fulda umgebenden erloschenen Vulkane endlich klösterlichen Grund und Boden betraten. Die Nacht war mondlos und lieblich, und nur die Sterne spiegelten sich in den Wellen der Fulda; sobald aber die jungen Leute dem Kloster näher gekommen waren, bemerkten sie zwischen den Bäumen einen roten Schein, wie von einer gewaltigen Feuersbrunst. Füchse, Hirsche und riesige Wildschweine flüchteten sich ängstlich, und die Nachtvögel suchten mit unsicherem Flattern ihre Schlupfwinkel auf. Johanna schmiegte sich zitternd an die Brust ihres Gefährten, und selbst der Esel spitzte unruhig seine Ohren, indem er mit Vorsicht und Furchtsamkeit vorwärts ging, wie ein Soldat des Papstes in das Schlachtenfeuer. Feuersäulen, Rauchwolken, Glocken- und Liederklang, Weihrauch- und Kuchendünste reizten gar bald die Augen, Ohren und Nase unserer Heldin, deren Staunen und Furcht bei jedem Schritt zunahmen, ohne daß Frumentius' Heiterkeit sie zu beruhigen vermochte, der auf ihre wiederholten Fragen nur durch Gelächter und Küsse antwortete. Da wir aber, verehrte Leserin, dir dieselbe Antwort leider nicht auch geben können, so wollen wir dir mitteilen, daß der Tag oder vielmehr die Nacht der 24. Juni war, an dem vor 800 Jahren der Kopf des heiligen Johannes der Tochter des Herodias als Entgelt für ihren Tanz überreicht worden war, so wie man heutzutage der Elsler oder Taglioni Blumensträuße zuwirft oder in die Garderobe bringen läßt. Die vom heiligen Athanasius ausgegrabenen Gebeine des Johannes waren nach der damaligen Gewohnheit Wunder wirkend in der ganzen Welt herumgekommen, während der Kopf von einem gallischen Mönch von Alexandrien nach Gallien hinübergeschafft worden war. Denn die Franken des Mittelalters raubten aus den Kirchen des Orients die Reliquien der Heiligen, wie mit derselben Selbstverständlichkeit ihre Nachkommen die Überreste der antiken Kunst. Ein Finger des heiligen Sergius oder ein Schienbein der heiligen Febronia wurden damals viel teurer verkauft als in diesen Tagen ein Hermeskopf oder ein Venusarm. Der im Kloster des heiligen Angelis aufbewahrte Kopf des heiligen Johannes diente, anstelle des Chinins, den Einwohnern zur Heilung des Fiebers. Der Ruf jenes wundertätigen Kopfes verbreitete sich allmählich im ganzen Abendland, und alljährlich wurden zu Ehren des Heiligen überall zahllose Feuer angezündet, um die getanzt und gezecht wurde wie in heidnischer Zeit beim Palilienfest. Die Göttin Pales war längst vergessen, aber ihre ehemaligen Verehrer liebten immer noch Wein, Tanz und nächtliche Gelage, und in Ermangelung von Göttern widmeten sie den bärtigen und kuttentragenden Heiligen des christlichen Himmels die heitere Verehrung der lustigen und bartlosen Bewohner des Olymps.

Das Fest war in vollem Gange, als die beiden Reisenden im Klosterhof anlangten. Von den Mönchen schleppten die einen Strohbündel und leere Fässer zum

Feuer herbei, während die anderen die Zipfel ihres Mönchskleids hochhoben und über die heilige Flamme sprangen; hatte das Feuer ihre nackten Füße versengt, so steckten sie sie in einen Trog voll Wasser. Andere tanzten um das Feuer oder lagen im Grase und steckten die Finger in die Fleischschüsseln und füllten die Trinkgefäße aus den Fässern. Andere wieder liefen mit einem brennenden Scheit in den Händen im Garten umher und suchten Habichtskraut zur Vertreibung der Teufel oder vierblätterigen Klee, der, wenn er in der Johannisnacht gesucht wird, dem Finder die unterirdischen Dämonen dienstbar macht. Die lustigen Mönche empfingen mit Freudengeschrei den heimkehrenden Bruder und Johanna, die er ihnen als einen verwaisten, dem Herzog Ansigis leibeigenen Verwandten vorstellte, dem die Fron der Leibeigenschaft zu schwer geworden und der entlaufen sei, um dafür die leichtere Kutte einzutauschen. »*Dignus, dignus est intrare in nostro Sancto Corpore*« erwiderten die Benediktiner unisono und zogen die jungen Novizen in den schnellen Wirbel des Reigentanzes hinein, der sich wie eine vielgewundene Schlange um das am höchsten auflodernde Feuer drehte. So lernte Johanna gleich bei ihrem Eintritt in das Kloster das Tanzen. Denn in jener Zeit hatte der Tanz, den die Geistlichen unserer Zeit als eine Erfindung des Teufels verbieten, nichts Gottloses und Religionsfeindliches an sich, sondern er war einfach ein Beten mit den Beinen wie die Psalmen ein solches mit den Lippen. Beide waren von dem Propheten und König David erfunden worden, so daß sie als legitime Kinder desselben Vaters verschwistert sind.

Die Sterne erbleichten am Himmel, und die Feuer erloschen auf der Erde, als die Glocke die betrunkenen und schläfrigen Zecher zwang, den Tanz oder das Weinfaß im Stich zu lassen, um zur Frühmesse zu eilen. An jenem Morgen ertönte, wie immer nach einem Fest, unter der gewölbten Decke der Kirche lautes Schnarchen statt der Hymnen, und infolgedessen, so sagt man, hat sich bei den Mönchen die Gewohnheit erhalten, auch wachend durch die Nase zu singen. Diese Gewohnheit, die aus den Kirchen des Abendlandes zusammen mit dem Eselsfest und den anderen gotischen Überresten des Mittelalters verbannt ist, hat bei uns eine Zufluchtsstätte gefunden, wo sie sich ungestört und kräftig erhält, während die Kirchen von Tag zu Tag leerer, die Frömmigkeit der Orthodoxen kälter und ihre Spenden geringer werden. Die Religionen gleichen den Frauen: Solange beide jung sind, brauchen sie keine Schönheitsmittel und keine Schminke, um von ergebenen Verehrern umringt zu sein, die bereit sind, als Liebhaber oder erste Christen selbst das Leben für sie hinzugeben; wenn sie jedoch altern, sind sie gezwungen, zum Schminktopf und anderen kosmetischen Mitteln ihre Zuflucht zu nehmen, um wenigstens noch einige Zeit ihre an Zahl abnehmenden Anbeter festzuhalten. Die römische Kirche, die das sehr wohl bemerkt hat, nahm, sobald sie den Eifer der Gläubigen erkalten sah, zu den Malern und Bildhauern ihre Zuflucht, so wie die gealterte Juno zum Gürtel der Venus griff, um ihre Runzeln zu verbergen und ihre Blöße zu bedecken. Die Kirche des Ostens dagegen, obwohl älter, sei es aus Armut, sei es aus Stolz, dabei geblieben ist, die Gläubigen durch näselnde Gesänge und schielende Madonnen anziehen zu wollen. Die Frömmigkeit ist längst aus der Welt verschwunden, aber die Gemälde Raffaels, die Stimme Lacordaires oder der Kastraten des Papstes locken immer noch Schaulustige und Neugierige unter die Kuppel von Sankt Peter oder ins Pantheon, während wir nur einmal im Jahr, die Ohren verstopfend, in die Kirche gehen.

Als die Frühmesse vorüber war, beeilte sich Frumentius, Johanna in ihrem neuen Käfig unterzubringen. Das Kloster Fulda glich mehr einer Festung als einem Wohnort für Mönche. Hohe Vulkane, deren Krater der heilige Sturm durch einige Tropfen Weihwasser ausgelöscht hatte, umgaben es ringsum; der gleichnamige Fluß diente als Graben dieser Mönchsfestung, die von Türmen und zackigen Zinnen flankiert war. Die damaligen Mönche des heiligen Benedikt liebten es, abgesehen von Wein und Schlaf, sich auch in die politischen Kämpfe der Zeit einzumischen, und so oft sie von einem Mächtigen aus dem Felde geschlagen wurden, verschanzten sie sich hinter den Mauern des Klosters wie die Zeitungsschreiber hinter den Artikeln der Verfassung. Karl der Große hatte die Sitten der Krieger in der Kutte gemildert, indem er ihnen alle Waffen außer den geistlichen wegnahm, aber die Klöster besaßen immer noch ihr kriegerisches Aussehen. Johanna besuchte nacheinander die Zellen, das Studierzimmer der Novizen, das mit den Kolossalstatuen der zwölf Apostel geschmückte Refektorium, die unterirdischen Verliese, wo die bösen Mönche lebendig begraben wurden, und endlich die Bibliothek, in der sechzig Schreiber Tag und Nacht arbeiteten, die einen alte Handschriften abschabend, die anderen auf dem so zubereiteten Pergament die Kämpfe des heiligen Babylas oder der heiligen Priska statt der des Herkules oder Hannibal niederschreibend. Der Garten aber war vernachlässigt, denn die guten Väter machten sich wenig aus Blumen und gar nichts aus Gemüsen, die, wie sie zu sagen pflegten, viel kostbaren Raum im Magen beanspruchen, und denen sie Gänsebrüste und Schweinekeulen vorzogen. Die letzteren verglichen sie mit den Sprüchen der Bibel, die auch in wenigen Worten viel tiefe und gewichtige Wahrheit enthalten.

Nach der Beschreibung des klösterlichen Schlupfwinkels wollen wir nun auch versuchen, das Bild der Bewohner etwas zu skizzieren. Die Mönchsorden hatten sich so sehr vermehrt, und so mannigfaltig waren die Namen und Arten der Mönche geworden, Theatiner, Rekollekten, Karmeliter, Johanniter, Franziskaner, Kapuziner, Kamaldulen, Barfüßer, Sandalenträger, Bärtige, Bartlose, Schwarzgekleidete, Weißkutten und andere, daß der berühmte Zoologe Born versucht hat, sie zur Vermeidung von Verwechslungen nach ihren Hauptmerkmalen in Gattungen und Arten einzuteilen, wie dies Linné mit Tieren und Pflanzen getan hat.

Schlagen wir nun diese Linnéische Mönchskunde bei dem Wort Benediktiner auf, so finden wir folgende wissenschaftliche Definition dieser Art von Kuttenträger: »bartloses Gesicht, geschorener Schädel, Füße in Sandalen steckend; trägt ein langes, schwarzes, bis zu den Füßen reichendes Gewand und einen Mantel, der bis zu den Fersen geht, krächzt drei- bis viermal am Tag und einmal um Mitternacht mit heiserer Stimme; ißt alles, fastet selten.«

Dies waren die Hauptcharakteristika. Außerdem trugen die deutschen Benediktiner an der Kapuze noch ein kleines aufgenähtes Marienbild zum Schutz vor bösen Gedanken und Läusen; ihre Gesichter hatten große Ähnlichkeit mit den Palimpsesthandschriften, auf denen unter den frommen geistlichen Liedern des Mittelalters zuweilen liebegirrende Verse von Anakreon und Sappho sichtbar werden. Viermal täglich speisten die trefflichen Patres. Statt Butter benutzten sie Schweinefett und statt Gabeln die Finger; diejenigen, die gesündigt hatten, wurden durch Entziehung des Schmalzes einige Wochen bestraft, wie bei uns in solchen Fällen durch Entziehung des heiligen Abendmahls. Zweimal monatlich rasierten sie sich; am Karfreitag wuschen sich alle die Füße, und dreimal im Jahr ließen sich die dicksten unter ihnen schröpfen, um die unsauberen Gelüste zu vertreiben, oder auch, nach Angabe einiger Chronisten, einen Schlaganfall zu verhüten. Die meisten waren ungebildet, einige jedoch konnten das Vaterunser, und andere verstanden sogar zu schreiben. Diese erhielten wie die Helden Homers beim Essen doppelte Portionen und Wein statt Bier. Alle heiligten den Feiertag; da es aber nicht genau bekannt ist, an welchem Tag nach Erschaffung der Welt Gott ausruhte, so taten sie aus Furcht, eine Sünde zu begehen, die ganze Woche nichts. Die Konstitution dieser Mönche war so stark, daß die meisten stehend starben, wie die russischen Soldaten, die man, wie gesagt wird, nach eingetretenem Tode stoßen muß, damit sie umfallen.

Der Oberhirt dieser Herde von Kuttenträgern war damals der berühmte heilige Rhabanus Maurus, des-

sen Gedächtnis mehr Fächer enthielt als das Labora-
torium eines Pharmazeuten. Der gelehrte Abt, der alle
Meere befahren hatte, auf denen die Reisenden je die
Seekrankheit bekommen haben, war aller lebenden
und toten Sprachen mächtig, außerdem verstand er
Astronomie, Magie, Kirchenrecht und die Geburts-
hilfe; er hatte sogar einen Apparat erfunden, mittelst
dessen die Kinder im Mutterleibe getauft werden
konnten, damit sie im Fall einer Fehlgeburt jenem
düsteren Reiche entgingen, in dem die ungetauften
Kinder mit den unbeerdigten Heiden am Ufer des Styx
umherirren. Als Johanna in das Fuldaer Kloster eintrat,
war der heilige Rhabanus schon alt und litt an Ver-
dauungsbeschwerden; er dachte nur an sein Seelen-
heil, indem er ausschließlich Gräser genoß, wie Nebu-
kadnezar in den letzten Jahren seines Lebens (nämlich
als er in ein Rind verwandelt war), und indem er Gedichte zu Ehren des Kreuzes verfaßte. Jedes dieser Gedichte bestand aus dreißig Zeilen, und jede Zeile aus
ebensoviel Buchstaben, die in der Form eines Kreuzes
angeordnet waren wie die Trinklieder der französischen Dichter in der Form einer Flasche oder eines Fas-
ses. Die Abschrift dieser Meisterwerke erforderte einen erfahrenen Schreibkünstler, und niemand konnte
es hierin mit Frumentius und dem jungen Bruder Johannes aufnehmen. Ihnen vertraute daher der geistliche Liederdichter seine Kreuze an, damit die Prophe-
zeiung des Frumentius erfüllt werde, der da gesagt
hatte: »Wir werden die Feder in dasselbe Tintenfaß tauchen.«

Glücklich Liebende sind den glücklichen Völkern zu
vergleichen, die keine Geschichte haben. Auch das Le-

ben unserer beiden Mönche floß ruhig und heiter im Schatten des Klosters dahin wie der Fuldalauf unter den schattenspendenden alten Schwarzpappeln. Hast du je darüber nachgedacht, lieber Leser, wie angenehm und erfreulich eine Geliebte wäre, die Männerkleidung trüge und nur dir ihre Reize enthüllte? Dann würdest du weder die Eifersucht kennenlernen noch die unzähligen Dornen, die nach einem Wort des heiligen Basilius die Frauen zu wahren Marterwerkzeugen für Männer werden lassen. Ihre männliche Kleidung würde sie viel sicherer hüten als die Schlösser der türkischen Harems und die Schutzgürtel, mit denen die Italiener ihre ehelichen Besitztümer vor jedem Angriff bewahren. Außerdem würde das Gesicht deiner Liebsten nicht durch unkeusche Blicke entweiht werden noch ihre Ohren durch zügellose Reden oder ihre Hände durch Berührungen. Sie würde vielmehr keusch und rein sein, wie ein Engelsfittich oder wie jene ideale Jungfrau, die der heilige Basilius im Traum als ein keusches Standbild auf dem Sockel ihrer Jungfräulichkeit und unbefleckt von jeder Phantasie und Berührung erblickte. Tibulls Seufzer der Eifersucht und Byrons Schmähungen gegen die Frauen würden dir ebenso unverständlich sein wie die Klagelieder eines Jeremias für den, der nie zu klagen Ursache hatte. So war für Frumentius Johanna eine Rose ohne Dornen, ein Fisch ohne Gräten, eine Katze ohne Krallen; da sie von Jugend an immer nur mit Männern gelebt hatte, so besaß sie weder die Launen noch jene liebenswürdigen Fehler der Frauen, die die Töchter Evas fürchterlicher machen als die Sirenen, die doch wenigstens nur vom Gürtel abwärts Schlangen waren.

Sieben Jahre waren vergangen seit dem Eintritt der jungen Leute in das Kloster von Fulda, und das Geschick spann ihnen immer noch goldene Tage, ihr Verhältnis blieb geheim und ungestört wie eine Perle in den Tiefen des Meeres. Es war auch keine Gefahr, daß jemals der Betrug entdeckt würde; denn kein Mensch im Frankenlande dachte vor den Kreuzzügen daran, nachzuforschen, was sich unter den gewundenen Phrasen von platonischer Liebe verberge. Nur der Klosterbarbier machte manchmal seine Witze über Bruder Johannes, wenn dieser lächelnd seine bartlose und wie ein Teich bei Windstille glatte Wange dem Messer bot.

Aber außer Johanna gab es leider noch einen anderen bartlosen Mönch in Fulda, den Pater Corvinus, dem alle aus dem Wege gingen wie dem Unglück bedeutenden Vogel, nach dem er genannt wurde.[1] Dieser unglückliche Benediktiner hatte als junger Mann die Nichte des Bischofs von Mainz geliebt, bei dem er als Diakon Dienst tat, indem er bei Festen die Schleppe seines Purpurgewandes trug und das Wasser trank, in dem seine Heiligkeit nach dem Abendmahl die Hände gewaschen hatte. Das junge Mädchen öffnete der Liebe des Diakons die Ohren und bald nachher auch ihre Arme, aber ihr Oheim ertappte eines Nachts die jungen Leute, die im bischöflichen Garten die verbotenen Früchte pflückten, schnitt seiner Nichte das Haar ab und sandte Corvinus, nachdem er ihn zu einem Neutrum gemacht hatte, ins Kloster Fulda, damit er dort seine Sünde beweinen könne. Der junge Mönch be-

---

[1] *corvus*, Rabe

klagte in den ersten Tagen seinen Verlust wie die Tochter Jephthas den ihrer Jungfernschaft, aber die Zeit heilte die Wunden seines Körpers und seiner Seele, und es kam allmählich so weit, daß er die Frauen verachtete und seine Mitbrüder aufforderte, durch ein ähnliches Opfer den Himmel zu erwerben, so wie der verstümmelte Fuchs der Fabel den anderen empfahl, auch ihren Schwanz abzuschneiden. Eine solche philosophische Weltanschauung hatte sich auch der gute Corvinus angeeignet, indem er den Verlust der verbotenen Frucht bei gutem Fleisch und in der sichern Hoffnung auf den Himmel verschmerzte, als er eines Tages den Auftrag erhielt, auf die Milben Jagd zu machen, die die Bibliothek des Abtes bedrohten. Dort fand er eine Übersetzung der Rede des heiligen Basilius über die Jungfräulichkeit. Er schlug das Buch auf, in dem er neuen Anlaß zu finden hoffte, den Höchsten für den Verlust jeder Möglichkeit der Verderbnis zu preisen, geriet aber durch einen bösen Zufall auf die Stelle, wo der heilige Bischof von Cäsarea den keuschen Jungfrauen rät, sich vor »männlichen Körpern, und seien es die von Eunuchen«, in acht zu nehmen; denn wie der Stier, dem die Hörner abgeschnitten sind, nichtsdestoweniger von Natur stößig bleibt und diejenigen, welchen er begegnet, mit jenem Teil des Kopfes verletzt, wo früher die Hörner waren, so können auch die Verschnittenen, von sonderbarer Raserei entflammt, immer noch … Hier aber verweise ich den Leser auf die Abhandlung des Heiligen selbst, damit er dort das Ende des Satzes aufsuche. Nach der Meinung der Kritiker scheint Tassos »Befreites Jerusalem« auf einem Schild geschrieben zu sein, und mir scheint die jungfräuliche Abhandlung des heiligen Basilius auf den Knien eines schönes Mädchens niedergeschrieben zu sein.

Diese Lektüre versetzte den Mönch, der seit so vielen Jahren ruhig war, in Aufregung. Die Schlangen, die Drachen, die Wölfe, die Panther und die übrigen Bestien, durch die die Theologen die Leidenschaften personifizieren, erwachten in der Tiefe seines Herzens, das wieder zu einer Menagerie unzähmbarer Tiere wurde, und begannen zu heulen und sich in den Schwanz zu beißen.

Archimedes rief jubelnd: »Ich hab's« nach der Lösung des bekannten Problems, der Mönch aber lief in den Klosterhallen umher und rief mit lauter Stimme: »Ich kann's«. Von jenem Tage an war er von einem seltsamen Wahn befallen, den weder die Geißel noch Fasten noch kalte Duschen noch sonst ein Rezept aus der Mönchsapotheke zu heilen vermochte. Ganz begeistert von der göttergleichen Beredsamkeit des heiligen Basilius, hielt er Tag und Nacht das Buch in seinen Armen, wie eine junge Mutter ihr erstgeborenes Kind. Immer wieder küsste er jene für ihn so bedeutungsvolle Stelle, schrieb sie ab, und lernte sie zuletzt sogar auswendig. So oft er ein weibliches Wesen zu Gesicht bekam, lief er darauf zu, wie ein durstiger Hirsch zur Quelle in der Wüste, um die Worte des Heiligen zu probieren. Aber die blonden sächsischen Mädchen flohen vor ihm, obwohl er verschnitten war, ganz nach dem vernünftigen Rat des Bischofs von Cäsarea. Ich glaube jedoch, auch ohne diesen Ratschlag hätten sie ihn nicht an sich kommen lassen, da sie seinen Mangel kannten.

Das war nun der Mann, der den goldnen Faden zerreißen sollte, mit dem die gütige Parze die Tage der beiden Liebenden fortspann und ihr Leben zu einem Rosenkranz aus funkelnden, makellosen Perlen machte. Jede Nacht gingen Frumentius und Johanna in eine Höhle nahe beim Kloster, die vor Zeiten ein Heiligtum des Priapus gewesen war. Dieser Gott wurde in Deutschland noch verehrt, und zwar unter dem Namen des heiligen Vitus; sein Kultus war jedoch nicht mit dem Namen geändert worden. Die Lippen der christlichen Frauen baten ihn um dasselbe wie die unkeuschen Götzendienerinnen, um Lust und Kindersegen, und selten blieb der gute Heilige gegen solche Bitten taub. Freilich müssen wir sagen, daß seine Standbilder gewöhnlich im Schatten eines Männerklosters errichtet wurden, und dies machte, wie einige bösartige Geschichtsschreiber behaupten, die Erhörung der Bittstellerinnen sicher.

Im Hintergrund dieses Höhlenheiligtums, hinter dem Bild des Heiligen, hatte das junge Paar sein Nest aus Kleeblättern, Fuchsfellen und weichen Geweben gebaut, die von den frommen Frauen Sachsens als Weihgeschenke dargebracht worden waren; über ihrem Lager aber hingen wie Stalaktiten geräucherte Zungen, saftige Schinken, getrocknete Fische, Schläuche voll edlen Moselweins und andere Nahrungsmittel, über die sich die jungen Leute hermachten, wenn sie müde geworden waren, Loblieder zu Ehren des heiligen Vitus zu singen. Denn die Verehrung des heiligen Vitus so wie der Venus kühlt sich ohne die Gaben der Ceres und des Bacchus ab. Dort befanden sie sich in einer Unglücksnacht und genossen alles Gute, während ihr Bruder Corvinus, der den Schlaf nicht finden konnte, der den Unglücklichen wie die Schmarotzer flieht, im Freien umherirrte und dem Mond sein Leid klagte. Aber auch dieser schien sich über die eintönigen Klagelieder des armen Kuttenträgers zu langweilen und verbarg sich hinter dunklen Wolken, und bald darauf zwangen schwere Regentropfen den Bewunderer des großen Basilius, im Heiligtum des heiligen Vitus eine Zuflucht zu suchen.

Der feine Sand, mit dem der Boden der Höhle bedeckt war, damit nicht die zarten Füße der Beterinnen verletzt würden, die nur unbeschuht dort eintreten durften, machte seine Schritte unhörbar, so daß er unbemerkt bis zu der Nische gelangte, in der die beiden Liebenden einer in den Armen des anderen und in denen des Morpheus ruhten. Das Lager wurde von einer vor dem Bild des christianisierten Priapus brennenden Lampe erhellt; Johanna, halb nackt wie eine Göttin des Olymps und schön wie jene, bot einen so reizenden Anblick, daß vor ihr selbst der heilige Amun seine Gelübde, Origenes seinen Unfall und ich glaube, auch Themistokles die Siegeszeichen des Miltiades vergessen hätte. Pater Corvinus seinerseits vergaß, daß Frumentius an ihrer Seite lag, und schickte sich an, die physiologischen Theoreme des Bischofs von Cäsarea durch das Experiment auf ihre Richtigkeit zu untersuchen. Aber der heilige Vitus schützte den Schlaf der in seinem Schutze ruhenden Liebenden und vermochte es nicht zu dulden, daß seine Mysterien von einem schmutzigen Eunuchen entheiligt wurden.

Als er ihn die freche Hand an seine schlafende Priesterin legen sah, röteten sich seine Wangen vor Zorn, wie die der Madonna von Loretto, wenn sündige Lippen sie küssen, drohend schüttelte er den Kopf, und das Öl der Lampe kochte aufgeregt. Ein Tropfen des siedenden Öls, welcher auf Frumentius' Wange fiel, weckte diesen auf; sofort erwacht, sah er seine Freundin noch halb im Schlaf gegen den sie bedrängenden Pater Corvinus wie gegen ein böses Traumgebilde ankämpfen. Frumentius war als echter Nachkomme Wittekinds jähzornig und als deutscher Mönch stark, gewohnt die Fäuste als durchschlagende Argumente in jeder Debatte, selbst einer theologischen, zu gebrauchen. Daher verlor er keine Zeit mit überflüssigen Redensarten, sondern nahm schnell seinen Gürtelstrick ab und ließ ihn blitzschnell auf den Rücken des elenden Corvinus niedersausen. Inzwischen war Johanna erwacht und beeilte sich, unter ihrer Kutte die Ursache des Streites zu verbergen, während die beiden Mönche fortfuhren sich zu prügeln und schon Blut zu fließen begann, wenn auch glücklicherweise nur aus der Nase. Nach einem heldenhaften Kampf gelang es Corvinus endlich, von den Fäusten seines wütenden Gegners schlimm zugerichtet, zu entrinnen, indem er ihm ein Stück seiner Kutte als Kampfesbeute zurückließ, so wie Joseph seinen Mantel dem Weibe Potiphars. Darauf allein beschränkt sich jedoch, wie mich dünkt, die Ähnlichkeit zwischen ihm und dem Sohne Jakobs.

Als die beiden Liebenden auf dem Schlachtfeld allein waren, starrten sie einander ängstlich an, sicher, daß jener verprügelte Faun sich durch den Verrat der Geheimnisse ihrer Grotte schleunigst rächen werde. Sie mußten also, das sagten sie sich, um der Einsperrung bei Wasser und Brot zu entgehen, auf Nimmerwiederkehr von dem gastlichen Dach Abschied nehmen, unter dem sie so viele frohe Tage in heiliger Ruhe und Muße, alles Gute und einander gegenseitig genießend, zugebracht hatten. Die Jahre und das gute Leben hatten die Abenteuerlust der beiden Mönche verringert, die mit Schauder an die Mühen und Entbehrungen des Wanderlebens dachten und ganz der Ansicht des heiligen Antonius waren, nach dem die Klöster für die Mönche dasselbe sind wie das Meer für die Fische, und wie die letzteren, wenn sie aus dem Wasser herauskommen, so gehen auch die Mönche zugrunde, sobald sie die Klöster verlassen.

Solch trüben Gedanken gaben sie sich hin, als die Morgenglocke ihnen die drohende Gefahr ins Gedächtnis zurückrief. Die Nacht war finster und die Ställe nicht weit; dort lebte noch jener treffliche Esel, der vor sieben Jahren Johanna nach Fulda gebracht hatte. Dieser Patriarch an der Klosterkrippe war schon ganz weiß geworden vor Alter und gedachte, sich für den Rest des Lebens von den früheren Strapazen auszuruhen, von munteren Nachkommen und leckeren Heubücheln umgeben. Die Flüchtlinge banden ihn los, umwickelten seine Hufe mit Werg, um jedes Geräusch zu vermeiden, wie die Piraten die Ruder ihrer Barke, und verließen die Mauern des gastlichen Klosters, vor Furcht zitternd, ihr vierbeiniger Genosse könnte mit seinem Geschrei die Lebenden aufwecken, so wie er sieben Jahre zuvor die Toten aus ihren Gräbern hervorgelockt hatte.

Dritter Teil

But the fact is that I have nothing plan'd
Unless it were to be a moment merry.

(Byron, *Don Juan*, 4. Gesang)

Liebst du vielleicht guten Wein, teurer Leser? Falls du ihn wirklich liebst, dann hassest du gewiß auch jene gewissenlosen Krämerseelen, die dieses edle Getränk durch Beimischung von Wasser, Farbstoffen oder Giften verfälschen und deinen durstigen Lippen statt göttlichen Nektars ein gehaltloses, ekelerregendes Gesöff bieten. Solche Krämer waren seit Jahrhunderten diejenigen, die sich mit der Aufbewahrung und dem Ausschank des edlen Weins des Glaubens befaßten, wie der weise Albin die Religion nennt, während der Vergleich zwischen Krämern und Priestern, Christentum und Weinfaß einem Konzil des 9. Jahrhunderts seine Entstehung verdankt, so daß meine Ausdrücke, wenn auch nicht höflich, so doch wenigstens kanonisch sind. Ich habe also gesagt, daß, wie der echte Weintrinker die Weinpanscher verabscheut, so auch der gute Christ denen abgeneigt ist, die um die Religion gewinnreicher zu machen, ihr mancherlei Erfindungen ihrer geschorenen oder behaarten Köpfe beimischen, die Wunder der Heiligenbilder, die in Heilige umgestempelten Götter des Heidentums, die Anbetung derselben, die Ablässe, die Heiligenreliquien, die Rosenkränze und die übrigen hieratischen Handelswaren, durch die der Apostelberuf noch schwindelhafter als selbst der ärztliche oder das Traumdeuten geworden ist. Wie ich schon von Kindheit an die Chemie besonders liebte, so soll auch dieses Buch eine Art Chemie, eine Art chemischer Analyse des religiösen Weins sein, den im Mittelalter die Mönche an die Völker des Abendlandes ausschänkten.

Alle schädlichen Tiere, Schlangen, Wespen, Moskitos und Skorpione werden um so giftiger und bösartiger, je heißer die Sonne sie bestrahlt. Nur die Pfaffen machen eine Ausnahme, die in den sonnenlosen Ländern des Abendlandes scharfe Nägel und bissige Zähne bekommen haben, während sie im Orient immer unschädlicher und harmloser geworden sind, wie die Aale im Kopaissee; solange sie also nicht gegessen werden, wie letztere, noch beißen, wie die Franken, sondern ruhig und ehrbar ihrem Berufe des Kreuzeschlagens, Rauchfaßschwingens, Taufens und Beichtehörens nachgehen, wäre es Sünde, diese harmlosen Erben des Himmelreichs anzugreifen. Dies sage ich dir, lieber Leser, um dich von meiner Rechtgläubigkeit zu überzeugen; nunmehr kehre ich zu den Helden meiner Erzählung zurück.

Nach Karls des Großen Tod gab es in Deutschland keine Poststationen mehr, keine Sicherheitswächter oder Polizei; die sächsischen Pferde aber waren wie noch heute so fett und schwerfällig, daß unsere Flüchtlinge wenig Angst vor Verfolgung hatten. Übrigens gehörte ihr Esel zu jenen Elitetieren, die von jenem seligen Esel abstammen, den Jesus bestieg, als er in Jerusalem einzog, und auf dessen Rücken nach Angabe von Albertus Magnus das Bild des Kreuzes sichtbar geblieben ist, wie das Bild des göttlichen Antlitzes auf dem Tuch der Veronika. Solche Esel, die sich durch einen schwarzen Längsstreifen auf dem Rückgrat mit einem ebensolchen Querstreifen in der Mitte des Rückens auszeichneten, nannte man Kreuzträger, sie konnten im Notfall selbst mit den Jagdhunden in der Schnelligkeit wetteifern; sie dienten im Mittelalter nur den Äbten und hohen Geistlichen. Diese Rasse ist in Europa allmählich ausgestorben, kommt aber noch unvermischt und kräftig in Ägypten und Palästina vor, wo man sie goldgestickte Reitdecken tragen und gekochte Bohnen aus Porzellangefäßen fressen sieht.

Auf einem solchen Esel eilten die Flüchtlinge sicher davon, während sie tausend und abertausend Pläne für ihre nächste Zukunft in Gedanken durchspielten. Die bald hinter den Zinnen der Burg Bibrastein aufgehende warme Sonne ließ die in ihren Köpfen aufsprießenden Pläne zur Reife kommen. Sie beschlossen, auf ihrem Esel eine Weltreise zu machen, indem sie bei den Mächtigen um Gastfreundschaft baten, ihre Hände den Gläubigen zum Kuß reichten und anderen die Sorge überließen, die Ungläubigen zu bekehren. Sie schlugen die Richtung nach Mainz ein, um bei dem Versöhnungsfest des Kaisers Ludwig und seiner Söhne zugegen zu sein. Aber als sie nach drei Tagen in dieser Stadt anlangten, tönten ihnen statt fröhlicher Gesänge überall Trauerlieder und Trauergeläut entgegen, und statt des Bratengeruchs erfüllte Weihrauchduft die Atmosphäre. Der unglückliche Ludwig der Fromme hatte tags zuvor seine des Zorns unfähige Seele dem Schöpfer übergeben mit den Worten: »Ich vergebe meinen Söhnen, wie der Verurteilte seinen Henkern vergibt.« Seine Leiche wurde von vier dunklen Rappen, die, seit vier Tagen ohne Futter, so melancholisch einherschritten wie die Rosse Hippolyts, zwischen einer doppelten Reihe kerzentragender Priester unter Lobgesängen auf die Tugenden des Hochseligen zu ihrer letzten Ruhestätte gezogen. Ludwig hatte der Kirche Sardinien, Korsika und Sizilien vermacht. Freilich gehörten ihm diese von den Sarazenen und Griechen beherrschten Inseln ebensowenig, wie heutzutage Cypern und Jerusalem dem König von Italien. Aber wie dem auch sein mochte, seine guten Absichten verdienten Lob, Weihrauch und Litaneien. Unsere Mönche zogen die Kapuzen über das Gesicht und folgten dem verblichenen Kaiser auf dem Weg, der von allen der einfachste ist (denn wir finden ihn mit geschlossenen Augen), dann aber entfernten sie sich still aus den Mauern des trauernden Mainz.

Nach dem Hinscheiden des frommen Ludwig war die Luft Deutschlands nicht mehr so gesund für die Lungen der Mönche, von denen viele auszuwandern anfingen, so wie die von Gicht befallenen Engländer Nizza nach der Annexion durch Frankreich verließen mit der Angabe, es sei ihnen vom Arzt verordnet worden, italienische und nicht französische Luft zu atmen. Ludwigs Söhne stritten mit Waffen um die Erbschaft; der älteste, Lothar, der die Sachsen für sich zu gewin-

158

nen wünschte, nahm seine Zuflucht zu den Mitteln der Korruption, indem er ihnen erlaubte, die Götzenbilder der Ahnen wieder aufzurichten und ab und zu als Sühneopfer an den väterlichen Altären einen fanatischen Missionar oder einen dicken Benediktiner abzuschlachten. Gewisse übelwollende Chronisten fügen sogar hinzu, daß der gottlose Lothar auf seinen Pfalzen Bilder der Irminsul und Teut fabrizieren ließ, die er als Gegengeschenke den Sachsen und Thüringern sandte, so wie noch heute die industriellen Engländer in ihre Kolonien indische und australische Götzenbilder ausführen, die in Londoner Fabriken von frommen Puritanern und Quäkern angefertigt worden sind, während auf demselben Schiff als Gegengift einige Bände der Bibelgesellschaft mitgeführt werden, so daß Götzenbilder und Neue Testamente einträchtig unter dem Schutze der britischen Flagge reisen.

Die Streitigkeiten der Söhne Ludwigs machten schließlich Deutschland fast unbewohnbar. Der unglückliche Esel des Liebespaares stieß bei jedem Schritt an eine Leiche oder glitt in einer Blutlache aus. Selten fand er Hafer, Gras oder Blätter und gelangte schließlich dazu, Dornen und Brombeerkraut mit seinen Zähnen zu zermalmen. Unterdessen kam der Winter ins Land, wohlgemerkt ein sächsischer Winter, so rauh und schrecklich, daß sogar die Raben vor Hunger starben, da sie mit ihren Schnäbeln das Fleisch der durch den Frost steinhart gewordenen Leichen nicht mehr loszureißen vermochten. Die unglücklichen Flüchtlinge irrten auf den Schneefeldern wie obdachlose Sperlinge umher, den verschnittenen Faun verfluchend, der sie gezwungen hatte, ihr warmes, duftendes Nest zu verlassen. Die Furcht vor Feinden und der strenge Winter hatten die Gastfreundlichkeit der Sachsen abgekühlt, so daß die beiden Mönche gewöhnlich vergeblich an die Türen der Hütten und Klöster klopften. Bald wurde ihnen nicht einmal eine Antwort zuteil, bald sah aus einem kleinen Fenster ein sächsischer Kopf heraus, rot vor Kälte oder bleich vor Furcht, und forderte die Bittsteller zur Fortsetzung ihrer Reise auf; nur selten warf ihnen eine Hand, mitleidiger als der Kopf, ein Stück Schwarzbrot oder getrockneten Fisch als Wegzehrung zu. So irrten sie zwei volle Monate umher, wie die Raben den Spuren der Heere folgend, um sich an der Flamme eines halberloschenen Wachfeuers zu wärmen, oder um die Knochen eines liegengebliebenen Mahls abzunagen. Es kamen Tage, an denen sie mit Neid den Wölfen zusahen, die die Leichen einiger Soldaten Lothars benagten, während der Hunger in ihren Eingeweiden wühlte, und sie fanden die Meinung des weisen Chrysipp gar nicht so übel, der unter anderem seine Schüler lehrte, mangels anderer Nahrung sei es sogar erlaubt, Menschenfleisch zu verzehren.

Johanna ertrug ohne Murren solchen Leiden, indem sie Hunger und Kälte hinnahm wie das Kamel der Wüste Durst und Hitze. Weder ein Seufzer noch eine Klage entfloh ihren bleichen Lippen, mit denen sie manchmal die Tränen ihres Gefährten wegküßte, der oft Veranlassung fand, den Augenblick zu segnen, in welchem er in dem Strom seines Lebens diese blonde Perle gefischt hatte. Der Charakter der Frauen läßt sich nur mit jenem korinthischen Erz vergleichen, in dem sich unter tausend verschiedenen Metallen auch reines Gold befindet. So überschritten sie hungernd, weinend, einander tröstend, ihre Finger mit ihrem Hauch erwärmend, dabei aber immer nach Süden zu wandernd, wie die Schwalben und die schwindsüchtigen Engländerinnen, die schneebedeckten Einöden Bayerns, fuhren über den Bodensee und fanden endlich Gastfreundschaft im Kloster des heiligen Gallus, dessen freundliche Mönche ihnen ein Asyl vor den Wölfen und den Soldaten Lothars boten.

Die beiden Liebenden erwogen schon den Gedanken, in dem heiligen und unzerstörbaren Kloster von Sankt Gallen ihr Domizil aufzuschlagen, als ein neugieriger Mönch, der Johanna aufmerksam betrachtete, die Bemerkung machte, daß ihre Ohrläppchen durchbohrt seien, und hierdurch angeregt sofort sonderbare Gedanken und Lüste bekam. Der Ohrzipfel eines Weibes genügte, um die Ruhe der damaligen Mönche zu stören, wie beispielsweise der bloße Geruch eines Briefes von Frauenhand hinreicht, um alle Bewohner des Athosklosters in Aufregung zu versetzen. Aus Furcht vor den weiteren Nachforschungen und Zumutungen des hochwürdigen Paters, überredete Johanna den Frumentius, noch an demselben Tag die geistliche Herde der neugierigen Schweizer zu verlassen.

Von Sankt Gallen zogen sie nach Zürich, der ältesten Stadt der Schweiz, berühmt durch die Stärke ihrer Bewohner und ihres Schnapses, von da nach Luzern, wo sie des Nachts ankamen und den wunderbaren Leuchtturm bewunderten, der nach den Geschichtsschreibern jener Zeit eine solche Helligkeit ausstrahlte, daß sie die Sterne unsichtbar und die Pfützen sichtbar machte, in die die Reisenden früher meist hineingestolpert waren!

Von Luzern lenkten sie ihre Schritte nach Aventikum, der Hauptstadt der alten Helvetier; dort sahen sie die Fußstapfen Attilas, die in einen harten Felsen eingedrückt waren, wie die von Jesus auf dem Ölberg, von hier nach Sedunum, wo sie ein Schiff fanden, auf dem sie die Rhone nach Lyon hinunterfuhren.

Dieses Fahrzeug gehörte jüdischen Kaufleuten, die nach Marseille reisten, um Christensklaven an spanische Sarazenen zu verkaufen. In jenen Zeiten waren die Kinder Israels, anstatt bedrückt zu sein, in Südfrankreich allmächtig.[1] Der Kaiser, der fortwährend große Summen von ihnen borgte, bezahlte die Zinsen seiner Schuld dadurch, daß er ihnen erlaubte, seine Untertanen zu Proselyten zu machen, so wie wir Griechen die barmherzigen Schwestern, die Traktätchen der Bibelgesellschaft, die Prophezeiungen des Agathangel, die goldenen Erwartungen seiner Anhänger und andere Narrenspossen ertragen. Die Lyoner Juden gebrauchten die vom Kaiser erkauften Freibriefe als Zähne, mit denen sie die Christen aus dem Weg räumten, indem sie ihre Schweine totschlugen, ihre Kinder stahlen, ihre Knechte zwangen, den Sabbat zu heiligen und sonntags zu arbeiten, die Ungehorsamen verkauften und ihre Kinder tauften und manchmal sogar versuchten, die Konkubinen der hohen Geistlichen zum Judentum zu bekehren. Die unglücklichen Bischöfe schickten Beschwerde über Beschwerde an den Kaiser, die Hebräer

---

[1] Hier – und an einer späteren Stelle – greift der Autor auf üble antisemitische Klischees zurück, die nicht erst heute verdammungswürdig erscheinen. Um einen vollständigen Text der »Päpstin« zu bieten, wurde von Kürzungen Abstand genommen – auch in der Hoffnung, daß moderne Leser den antisemitischen Unsinn als solchen erkennen.

Der Verlag

einen Sack Gold nach dem anderen. Auf die Beschwerden antwortete der Monarch nicht einmal, den Juden dagegen schickte er Soldaten, um ihre Häuser zu bewachen und ihre Gläubiger zur Bezahlung ihrer Schulden zu zwingen, wie noch heute christliche Polizisten die Schuldner der Hebräer ins Gefängnis abführen. Mit Unrecht beschuldigen wir also die gegenwärtige Zeit als geldgieriger als die frühere. Das Gold war vor alters der höchste Gott auf Erden und der Jude sein Prophet. In jener Epoche wurde sogar das Evangelium mit goldenen Buchstaben geschrieben, um den Gläubigen Ehrfurcht einzuflößen.

Unter den Passagieren des Schiffs befand sich auch ein alter Rabbiner namens Isaschar, der, um sich während der Fahrt die Zeit zu vertreiben, den Versuch machte, die jungen Mönche zum Judentum zu bekehren, indem er als unverbesserlicher Wucherer als Fahrpreis ihre Seelen verlangte. Er begann daher, den jungen Leuten die talmudischen Märchen zu erzählen, nach welchen Jesus ein geschickter Zauberer war, der die Zauberkunst von einem Magier namens Johann Baptista erlernt und der Tochter des Kaisers Tiberius versprochen hatte, sie ohne Mitwirkung eines Mannes zur Mutter zu machen. Das junge Weib habe seine Anweisungen befolgt und statt eines Kindes einen Stein geboren; darüber erzürnt habe der Kaiser dem Pilatus befohlen, den Wundertäter zu kreuzigen, aber dessen Leichnam, in der Nähe einer Wasserleitung begraben, sei während der Nacht durch das gewaltsam ausströmende Wasser fortgeschwemmt worden. Daraus sei der Glaube der Nazarener an die Auferstehung entstanden.

Nachdem der schmutzige Hebräer solche und andere lästerliche Reden ausgestoßen hatte, begann er dem Gott Israels einen Kranz von Wolken und Sternen zu winden. Er beschrieb ihn, wie er auf einem prachtvollen Wagen throne, der, wie der des Bacchus, von vier Panthern gezogen würde. In seiner Rechten halte er ein Sprachrohr, das tausend Ellen an Länge messe, durch dieses Rohr teile er den Propheten seine Befehle mit. Ferner, daß aus dem Kopf seines Gottes eine Vielzahl bewaffneter Streiter entspringe, wie einst die Athena aus dem Haupt des Zeus, und daß er auch mit den Schreibern der Buchstaben des Alphabets, einer Art geflügelter Engel, in engem Kontakt stehe, und daß er mittels eines wunderbaren Mühlsteins das Manna zubereite, aus dem das Brot der Paradiesbewohner gebakken würde. Die beiden jungen Leute lachten bald beim Anhören jener rabbinischen Wundergeschichten, bald murmelten sie aus Furcht, solche Lästerungen könnten bewirken, daß das Schiff von den Wellen des Flusses verschlungen werde, ein Lobgedicht auf den heiligen Medardus vor sich hin, der, wie Neptun bei unseren Vorfahren und der heilige Nikolaus bei uns, in damaliger Zeit die Wasserwogen erregte und beruhigte.

Dank dieses Loblieds und der Windstille ging das Schiff am nächsten Tage vor Lyon glücklich vor Anker, wo damals der heilige Agobard residierte, der einzige der damaligen Heiligen, dem auch ich mit Verehrung den Saum des Gewandes küssen würde. Er lehrte schon damals, daß, da Jesus ewig und allgegenwärtig sei, alle, die seine Gebote befolgten, mochten sie nun vor oder nach seiner Menschwerdung geboren sein, mochten sie ihn kennengelernt haben oder nicht, Christen und rechte Erben des Himmelreichs seien; er verwarf die Anbetung der Heiligenbilder und hielt die Darstellung der immateriellen Gottheit unter menschlicher Gestalt für eine Sünde; er lehrte, die ersten Christen hätten die Bilder Jesu, der Apostel und der Märtyrer als Ebenbilder von Menschen betrachtet, die sie gekannt und geliebt hätten, aber nicht als Gegenstände abergläubischer Verehrung.

Außerdem hielt es der gute Bischof für lächerlich zu glauben, daß Gott den Propheten die Heilige Schrift Wort für Wort eingegeben habe wie der Engel dem Esel Bileams seine Rede. Er suchte die Gläubigen von den Wallfahrten fernzuhalten und ermahnte sie, den Armen und nicht der Kirche Almosen zu geben; denn er hielt es für Sünde, während so viele Arme keinen Heller haben um sich Brot zu kaufen, den Priestern Gold zu geben, damit sie am hellen Mittag Kerzen anzünden oder mit ihm die Bilder in den Tempeln oder die Brüste ihrer Konkubinen schmücken. Derartige christliche oder vielmehr ewige Wahrheiten lehrte jener gute Priester; hätte er sie freilich später verkündigt, so wäre er wie Huß verbrannt oder wie Kairis unbeweint und unbeerdigt von einem Felsen geschleudert worden.

Aber in jener Zeit beschäftigten sich die Pfaffen des Abendlandes nur mit Trinken und Geldzusammenscharren und waren noch nicht von dem Wahn befallen, Menschen abzuurteilen und sie zu verbrennen. Wenn aber inmitten all dieser Unwissenheit und Verderbtheit einen von ihnen das Verlangen ankam, tugendhaft zu leben und vernünftig zu reden, so aßen die anderen die Portion dieses guten Menschen auf, lachten über seine Dummheit und ließen ihm den Titel

»Heiliger« zukommen, welcher damals den Priestern ebenso allgemein erteilt wurde wie heutzutage den griechischen Ärzten der Titel »Exzellenz«. So war Agobard, ein Diamant unter Kieselsteinen, ein Schwan inmitten von Raben, in der Finsternis des 9. Jahrhunderts glänzend wie eine Perle in der Nase eines Schweins. Ich begegnete dieser aufrechten Priestergestalt, während ich unter Mühe und Verdruß den Moder des 9. Jahrhunderts aufwühlte, und wollte mich einige Augenblicke bei ihm erholen, wie der müde Araber an einer Quelle in der Wüste.

Frumentius begab sich mit Johanna zu dem guten Bischof, um ihm die Hände zu küssen. Die Reisenden jener Zeit suchten, sobald sie in eine fremde Stadt kamen, zuerst die Wohnung des obersten Geistlichen auf, wie heutzutage das Konsulat. Dort überreichten sie ihre Empfehlungsbriefe und baten um Führung oder Unterstützung zur Fortsetzung der Reise, wofür sie gewöhnlich dem Bischof einige Heiligenreliquien ihres Wohnorts mitbrachten. Denn bei den damaligen Christen war die Sitte des Sammelns von Heiligenreliquien jedes Landes und jeder Zeit im Schwang, wie seit einigen Jahren das Briefmarkensammeln. Unsere Reisenden hat-ten zwar viel zu bitten, aber nichts zu bieten; daher traten sie errötend und verwirrt vor seine Heiligkeit.

Der heilige Agobard jedoch, wie die Geistlichen gewohnt, Herz und Nieren zu prüfen, verstand es auch, den unter Lumpen verborgenen Wert eines Menschen zu entdecken. Er zog das vielgeprüfte Paar an seine einfache Tafel, bewunderte die Schönheit, Weisheit und brüderliche Liebe der jungen Gäste, verglich sie mit Kastor und Pollux, und als sie weiterzogen, gab er ihnen gute Ratschläge, neue Schuhe, seinen Segen und Geld zur Weiterreise.

Frumentius und Johanna setzten nun ihre Reise rhoneabwärts fort und langten nach sechstägiger Fahrt in Arles an, dem einstigen berühmten Herrschersitz Konstantins des Großen, jetzt weltberühmt durch seine Würste und Frauen, wobei letztere wie die englischen Pferde ihre Schönheit arabischer Blutmischung verdanken. Die beiden Reisenden bewunderten die Trümmer des Kaiserpalastes, die Metropolitankirche, das Amphitheater und den Obelisk, fühlten jedoch endlich auch die Notwendigkeit, sich um ihren Magen zu kümmern, der ebenso leer war wie der Minervatempel, vor dem sie sich gerade befanden. Sie wandten sich daher dem dortigen Frauenkloster zu, dem ältesten in Frankreich, das der heilige Cäsarius begründet hatte, indem er, wie man sagt, mit seinem Herzblut die wahrhaft drakonische Klosterregel schrieb. Keinem Fremden, ob Mann oder Weib, war das Betreten des Klosters erlaubt, den Nonnen war es nicht einmal gestattet, den Kopf zum Fenster hinauszustecken; diejenigen, die sich wuschen, die Haare kämmten und beim Lachen die Zähne oder beim Gehen die Füße zeigten, wurden mit Rindersehnen gegeißelt oder gefesselt in unterirdische Gefängniszellen gesperrt. Solchen Gesetzen konnten sich aber die lebenslustigen Töchter der Provence unmöglich lange unterwerfen. Die unglücklichen Jungfrauen verwelkten im Kloster wie Pflanzen in der Botanisierbüchse, bis sie schließlich ihre alte Äbtissin und die abscheulichen Klosterregeln mit Füßen traten und so zugleich mit der Freiheit ihre Farbe und Lebhaftigkeit wiederbekamen. Seitdem wurden sie konstitutionell regiert: Sie errichteten ein Theater im Kloster, gingen zweimal wöchentlich aus, fasteten auch, aber nur, wenn sie Zahnschmerzen hatten, was glücklicherweise selten vorkam. Als der heilige Ludwig versuchte, die vom rechten Pfade abgeirrten Mädchen unter das Joch des heiligen Benedikt zurückzubringen, gaben diese in vollzähliger Versammlung zur Antwort, sie seien nur ihrer Äbtissin gegenüber zum Gehorsam verpflichtet, Fasten und Keuschheit aber wollten sie nur nach Möglichkeit beachten, dagegen würden sie sich weder durch Eid noch durch ein Versprechen binden, wie sie sagten, aus Furcht, zur Fleischessünde auch noch den Meineid zu fügen. Dies war der Zustand in den meisten Jungfrauenklöstern von Europa, die der heilige Peter Damian deshalb Jungfrauenverderb nannte.

Die Sonne hatte, wie das in der Provence oft vorkommt, vergessen, daß es noch Winter war: Sie erhitzte um die Mittagszeit die Pflastersteine des Klosterhofs, als die beiden Wanderer vor dem Eingangstor erschienen. Die Pförtnerin schnarchte an der offenen Tür, die die Abenteurer durchschritten und nach einigem Hin- und Herwandern in menschenleeren Hallen und stillen Korridoren schließlich in den Schlafsaal gelangten, wo nach südländischer Sitte die Klosterjungfrauen Siesta hielten. Dichte Vorhänge schützten die Schlafenden vor der Mittagssonne, und das Halbdunkel ließ die kuttentragenden Venusse noch lieblicher erscheinen. Unter den Bräuten Christi gab es wie im Harem eines Sultans Jungfrauen von jeder Nationalität und von jeder Hautfarbe; rothaarige Töchter der Schweiz, weiß wie die Milch ihrer Ziegen und friedlich wie die Seen ihres Vaterlandes, und neubekehrte Sarazeninnen mit

168

Haaren so schwarz wie Kohle und ebenso feurig; süß lächelnde Französinnen und Hirtinnen aus dem Pyrenäengebirge. Der Schlafsaal des Klosters glich jenen botanischen Gärten, in denen allerlei Blumen, verschieden in Farbe, Geruch und Heimat, aber Schwestern an Schönheit, in ihrem gläsernen Gefängnis blühen. Die eine der Schlafenden lächelte, von einem süßen Traum umfangen, und stützte ihre glühende Wange auf den Arm, während ihre wogende Brust unter dem weißen Hemd hervorschimmerte wie der Mond hinter einer Wolke, die andere, bleich und mit zusammengezogenen Brauen, glich einer Statue der schlafenden Betrübnis, vielleicht sah sie im Traum die heimatlichen Gestade oder die Lippen ihrer Mutter. Wieder eine andere schien die Hand nach dem Äbtissinnenstab auszustrecken, eine andere ihre Arme ihrem himmlischen Bräutigam zu öffnen. Die meisten jedoch schliefen ruhig und friedlich wie die Pharaonen in der großen Pyramide, manche freilich schnarchten, aber das waren Alte, die von der Seligkeit des Paradieses träumten.

Die beiden Reisenden vergaßen ihren Hunger angesichts der Bewunderung dieser mannigfachen Personifikationen des Morpheus, als plötzlich die Stimme des silbernen Hahnes ertönte, mit dem die Uhr des Schlafsaales geschmückt war, ein Meisterwerk arabischer Kunst, das von einem im Kloster gastlich aufgenommenen Sarazenenfürsten geschenkt worden war, der, wie böse Zungen behaupteten, dort alle Freuden seines Palastes genossen hatte. Bei diesem Klang erglänzten eine Menge von schwarzen, blauen, grauen oder kastanienbraunen Augen wie Steine im Halbdunkel des Schlafsaals und hefteten sich neugierig auf die beiden unvermutet erschienenen Fremdlinge. Die Nonnen jener Zeit waren weder prüde noch furchtsam; übrigens hatte ja auch das Aussehen unserer Helden durchaus nichts Furchterregendes, im Gegenteil, Bruder Frumentius sah so hübsch und kräftig wie eine holländische Tulpe aus, und Johannes lieblich und sanft wie ein Veilchen auf der Wiese. Die Klosterjungfrauen drängten sich in ihren Nachtgewändern, weiß und lärmend wie Meereswogen, um die jungen Mönche und fragten, wer sie wären und wie sie in ihren Schlafsaal hineingelangt wären. Nachdem sie ihre Neugierde befriedigt hatten, dachten sie daran, den Hunger der Fremden zu stillen, und luden sie deshalb ein, sich mit an den Vespertisch zu setzen; zum ersten Male kosteten diese Kinder des Nordens hier die süßen Früchte des Südens, die Feigen und jene Trauben, bei denen die gelehrte Johanna, Lippen und Finger ableckend, fragte, ob dies vielleicht die süße Lotosfrucht sei.

Volle drei Monate erholten sich die beiden Liebenden bei den gastfreien Jungfrauen, denen die Klostersatzungen erlaubten, Gärtner und Geistliche bei sich zu haben, um ihre Seelen zu kultivieren und ihre Gärten zu gießen, wie die frommen Historiker sagten, die jedenfalls nicht ahnten, zu wie vielen Mißdeutungen und schlimmen Wortspielen den Feinden der Religion diese Phrase Veranlassung geben würde. Anfangs ging alles nach Wunsch; beide wurden dick und vergaßen ihr Vaterland unter dem heiteren Himmel der Provence, wo selbst die Chioten ihre duftende Insel vergaßen. »Das Vaterland ist da, wo man sich wohlfühlt«, hat Euripides gesagt. Überall wächst die süß duftende Lotosfrucht, in den verschiedensten Gestalten bietet sie sich den unersättlichen Lippen der Sterblichen dar, als ein Thron den Königen, eine schöne Jungfrau den Liebhabern, Gold den Kaufleuten und Beifallsrufe den Künstlern. Selbst auf den schneebedeckten Bergeshöhen und im Wüstensand gedieh der Lotos, als die Eremiten dort Heiligkeit und die Sünder Freiheit suchten. Heute aber ist der Lotos ein Küchenkraut geworden wie der Lauch, und darum haben ihn wohl die Dichter vom Helikon verbannt.

Da die beiden Mönche ihre Bequemlichkeiten wiedergefunden hatten, wurden sie, wie schon gesagt, dick und lebten zufrieden in dem Mädchenpferch. Aber es dauerte nicht lange, da wurde Johanna von einer unbekannten fürchterlichen Krankheit ergriffen. Ihre Wangen wurden hohl, ihre Augen matt und glanzlos, wie die Sterne gegen Morgen; statt zu essen, kaute sie an ihren Nägeln, und statt zu schlafen, stöhnte sie die ganze Nacht. Ihr Reisegefährte fragte unaufhörlich, was ihr fehle, aber sie antwortete nur durch Tränen und Seufzer; wenn er ihr nahe kam, um sie zu küssen, bot sie ihm statt der Wange den Rücken, und bald schickte sie ihn fort, um Schwester Martha, bald um Schwester Bathildis oder eine andere Jungfrau zu küssen. Der gute Frumentius, gewohnt, allen Befehlen seiner Freundin zu gehorchen, beeilte sich, den Auftrag auszuführen; sobald aber der Ärmste zurückkam, um den Lohn für seinen schnellen Gehorsam zu verlangen, fand er Beleidigungen statt Dank und bekam ihre Nägel statt ihrer Lippen zu fühlen.

Nach der Beschreibung der Symptome halte ich es für überflüssig, die Krankheit zu nennen. Die Lage meiner armen Heldin war um so bedauernswerter, weil sie von wütender Eifersucht gequält, nicht einmal in der Lage war, ihrem Geliebten Gleiches mit Gleichem zu vergelten. Die Nonnen häuften Vermutung auf Vermutung, umsonst versuchten sie zu erraten, von welchem sonderbaren Leiden der hübsche Mönch befallen sei, der nicht nur ihre Liebkosungen zurückwies, sondern auch auf seinen Mitbruder zornig wurde, sobald dieser mit einer von ihnen sprach.

Am Anfang unseres Jahrhunderts wurden alle Krankheiten auf Magenverstimmung zurückgeführt und ausnahmslos als Gastritis von dem Schröpfdoktor Broussais mit Blutegeln behandelt, im 9. Jahrhundert schrieb man alle körperlichen und seelischen Leiden der Besessenheit durch Dämonen zu, gegen die es als einziges Heilmittel Teufelsaustreibung und Heiligenreliquien gab. Die Theologie und die Medizin, von denen wir das Heil unseres Körpers und unserer Seele erwarten, sind die einzigen Wissenschaften, die wie die Kleider der Mode unterliegen. Was unsere Vorfahren glaubten, nennen wir Märchen, und sogar die medizinierenden Barbiere spotten über die Verordnungen des Galen und Paracelsus. Gott weiß, was unsere Nachkommen sagen werden, wenn sie die Abhandlungen der Pariser Akademie über Chromidrose oder das Aktenstück des Papstes Pius über die unbefleckte Empfängnis der heiligen Anna zu lesen bekommen, und wie sie über die Wunder des Pepsins und über das wundertätige Bild von Tinos urteilen werden.

Es wurde ein Konsilium im Kloster abgehalten und beschlossen, Bruder Johannes zur Höhle der heiligen Magdalena auf der Sainte Baume zu senden. Dort wuchs ein Baum, dessen Duft damals die Dämonen austrieb und Blinde, sowohl Männer wie Frauen, von ihrem Gebrechen heilte wie der Dunst der Fischgalle zur Zeit des Tobias'. Der gute Frumentius hob seine von Dämonen besessene Freundin auf sein treues Eselein und machte sich mit bekümmerter Seele auf den Weg zur heiligen Höhle, wobei er oft den Kopf zurückwandte und den Eunuchen und Dämonen fluchte, die ihn immer wieder an neue Gestade trieben, wie der Fluch Jesu den jüdischen Ahasver.

Zweifellos ist die Eifersucht ein schlimmes und lästiges Leiden, hat jedoch die gute Eigenschaft, daß sie sofort aufhört, wenn die sie erregenden Ursachen geschwunden sind wie die Seekrankheit bei den Schiffspassagieren, sobald das Schiff in den Hafen eingelaufen ist. So beruhigte sich auch der unsere Heldin quälende Dämon, als die Gegenwart ihrer Nebenbuhlerinnen ihre Nägel und Zähne nicht mehr schärfte. Ehe die Hälfte des Weges zurückgelegt war, hatte Johanna ihren Appetit und ihre Heiterkeit wieder, so daß die Heilige nur noch wenig zur vollständigen Heilung zu tun brauchte.

Als die beiden Mönche nach einer dreitägigen Wanderung an den Fuß des Berges gelangt waren, auf dessen Gipfel die Grotte lag, begannen sie mit Mühe, die steile Anhöhe zu erklimmen, gefolgt von ihrem Esel, der seit zwei Tagen hungrig und wandernd melancholisch den Kopf schüttelte, als ob er seines traurigen Daseins überdrüssig wäre. Die Stammeltern dieses unglücklichen Tieres hatten wahrscheinlich auch in einem Winkel des Paradieses verbotenen Hafer gefressen, und die Nachkommen tragen offenbar so wie wir die Folgen der Sünde der Väter. Nach einem zweistündigen Aufstieg gelangten die drei Wallfahrer auf eine baumbewachsene Hochebene, in deren Mitte die schattige Grotte lag, in der die blonde Tochter Genezareths dreißig Jahre lang ihre Sünden beweint hatte. Mitten in der Höhle war die Vertiefung sichtbar, welche von den Tränen der Heiligen ausgewaschen worden war. Die Tränen hatten sich sofort in Perlen verwandelt, die sie an die Armen verteilte. Unfern der Höhle ruhte ihr Körper, von den drei Heiligen Lazarus, Trophimus und Maximinus bestattet, die ebenfalls nach Gallien gekommen waren, wohin sich die geächteten Jünger Jesu geflüchtet hatten. Ein duftendes, immergrünes Bäumchen beschattete das Grab und bezeichnete die Stelle, an der die Wallfahrer niederknien mußten. Hier beugten die Liebenden das Knie und sangen mit leiser Stimme und demütigem Herzen das Loblied auf die heiliggesprochene Magdalena, deren Sünden mehr Weiber zu Sünderinnen gemacht haben als die Reue der Heiligen zu Bußfertigen. Wir haben ja alle den Ehrgeiz, in irgendetwas den großen Menschen zu gleichen, und ahmen ihre Fehler nach, wenn wir außerstande sind, ihnen in ihren Vorzügen nachzueifern. Viele sind Trunkenbolde geworden, um mit Alexander dem Großen etwas Gemeinsames zu haben, die Höflinge des großen Ludwigs ließen sich die Zähne ausziehen, um etwas Ähnliches zu haben wie der Monarch. Aber die Sünden und die Bekehrung der schönen Magdalena haben tausendmal mehr Nachahmerinnen gefunden. Die wenigen noch vorhandenen guten Christinnen haben sie zum Idol und Vorbild ihres Lebens gemacht, indem sie in die verbotene Frucht beißen, solange sie Zähne haben, und später Gott ihre falschen Zähne und Zöpfe zum Opfer bringen, als Entgelt für die ewige Seligkeit.

Während die beiden Wallfahrer die Gnade der Heiligen anriefen, schnupperte der Esel, der ihnen in die Höhle gefolgt war, um dort Schutz vor der Hitze zu suchen, mit steigendem Verlangen an dem auf dem Grabe der Heiligen grünenden Bäumchen. Das unglückliche Geschöpf hatte seit langem nichts Grünes mehr zu kosten bekommen; aber da es Klostererziehung genossen hatte, wußte es recht wohl Heiliges zu verehren, aber furchtbar tobte in seinem Herzen der Kampf zwischen Hunger und Frömmigkeit. Seine Augen wurden feucht, weit öffneten sich seine Nüstern, bald machte es das Maul auf, bald wieder zu und leckte an den duftenden Blättern mit der Zungenspitze, wie ein Liebhaber an den Händen seiner schlummernden Freundin, aus Furcht, sie aus dem Schlaf zu wecken. Aber schließlich siegte der Hunger über jedes andere Gefühl: Der Esel senkte seine langen Ohren nach der Gewohnheit von seinesgleichen, wenn sie sich anschicken, eine Dummheit zu machen, und riß so stark mit seinen Zähnen an dem wundertätigen Bäumchen, daß es entwurzelt an seinem gottlosen Maule hing.

Als die Liebenden den Altar weggerafft sahen, vor dem sie beteten, erhoben sie sich schaudernd und hefteten ihre Blicke angstvoll auf das tempelschändcrische Tier, noch ängstlicher aber auf den Blutstrom, der aus der Wurzel des Baumes floß, während aus der entstandenen Öffnung laute Seufzer und eine klagende weibliche Stimme schallte, die folgenden Fluch über das gefräßige Tier aussprach: »Aus meinem Herzen und nicht aus einem fühllosen Baumstamm rinnt dieses Blut. Verflucht seist du, der du ihn herausgerissen hast; unter schwerer Last sollst du gebeugt gehen und alle Tage deines Lebens Prügel schmecken.« Seit jenem Tag stehen die Esel unter einem doppelten Fluch wie die Juden. Beide büßen, über die ganze Erde zerstreut, beleidigt, geprügelt und verachtet, außer der Strafe für die uns alle belastende Erbsünde noch für eine zweite Schuld, die einen für den Mord des Sohnes Gottes, die anderen für heiligtumschänderische Freßgier. Der dieses zweiten Sündenfalls schuldige Esel war noch schlimmer dran als selbst Adam, denn er kam gar nicht dazu, die verbotene Frucht zu verdauen, sondern gab sofort unter schrecklichen Zuckungen seinen ruchlosen Geist auf. Seitdem ziehen die Blinden, Lahmen, Besessenen und Gelähmten der Provence, die früher von dem Baum der Magdalena geheilt wurden, an die Stelle, wo die unbeerdigten Gebeine dessen bleichen, der ihr wundertätiges Heilmittel zerstört hat, und überhäufen sein Andenken mit unzähligen Flüchen und den Rükken seiner Nachkommen mit unzähligen Schlägen.

Die beiden Wallfahrer, denen vor Entsetzen die Haare zu Berge standen und die Zähne wie die Kastagnetten einer spanischen Tänzerin klapperten, eilten, so schnell sie konnten, den Berg hinunter und hielten nicht eher in ihrem Lauf inne, als bis sie von weitem die blauen Gewässer des Mittelmeeres erblickten. Nachdem sie einige Stunden unter einer schattigen Fichte ausgeruht hatten, wanderten sie die ganze Nacht hindurch und kamen frühmorgens nach Toulon, während ihnen immer noch Magdalenens eselmordender Fluch und die Todesseufzer ihres unglücklichen Reittieres in den Ohren klangen.

Der Touloner Hafen war leer bis auf ein einziges venetianisches Schiff, das aus Alexandrien den Körper des heiligen Markus und die Originalhandschrift seines Evangeliums nach Venedig gebracht hatte und nun an die provenzalische Küste gefahren war, um Sklaven anzukaufen, die in den orientalischen Häfen gegen Weihrauch, Baumwolle und Heiligenreliquien eingetauscht werden sollten. Jene Periode war das goldene Zeitalter des Menschenhandels. Venetianer, Amalfitaner, Pisaner und Genuesen durchzogen wie Haifische das Mittelmeer, wetteifernd, wer mehr Menschen kaufte von den Condottieri und Räubern, die nach dem Tod von Karl dem Großen Frankreich und Italien heimsuchten und frei und ungestört ihrem Beruf nachgingen. Aber anstatt auch noch die Anverwandten ihrer Gefangenen obendrein durch Forderung von Lösegeld in Kontribution zu setzen, zündeten diese Räuber am Meeresufer ein Signalfeuer an, um die vorbeifahrenden Händler zu benachrichtigen. Meist wurden ihre Sklaven noch am Tag der Gefangennahme weiterveräußert, womit sie deren Erben oft mehr nützten als schadeten. Die Priester exkommunizierten wohl manchmal solche Handeltreibende, doch nahmen sie auch goldgestickte Stolen, teure Räucherwaren, edelsteinbesetzte Kreuze und andere Produkte ihrer Industrie von ihnen an; ja einige böse Zungen verbreiteten sogar das Gerede, viele Würdenträger des päpstlichen Hofs, unter ihnen auch der Oberzeremonienmeister, unterhielten geheime Beziehungen mit den Erzräubern zum Zweck der Bereicherung und Ausschmückung der Kirche.

Das Schiff war zur Abfahrt fertig, am Gestade war nur noch ein Kahn angebunden, der die Rückkehr des Kapitäns erwartete, der sich zu einer Zusammenkunft mit seinem jüdischen Lieferanten begeben hatte, um die Fracht zu vervollständigen. Kurz darauf erschien denn auch der alte ehrliche Seemann, von acht Matrosen gefolgt, die eine Peitsche in der rechten und ein Tau in der linken Hand hielten, an dessen anderes Ende paarweise wie Seerochen die eben gekauften Sklaven gebunden waren, sechzehn Stück, neun Menschen und sieben Weiber. Ich habe eben Menschen und nicht Männer gesagt; denn in jener Zeit zweifelte man noch, ob die Weiber zum menschlichen Geschlecht gehörten. Der Kapitän war ein Ragusaner, in seiner Jugend Fischer und Heide. Nachdem er in die Geheimnisse des Glaubens eingeweiht war, wurde er in Nachahmung des Apostels Menschenfischer: Er fing und verkaufte Menschen wie früher Fische. Als er die beiden Liebenden bemerkte, welche in ihre Kutten gehüllt melancholisch auf den Stufen der Landungstreppe saßen, bedachte er, daß es gut sein würde, diese beiden Anhänger des heiligen Benedikt an Bord zu nehmen, um dem Henker bei der Aufrechterhaltung der Ordnung unter den Gefangenen beizustehen, indem sie den Unzufriedenen die Flammen der Hölle vor Augen hielten wie jener den Strick. Dieser vielerfahrene Seemann war gleichzeitig ein durchtriebener Politiker, der wohl wußte, daß die Menschen nur durch die Tätigkeit der Pfaffen und Henker eine wohldisziplinierte Herde bleiben, die willig ihren Rücken zum Wollescheren darbietet. Die unglücklichen jungen Leute, die alle Bitternisse ausgekostet hatten, die einem auf dem Festland begegnen, nahmen bereitwillig die Vorschläge des Menschenschacherers an, in der Hoffnung, auf den Wogen eine Erholung zu finden, wie Noah in der Arche, in die nichts Schlechtes hineinkommen durfte außer den Tigern,

178

Schlangen, Skorpionen und den Läusen, die sich im Bart des Patriarchen befanden. Unterdessen peitschten die Ruder das Wasser, und binnen weniger Minuten betraten die Matrosen, die Sklaven, der Kapitän und die Passagiere die Planken des »Heiligen Porcarius«; diesen Namen trug nämlich das fromme Schiff.

Die Liebenden setzten sich auf einen Haufen Taue am Bug des Schiffs und sahen die Gestade der grünen Provence allmählich schwinden. Die Eifersucht hatte Johannas Liebe wieder neu belebt und ihre Launen die des Frumentius: Sich fest aneinander schmiegend genossen sie das Vergnügen der Wiederversöhnung und entwarfen tausend Pläne für ihr weiteres Leben. Das Schiff sollte nach Alexandrien segeln, sie wollten sich jedoch in Athen ausschiffen und zwischen den Säulen des Parthenons und den Lorbeerbäumen am Ilissus ihr neues Nest bauen. Der Stiefvater Johannas, welcher, wie schon erwähnt wurde, von griechischer Abstammung war, hatte die Tochter seiner Gattin in Sprache und Geschichte seiner Vorfahren unterrichtet. Daher hüpften die kleinen Füße unserer Heldin vor Freude, weil sie binnen kurzem den Boden betreten sollten, der den Staub des Perikles und der Aspasia deckte.

Inzwischen war das Schiff an den duftigen Küsten von Sainte-Marguerite vorbeigesegelt. Der Tag war ziemlich warm, das Meer ohne Wellenschlag, die Sonne leuchtete hinter milchweißen Wolken wie das Gesicht einer jungen Türkin unter den Falten ihres Schleiers. Weiße Kraniche segelten ebenfalls am Himmel dahin. Nichts Angenehmeres gibt es bei einem solchen Wetter, als sich auf dem Deck eines schnellen Schiffs zu befinden, nach dem Frühstück auf das Mittagessen zu warten, den Kopf in den Schoß der Geliebten zu legen und mit ihr die Schönheit des Himmels, des Landes und der See zu bewundern. Magen und Herz müssen befriedigt sein, damit man die Natur bewundern kann, sonst erscheint uns, oder wenigstens mir, die Sonne als eine Maschine, um die Früchte zur Reife zu bringen, der Mond als eine Laterne für die Spitzbuben, die Bäume als Feuerungsmaterial, das Meer als salzige Flüssigkeit und das Leben so wie ein im Wasser gekochter Kürbis.

Nach einer dreitägigen Fahrt lief das Schiff in den Hafen von Alesia ein, der Hauptstadt von Korsika, wo die Mannschaft an Land ging, um Frischwasser einzuladen; die Mönche taten dasselbe, um die auf der Insel allverehrten und in der ganzen Welt berühmten Heiligenreliquien anzubeten. Dort wird der Stab des Moses aufbewahrt, sodann einige Stücke von dem Erdenkloß, aus welchem Adam geschaffen wurde, ferner ein Fläschchen mit einigen Tropfen Milch der Madonna, ein Stück Leinwand, das von ihren heiligen Händen selbst gewebt worden war, sowie mehrere andere nicht minder heilige und echte Reliquien, die der fromme Reisende noch heute verehren kann. Den nächsten Tag fuhren sie bei einem lebhafteren Wind an der Insel Sardinien vorüber, die nach Angabe der Dichter berühmt ist für den Käse und die Treulosigkeit ihrer Bewohner, am dritten Tag bei ruhigerem Wetter ... aber als ein mäßiger Schwimmkünstler vermag ich dem Lauf des meine Heldin tragenden Schiffs nicht so schnell zu folgen wie dem Schritt ihres seligen Esels.

Übrigens sind die Schilderungen von Seefahrten, Wogen, Tauen, Teer, Schiffbrüchen längst etwas so Alltägliches geworden, daß sie beim Leser die Seekrankheit hervorrufen wie die Bewegung des Schiffs beim Passagier, außer wenn einige angenehme Episoden, wie Hungersnot und Menschenfresserei, hinzukommen. Ich beschränke mich deshalb kurz zu berichten, daß unsere beiden Helden, nachdem sie große Langeweile, viel Erbrechen und starkes Schaukeln auf dem Meer und alle sonstigen Beschwerden einer Seereise überstanden hatten, nach zweimonatlicher Fahrt glücklich in Korinth ankamen, dort an Land gingen und über Megara nach Athen wanderten, von einem jungen griechischen Sklaven namens Theonas begleitet, der ihnen vom Kapitän geschenkt worden war. Rein und strahlend ging die Sonne hinter dem Hymettusgipfel auf, wie diejenige, die die Äpfel des Garten Eden zur Reife brachte, als unsere drei Wanderer, nachdem sie über das Poikilon geklommen waren, in der Lieblingsstadt Hadrians anlangten. Die Athener zogen scharenweise in die Kirchen, um den »Sonntag der Orthodoxie«, d.h. der Wiederaufrichtung der heiligen Bilder, zu feiern. Die drei Reisenden wurden von dem Menschenstrom mit fortgerissen und kamen in den Theseustempel, der damals eine dem heiligen Georg geweihte christliche Kirche war. Nachdem die Christen das klassische Heidentum vernichtet hatten, traten sie in vollendeter Naivität das Erbe des unschuldigen Opfers an und übernahmen seine Tempel, Feste, Opfer, Wahrsager, Priester und Traumdeuter. Die Christen hatten all dies übernommen und zu ihrem Gebrauch zurechtgestutzt wie die Plagiatoren fremde Gedanken; die Tempel hießen nun Kirchen, die Altäre Opferstätten, die Festzüge Prozessionen und die Götter Heilige: Poseidon wurde zum heiligen Nikolaus, Pan zum heiligen Demetrius, Apollo zum heiligen Elias. Diesen legten jedoch die Priester zur Erhöhung der Ehrwürdigkeit lange Bärte bei, wie die römischen Kupplerinnen ihren Mädchen blonde Perücken, um mehr Kunden anzulocken. Aber wenden wir uns wieder nach Athen.

Nach dem Tod des abscheulichen Kaisers Theophilos, der den Malern die Hände abhauen und die Heiligenbilder mit Kalk hatte überstreichen lassen wie die Ammen ihre Brüste mit Aloe, um dieselben den säugenden Kindern zuwider zu machen, wuchs die allgemeine Sehnsucht nach den seit elf Jahren aus den Kirchen entfernten Bildern gewaltig an. Von allen Seiten stiegen die von dem Tyrannen geächteten orthodoxen Mönche und Maler die Berge herab; nach einigen zeitgenössischen Geschichtsschreibern strömten nicht nur die Lebenden in die Kirchen, sondern es standen auch viele der toten Märtyrer aus den Gräbern auf, um sich an dem Freudenfest zu beteiligen, bei dem die Bilder redeten und die Kohlen in den Räucherpfannen vor Freude hüpften. Ja selbst die wildesten Bilderstürmer waren plötzlich in Bilderverehrer verwandelt, sobald dem gottverhaßten Theophilos die gottgesandte Theodora gefolgt war. Die Eltern frisierten ihre Kinder à la Madonna, die Frauen kratzten die Farbe von den Bildern ab, mischten sie mit Wasser und tranken dieses; ja selbst die Priester wagten öfters mit solchen Beimischungen den heiligen Abendmahlwein zu verfälschen. In Athen, diesem klassischen Sitz der Götzenbilder, nahm der Eifer der Gläubigen solche Dimensionen an, daß sich der Bischof gezwungen sah, die Bilder durch Glasscheiben zu schützen, damit sie nicht durch

182

die vielen Küsse ganz verwischt würden. Denn nach wenigen Tagen waren sie so verblaßt und unscheinbar geworden wie das Bild des Erlösers auf dem Taschentuch der heiligen Veronika. Jeder Mißbrauch veranlaßt nach der Behauptung der Juristen ein neues Gesetz, in der Kirche Christi entsteht aus jeder Ketzerei stets ein neues orthodoxes Dogma. Die Wut der Bilderstürmer hat die Bilderverehrung hervorgerufen, der Sohn wurde zum Ärger der Arianer dem Vater wesensgleich, die Madonna wurde Gottesmutter genannt zur Widerlegung der Schmähungen des Nestorius, der Papst Pius IX. bestrafte seine kleingläubigen Untertanen für ihren gottlosen Zweifel an der unbefleckten Empfängnis der Gottesmutter dadurch, daß er ihnen die unbefleckte Schwangerschaft ihrer Mutter, der Gottesgroßmutter Anna, als Glaubensartikel auferlegte. Wer weiß, welche Folgen aus dem lästerlichen Buch Renans entstehen werden, das nach der Meinung des hochwürdigen Abbé Crelier »der Religion dadurch schon viel genützt hat, daß es ihm und seinen Amtsbrüdern Gelegenheit geboten hat, die Wahrheit so klar wie das Sonnenlicht nachzuweisen.«

Die Liebenden, die mit ihrem Diener in den Theseustempel eingetreten waren, konnten kaum in einem Eckchen des überfüllten Tempels Platz finden. An jenem Morgen zelebrierte Nicetas, der Bischof von Athen, die Messe, wie ein frisch geprägtes Goldstück in seinem goldstrotzenden Gewande glänzend. Die beiden Kinder des Nordens wunderten sich über den Luxus dieses Dieners Gottes, der die Armut lehrte, indem er zum Lohn dafür den Gläubigen nach dem Tod ein mit Gold, Saphiren, Smaragden und Amethysten geschmücktes Paradies versprach. Aber schon die damaligen Prälaten zogen dem Ei von heute das Huhn von morgen vor und überließen den die Zyniker nachahmenden Asketen die zerschlissenen Mönchsgewänder, die Läuse und die Smaragde des Paradieses, während sie selbst goldschimmernd in denselben Tempeln amtierten, die nach Plutarchs Erzählung kein Heide zu betreten wagte, wenn er Goldschmuck an sich hatte. Unterdessen neigte sich Theonas, der früher Kerzenanzünder gewesen war, zum Ohr Johannas und setzte ihr die Zeremonien der griechischen Messe auseinander, nämlich daß die orientalischen Christen das Zeichen des Kreuzes mit drei Fingern machen, um die Heilige Dreifaltigkeit dadurch anzudeuten, daß sie die Finger zur Stirn heben, zur Mahnung an die im Himmel wohnende Gottheit, dann bis zum Bauche hinunterfahren, um so darauf hinzuweisen, daß Christus zur Hölle niedergefahren sei, dann zur rechten Schulter, weil der Sohn zur Rechten des Vaters sitzt, und endlich nach links, um den Satan aus dem Herzen zu treiben.

Darauf setzte ihr Theonas Namen und Bedeutung eines jeden Teils der heiligen Waffenrüstung des Hochwürdigsten auseinander, des Gürtels, der ihn mit Kraft gürtet, des Schoßtuches, das wie ein scharfes Schwert an seiner Seite ist, des Meßgewandes, dessen goldne Dreiecke Jesus Christus, den Eckstein der Kirche, bedeuten, und der Lanze, die der Priester seitwärts in das Abendmahlsbrot stieß, zur Erinnerung an die von dem römischen Soldaten in die Seite des Heilands gestoßene Lanze.

Während Theonas dies darlegte, brach der Erzbischof ein zweites Brot und verwandelte es in den Leib der Jungfrau, an deren wirkliche Gegenwart beim Sakrament die damaligen Orthodoxen glaubten, weil eines Tages, als der Priester die Worte aussprach »besonders der unbefleckten Jungfrau (erinnere dich, o Herr)«, sich plötzlich das Abendmahlbrot in eine sichtbare Jungfrau verwandelt hatte, die das Jesuskind in den Armen hielt. Die übrigen Brote wurden dem heiligen Johannes Baptista, den Märtyrern, den Propheten und den übrigen Heiligen geweiht. Dann kamen die Lebenden an die Reihe, der Erzbischof, der Priester, der Wohltäter der Kirche und andere. Nachdem alle den ihnen zukommenden Teil des Opfers erhalten hatten wie einst in demselben Tempel beim Theseusfest, schwang ein Priester das Weihrauchbecken über dem heiligen Tisch, hierauf sang man *de profundis* und … Aber ich glaube, es ist überflüssig, daß wir die ganze Messe hören; sie würde sich übrigens auch nicht von der heutigen byzantinischen unterscheiden und muß auch nach der Meinung der Katholiken bis ans Ende der Tage so bleiben, unzugänglich für die Zivilisation und an den mittelalterlichen Formeln klebend wie eine Muschel am Felsen, zur Strafe für die Kirchenspaltung.

Die beiden deutschen Wanderer wunderten sich über die endlose Länge der Messe, die trotzdem nur ein Auszug aus dem Auszug der Messe des heiligen Jakobus war. Die Nachkommen des Perikles betrachteten ihrerseits die beiden Fremden mit Neugierde, wie der Naturforscher irgendein merkwürdiges Produkt des Tierreichs, da sie das Mönchsgewand mit dem bartlosen Gesicht und dem kurzgeschorenen Haar nicht in Einklang zu bringen vermochten. Sobald der Gottesdienst vorüber war und ein jeder sein Stück geweihtes

Brot erhalten hatte, bildete sich um die beiden Kinder des Westens ein dichter Kreis von Neugierigen, die sie vom Kopf bis zu den Füßen musterten und fragten, woher sie kämen und warum sie sich als Mönche nicht schämten, ihre Bärte abzuschneiden und, was noch schlimmer war, Hosen zu tragen; dieses Kleidungsstück gilt nämlich bei den orientalischen Mönchen als unverzeihliche Weichlichkeit. Johanna und Theonas vermochten kaum auf diese verschiedenen Fragen zu antworten, während der sie umgebende Ring von Menschen so eng wurde, daß ihnen sogar das Atmen schwer wurde; Frumentius, der weder Griechisch verstand noch allzuviel Geduld besaß, wollte schon versuchen, sich mit den Fäusten einen Weg zu bahnen, als zum guten Glück der Bischof herankam und sie befreite, indem er seine Herde wegen ihrer Zudringlichkeit ausschalt. Dann nahm er die beiden Fremden mit in seine Prälatensänfte, die von acht neubekehrten Bulgaren getragen wurde, welche Sr. Heiligkeit als Pferde dienten, und brachte sie in sein Haus am Fuße der Akropolis, wo ein reichliches Gastmahl zur Feier der Wiedereinführung der Bilderverehrung ausgerichtet war.

Der Tisch war im Garten unter einer alten Platane gedeckt und bog sich unter der Last der Krüge und Fleischschüsseln, deren Düfte sich mit dem Geruch der Blumen vermischten. Kurz darauf kamen auch die Gäste. Die meisten von ihnen waren orthodoxe Mönche, die während des Bilderstreits in Höhlen und auf Berge geflohen waren, um nicht von Theophilos gezwungen zu werden, die heiligen Bilder anzuspeien oder sich auf offenem Markt mit einer Nonne zu verheiraten. Diese guten Eremiten waren infolge ihres langen Aufenthalts in der Einöde verwildert und schrecklich anzusehen. Unter ihnen unterschied man Pater Matthäus, aus dessen Munde infolge des übermäßigen Fastens Würmer krochen, Athanasius, der niemals sein Gesicht und seine Füße wusch und auch keine gekochte Speise genoß, denn der Anblick des Küchenfeuers erinnerte ihn an das unauslöschliche Höllenfeuer, Meletius, dessen Körper von schrecklichen Geschwüren bedeckt war wie der des Hiob. Aber Hiob kratzte sich doch wenigstens mit einer Muschel, während der hochwürdige Meletius, sobald aus seinen Wunden ein Wurm auf die Erde fiel, ihn aufhob und wieder an seine Stelle setzte, damit sein Fleisch mehr Schmerzen und seine Seele einst höheren Lohn erhalte.

Nach diesen erschien Pater Paphnutius, der immerfort von himmlischer Ekstase ergriffen, sich so wenig um irdische Dinge kümmerte, daß er, wenn er Durst hatte, statt Wasser das Öl seiner Lampe trank; der hochwürdige Tryphon, der nie ein reines Hemd getragen hatte, sondern stets die schmutzige Wäsche seines Priors; der Eremit Nikon, der in Fleischessünde verfallen war und sich, um Buße zu tun, auf einen Friedhof zurückgezogen hatte, wo er im Stehen schlafend wie die Pferde und nur die Gräser genießend, die von seinen Tränen genetzt dort wuchsen, dreißig Jahre geblieben war. Nach diesen kamen auch andere Mönche von den Bergen, den langsamen und wankenden Schritt mit einem langen Stock stützend. Einige von ihnen waren verstümmelt wie alte Bildsäulen, alle aber ohne Ausnahme schmutzig, voller Läuse und einen unerträglichen Geruch von Hunger, Heiligkeit und Knoblauch um sich verbreitend.

Die arme Johanna wich schaudernd vor diesen entsetzlichen Produkten des orientalischen Fanatismus zurück, indem sie bald die Nase zuhielt, bald die Augen schloß. Sie zweifelte aufrichtig, ob das wirklich menschliche Wesen waren; unwillkürlich erinnerte sie sich an das, was sie bei den Alten von hundsköpfigen Völkern und Menschenaffen gelesen hatte oder in den Heiligenlegenden über die Satyrn, die mit dem heiligen Antonius in der thebanischen Wüste zusammenlebten und sich mit ihm über Theologie stritten. Aber diese stinkenden, wurmzerfressenen Skelette, für die Genuß und Verderbtheit, Hölle und Reinlichkeit Synonyme waren, diese Mönche, Büßer, Eremiten und Asketen, deren bloße Erwähnung heute Mitleid oder Grauen erweckt, besaßen einen großen Einfluß unter der Regierung der frommen Theodora, wie die Zirkuskutscher unter Michael dem Dritten und die Affen unter Papst Julius; darum fühlte sich der ehrgeizige Bischof Nicetas bewogen, sich um ihre Gunst zu bemühen, so wie in unseren Tagen die Wahlkandidaten den Straßenkehrern und Räubern der Berge die Hand zu schütteln. Außer ihnen, d.h. den Mönchen, waren noch zwei Lehrer der griechischen Literatur, ein Astrologe – und drei Eunuchen vom byzantinischen Hof eingeladen, wobei letztere die kaiserliche Verordnung über die Wiederaufrichtung der Bilder nach Athen gebracht hatten.

Nachdem alle Platz genommen hatten und das Tischgebet gesprochen war, schnitt Nicetas ein Stück Brot ab und bot es auf einer silbernen Schüssel dem Bild der Madonna dar, die bei den Gastmälern der damaligen frommen Christen stets die erste Portion erhielt wie bei den Alten die Göttin Vesta. Darauf sorgte der Bischof

für seine Gäste: Er schnitt mit einem Messer die Bauch-
höhle eines ganzen aus der Küche gesandten Ziegen-
bocks auf; sofort verbreitete sich ein angenehmer Geruch von Knoblauch, Zwiebeln und Lauch, womit das
Tier in äußerst geschickter Weise gefüllt war. Nach dem
Bock wurden in Kaviar gebackene Fische und zuletzt
Hammelfrikassee mit Honig- und Quittensauce vorgesetzt. Johanna, an die einfache und primitive Küche in
Deutschland gewöhnt, wo selbst die Prunkmähler wie
in der *Ilias* mit gebratenem Fleisch anfingen und en-
digten, senkte ihre Gabel zögernd und mißtrauisch in
diese mannigfaltigen Produkte der byzantinischen
Kochkunst. Als sie aber den mit Pech, Gips und Fich-
tenharz gemischten Wein von Attika kostete, setzte sie
den Becher ab, aus Furcht, diese Athener kredenzten
ihr einen Giftbecher, wie einst dem Sokrates. Der neben ihr sitzende Mönch bot ihr zur Entschädigung ein
anderes Getränk an; aber dieses verursachte unserer
Deutschen noch größeren Abscheu: Es war eine Art von
Mönchsgetränk und hieß *balanium* (Eichelwein), das
wahrscheinlich der heilige Antonius durch Aufkochen
der Eicheln seiner Lieblingstiere zuerst fabriziert hat
und das noch in den griechischen Internaten erhalten
geblieben ist, wo es den unglücklichen Zöglingen statt
Kaffee vorgesetzt wird. Mit einem Wort, Johanna sowohl wie Frumentius saßen hungernd und durstend
an der reichbesetzten Tafel wie die fränkischen Gesandten bei den Gastmählern des Nicephorus, bis der
gastfreundliche Nicetas Mitleid mit ihnen empfand
und gebratene Tauben, hymettischen Honig und unge-
mischten Wein von Chios bringen ließ. Beim Anblick
des roten Krugs mit dem göttlichen Trank glänzten die

finsteren Blicke der guten Asketen vor Freude, wie die Hölle, als der Heiland in sie hinabstieg, und alle hielten begierig den Becher zum Einschenken des purpurnen Nektars von Homers Heimatinsel hin; sie bewiesen so, daß die menschliche Natur wie die schwangeren Weiber zwar seltsame Gelüste hat, da sie *balanium*, Schmutz, Schweine und Harzwein zu lieben vermag, aber sobald das wahre und unverfälschte Gute in irgendeiner Gestalt erscheint, wendet sie sich diesem zu, wie der Magnet dem Pol und die Gäste des Nicetas dem Krug von Chios. Sophisten scheinen mir diejenigen zu sein, die behaupten, jedes Volk und jeder Mensch habe seine besondere Auffassung vom Schönen, und das Sprichwort: »Über den Geschmack läßt sich nicht streiten« halte ich für falsch. Aus demselben Teig sind die Augen, Ohren und Lippen aller Nachkommen Adams und Evas geknetet: Wir sind ein Brot und ein Leib (1. Korinth. 10, 17), und allen gefallen georgische Jungfrauen, indische Diamanten, arabische Pferde, die Säulen des Parthenons, die Trauben von Konstantinopel, die Füße der Spanierinnen, das Eis im Sommer, italienische Lieder und französische Weine. Selbst die afrikanischen Neger ziehen die weißen Frauen den Äthiopierinnen vor. Wenn in einer unserer griechischen Kirchen die Madonna von Correggio erschiene oder plötzlich eine kirchliche Melodie von Rossini oder Mozart ertönte, würden sich, davon bin ich überzeugt, die orthodoxen Augen und Ohren diesen zuwenden, und den Namen Schismatiker verdienten diejenigen, die den byzantinischen Sudeleien und näselnden Gesängen den Vorzug gäben.

Nicetas forderte seine Gäste zum Trinken auf mit dem Verse aus den Sprüchen Salomonis (9, 5): »Trinket den Wein, den ich euch gekeltert«, und die Mönche hielten die Becher hin, indem sie die Stelle Jesajas (56,12) sangen: »Laßt uns die Becher füllen und den Trank schlürfen.« Bevor sie aber tranken, schlossen sie fromm die Augen gemäß einem Befehl Salomos, der den Zechern verbietet, den Wein anzusehen, ehe sie ihn trinken, so wie Mohammed den Türken verbot, ihre Weiber anzusehen, bevor sie sie heiraten. Wenn jemand leicht betrunken wird, so ist dies ein Zeichen, daß er kein Trunkenbold ist, wie auch der Umstand, daß jemand alle Frauen begehrt, die er sieht, ein Beweis großer Keuschheit ist. Die Köpfe der guten Asketen, die seit so langen Jahren nur die moralische Trunkenheit der Gebete und himmlischen Visionen kannten, fingen gar bald an, sich zu drehen wie die Erde um die Sonne. Aber auch im Rausch sprachen jene hochwürdigen Eremiten nur von heiligen Dingen. Wie es den alten Soldaten Freude macht, nach dem Essen von ihren Schlachten und Triumphen zu erzählen, so fingen diese an, ihre Wundertaten und Versuchungen zu preisen. Der eine erzählte, als er einmal von einem armen Mann gastlich aufgenommen worden sei, der ihm nur einige Linsen vorzusetzen hatte, habe er in den Bart des Gastgebers ein Getreidekorn gesät, das sich so sehr vermehrte, daß jener gute Mensch durch einfaches Schütteln des Bartes fünfzig Säcke mit Getreide füllte; ein anderer teilte mit, er habe auf Befehl des Abts im Klostergarten seinen Hirtenstab gepflanzt, welcher tagtäglich mit Wasser und Tränen begossen, nach drei Jahren ausschlug und so viele und verschiedene Früchte trug,

Äpfel, Pfirsiche, Kirschen, Feigen und Weintrauben, daß alle seine Mitbrüder davon satt wurden. Der gottselige Nikon erzählte, daß er von tiefer Herzenssehnsucht ergriffen, die Schönheit der Madonna zu schauen, Tag und Nacht gefastet und gebetet habe, bis die mitleidige Himmelskönigin sich seiner erbarmt und in solcher Schönheit und Herrlichkeit sich ihm gezeigt habe, daß er vor Entzücken das eine Auge verlor und gewiß blind geworden wäre, wenn er nicht zur rechten Zeit das andere Auge geschlossen hätte. Dann ergriff der hochwürdige Pankratius das Wort, dessen Stab Lilien aus Felsen emporwachsen ließ, der athenische Eremit Agidius, dessen Schatten alle Kranken heilte, auf die er fiel, so daß die Leidenden um ihn kämpften wie die Alten um den Schatten des Esels, so oft er sich in den Straßen der Städte zeigte. Solche und andere Wunder erzählten die guten Eremiten und tranken dazu Chioswein auf das Wohl ihrer orthodoxen geliebten Herrin Theodora

Glaube nicht etwa, lieber Leser, daß dies Visionen überspannter Mönche oder Geschwätz von Legendenschreibern seien! Im Gegenteil, es sind authentische, von der Kirche anerkannte Wunder, die jeder Orthodoxe nach dem Kanon des hochheiligen Konzils von Nicäa mit voller gläubiger Seele anzunehmen verpflichtet ist. Sollte er jedoch versuchen, sie als Unmöglichkeiten zu verleumden oder willkürlich zu erklären, so sei er verflucht!

Während die Asketen von Wundern sprachen, unterhielt sich Nicetas mit den beiden Benediktinern und den byzantinischen Eunuchen über Dogmatik. Zuerst fragte er Johanna, was die Weisen des Abendlandes über die Eucharistie lehrten, das heißt ob sie glaubten, daß Brot und Wein wirklich in Leib und Blut des Heilands verwandelt werden oder ob sie diese nur als Symbol und Bild des göttlichen Leibes betrachten.

Diese Frage beschäftigte damals die Geister. Johanna, die die Ansicht ihres Gastgebers hierüber nicht kannte, erwiderte in diplomatischer Weise, daß, wie die Sonne am Himmel ist, ihr Glanz und ihre Wärme dagegen auf der Erde, so der Leib des zur Rechten des Vaters sitzenden Christus sich im Wein und Brot des Abendmahls befindet. Aber diese ausweichende Antwort befriedigte Nicetas nicht, der als Anhänger der tatsächlichen Anwesenheit Johanna darlegte, daß Brot und Wein der tote Leib des Erlösers selbst seien, unser Magen sein Grab, in das er von dem Priester beigesetzt wird, aus dem er jedoch kurz darauf aufersteht, so wie Jesus drei Tage nach der Kreuzigung auferstand.

Anschließend fragte er sie, ob auch die Christen im Abendland die Madonna durch den Beinamen Gottesgebärerin ehrten; Johanna erwiderte, man nenne die Vögel Eiergebärerinnen und die Katzen Lebendgebärerinnen; daher fürchteten sie, wegen der Verwandtschaft der Wörter den Ohren der Gläubigen ein Ärgernis zu geben, und daß außerdem das Wort Gottesgebärerin den Heiden Veranlassung geben möchte, die Gottesmutter mit Rhea zu vergleichen, wie die Anhänger der Hypatia in Ägypten. In der Absieht, auch ihrerseits den Bischof in Verlegenheit zu bringen, fragte sie ihn, warum die Orientalen die Haare nicht schnitten, wodurch sie doch das Gebot des Apostel Paulus überträten, der es für weibisch und unehrbar hielt, daß ein Mann das Haar wachsen ließ. Da Nicetas hierauf nichts zu entgegnen wußte, kratzte er sein behaartes Haupt und brachte die Rede wieder auf die Dogmen, die Einsegnung, die doppelte Natur Jesu nach seiner Menschwerdung, ob sich der Heilige Geist mit dem Leib des Erlösers im Leib der Jungfrau oder nach der Geburt vereinigte, sowie über die sonstigen theologischen Knoten, die die Teilnehmer des Konzils von Ephesus mit dem Messer lösten, wie Alexander der Große den gordischen Knoten, oder mit Fußtritten, wie die Esel ihre Liebes- und Futterstreitigkeiten.

Unterdessen war die Nacht hereingebrochen, und die diensttuenden Diakonen beeilten sich, eine Lampe herbeizubringen, um ihrem disputierenden Bischof zu leuchten, während die Gäste, der metaphysischen Debatten müde, die Disputationen aufgaben, um wieder zu den Bechern zu greifen. Johanna aber, ganz schwindlig vom Wein und dem Geschrei der Mönche um sie herum, die schon die Becher tanzen und die Krüge fliegen lehrten, stand ruhig auf und entfernte sich aus dem Palast des Bischofs, vom treuen Frumentius gefolgt.

Der Garten des Bischofs lag, wie schon gesagt, am Fuß der Akropolis, so daß sich die Liebenden nach einem kurzen Aufstieg auf dem Gipfel jenes Marmorfelsens befanden, von dem ein Anhänger der wirkenden Endursachen behaupten könnte, daß er absichtlich gerade dorthin verlegt worden sei, um als Sockel für die Denkmäler des Perikles zu dienen, so wie nach ihrer Meinung auch die Nase deshalb mitten im Gesicht steht, um der Brille oder dem Klemmer Halt zu geben. Es war die Stunde, in der Vampire, Geister unbußfertig Gestorbener und andere Bewohner des Reichs der Finsternis den Würmern des Grabes oder den Pforten des Hades entweichen, seitdem der dreiköpfige Zerberus diese nicht mehr bewacht, um auf den Feldern umherschweifend die Schafe in ihren Träumen und die Liebenden beim Küssen zu stören. Aber unsere Mönche, die einen Zahn der heiligen Sabina auf der Brust trugen, entgingen durch ihn den schlimmen Begegnungen, nur von weitem sahen sie eine Herde von eselsköpfigen Heidengespenstern, die mit ihren langen Ohren wackelnd den Mond verliebt anstarrten, bei dessen Licht sie den erwarteten Messias suchten. Zwei- oder dreimal stolperten sie über Mönche, die auf den Marmorplatten der Propyläen schliefen, ohne daß sich diese auch nur rührten; denn die Griechen waren schon damals gewöhnt, sich von den Fremden mit Füßen treten zu lassen wie Trauben beim Keltern.

Johanna hatte noch keine anderen Tempel gesehen als die druidischen Dolmen und einige unförmige römische Trümmerhaufen, während die Kirchen ihres Vaterlandes hölzern und unbehauen waren, wie die Deutschen, die sie errichtet hatten. Daher konnte sie die Säulen des Parthenon und die Karyatiden des Erechtheion nicht genug bewundern, deren Füße der gute Frumentius küßte und dabei seine Geliebte fragte, ob das Stein gewordene Engel seien. Der Tempel der jungfräulichen Athene gehörte damals der jungfräulichen Maria. Aber in jenem Augenblick störten weder näselnde Gesänge noch erstickende Weihrauchwolken und dumpfe Glockentöne die Reize der Erinnerungen. Nur einige Eulen, die in den Vertiefungen des Plafonds nisteten, stießen von Zeit zu Zeit klagende Töne aus, wie wenn sie um die Verbannung ihrer Herrin jammerten. Der Mond, von durchsichtigen Wolken umhüllt wie eine keusche Jungfrau von ihren Nachtgewändern, glänzte unbeweglich in unermeßlicher Höhe und übergoß jene unsterblichen Marmormassen mit einem weißen, undeutlichen Schimmer wie den schlafenden Adonis, als ihn die Göttin auf dem Gipfel des Latmos besuchte. Die Säulen des Olympieions, der Lauf des Ilissos, die blauen Wogen in der Bucht von Phaleron, die Olivenhaine, der Oleander, die mit Kirchen oder Denkmälern bekränzten Gipfel der Hügel, alles dies umschloß den Gesichtskreis der beiden jungen Leute mit einem Gürtel, der reizender als der der Venus selbst war; der Genuß aber, den sie an diesem Panorama hatten, war doppelt, da sie in ihrer Betrunkenheit alles doppelt sahen. Johanna hatte sich auf eine Marmorstufe gesetzt, während Frumentius, zu Füßen seiner Freundin ausgestreckt, ihr den Tempel der ungeflügelten Siegesgöttin zeigte und dabei betete, ihre Liebe möchte ebenso flügellos bleiben wie jene. Unter solchen Gesprächen, und ihre Rede oft durch Küsse unterbrechend wie die Schriftsteller ihre Abschnitte durch Kommas, schliefen sie endlich auf einem Lager von schimmerndem pentelischen Marmor ein.

Frühmorgens am nächsten Tag wischten sie den Schlaf aus den Augen und den Morgentau aus ihren Mönchsgewändern, dann stiegen sie hinunter, um Athen zu besuchen. Das Herz Johannas klopfte vor Neugierde und zugleich vor Furcht, als sie daran dachte, daß sie binnen kurzem jene Stadt voll Götzenbilder bewundern werde, deren bloßer Anblick schon nach dem heiligen Gregorius den Seelen der Christen gefährlich war, wie der Anblick einer reizenden, holdlächelnden Geliebten einem Manne, der mit einer häßlichen, stirnrunzelnden Frau verheiratet ist. Aber Furcht und Hoffnung unserer Heldin waren unbegründet. Schon vor langer Zeit hatten die frommen Kaiser von Byzanz jene Werke des Myron, Alkamenes und Polyklet, die der heilige Lukas bewundert und selbst Alarich respektiert hatte, dem Erdboden gleichgemacht. Das unter Konstantin begonnene Werk der Zerstörung war unter Theodosius dem Kleinen vollendet worden. Aber nicht nur den Steinen gegenüber hatten jene unermüdlichen Bilderzerstörer ihren christlichen Glaubenseifer gezeigt, sondern auch gegen die Unglücklichen, die im Verdacht standen, der Religion ihrer Väter treu geblieben zu sein. Wehe dem, der zu einem Familienfest ein Lamm schlachtete, das Grab seines Vaters mit Blumen schmückte oder bei Mondenschein Kamillen suchte, sein Haus mit Weihrauch ausräucherte oder um den Hals ein Amulett gegen das Fieber trug: Er wurde von den Spionen in der Kutte als Zauberer und Götzendiener denunziert, mit Ketten gefesselt und nach Skythopolis geschickt, wo ein christliches Schlachthaus errichtet war. Dort saßen fromme Richter auf dem Richterstuhl, die untereinander wetteiferten, wer die meisten Heiden auf dem Rost briete, in siedendem Öl kochte oder Glied für Glied zerstückelte. Unzählige Märtyrergeschichten erzählen von den Qualen der Bekenner des Christentums, aus deren Wunden Milch floß und denen die Feuerflammen Kühlung zufächelten, aber noch niemand hat die wahrheitsgetreue Geschichte jener Märtyrer geschrieben, die statt märchenhafter Milch wirkliches Blut vergossen haben, und die das Feuer christlicher Intoleranz nicht kühlte, sondern verbrannte, jenes Feuer, das dem Anschein nach brennender war als das der heidnischen Grausamkeit.

Die beiden Benediktiner, gefolgt von Theonas und einer Menge Athener, die schon zu der Zeit der Apostel immer nur damit beschäftigt waren, etwas Neues zu erzählen oder zu hören, gingen durch die ganze Stadt, die, der Götterbilder und Altäre beraubt, dem von Odysseus geblendeten Polyphem glich. Wo sich früher ein Kultbild erhob, da war ein hölzernes Kreuz aufgerichtet, und wo einst ein Altar gestanden hatte, sah man ein grobbehauenes Kirchlein, das mit einer Kuppel gedeckt war, die einer Perücke aus Stein ähnelte. Diese winzigen Tempelchen waren von der Athenerin Eudokia errichtet worden, die, um einem jeden der Heiligen ein besonderes Heim zu bieten, sich gezwungen gesehen hatte, eine Menge von Hütten zu bauen, die mehr an die Bautätigkeit der Biber erinnerten als an die Majestät des unbekannten Gottes. An den Eingängen dieser armseligen Kirchen saßen Mönche und Asketen, die ihre Geschwüre oder alte Handschriften abkratzten, letztere, um Legenden darauf zu schreiben, oder Körbe flochten, Zwiebeln zum Frühstück aßen und Gott dafür dankten, daß sie Griechen und nicht Barbaren seien. Nur die klassische Schönheit der Athenerinnen erregte die Bewunderung der beiden Fremden. In jener Zeit war Athen die Bezugsquelle von Frauen für die byzantinischen Kaiser, die von dort ihre Gattinnen holten, wie ihre Nachfolger, die Sultane, aus Cirkassien. Diese Verbesserung datierte aus der Zeit der Bilderstürmerei, als nach Verbannung der byzantinischen Bildwerke die Frauen, statt unaufhörlich schmächtige Madonnen und dürre Heilige vor Augen zu haben, ihre Augen wieder zu den Parthenonreliefs erhoben und Kinder zur Welt brachten, die diesen Kunstwerken ähnelten. Daher scheint mir sogar für die Erzeugung schöner Kinder die Reform unserer kirchlichen Malerei notwendig. Als Beweis für diesen Einfluß der Bilder mögen die Gattinnen der jüdischen Bankiers in Preußen dienen, die von früh bis in die Nacht Taler und Gulden mit dem Bild des Königs Wilhelm zählen; diese Frauen gebären Kinder, die dem Monarchen so ähnlich sind, daß er mit Fug und Recht Vater seiner Untertanen genannt worden ist. Außer der Schönheit bewunderten jedoch die beiden Mönche des Nordens auch die ihnen ungewohnte Sittsamkeit der jungen Mädchen, die, in ihre langen Kleider gehüllt, sich an die Seite ihrer Mütter schmiegten wie ein Schwert an die Hüfte des Soldaten. Ihre Blicke richteten sie nicht auf die Vorbeigehenden, sondern sie hefteten sie auf den Boden, um den Pfützen auszuweichen und Fehltritte zu vermeiden; sie erröteten schon, wenn der Wind die Falten ihrer Kleider in Bewegung setzte. In jeder Hinsicht waren sie also von den heutigen Mädchen verschieden, die in ihrem Gebaren verheirateten Frauen so sehr ahneln, daß man erstaunt ist, warum ihre Eltern überhaupt Männer für sie suchen.

Johanna und Frumentius gingen am Turm der Winde vorbei und gelangten zum Markt, wo sie mit Verwunderung Ritter und Bischöfe ihren täglichen Lauch einkaufen sahen, schließlich erreichten sie die Stoa Poikile, in der sie statt der Philosophen Astrologen, Wahrsager aus der Schüssel, Traumdeuter und Lehrer fanden, die einmal wöchentlich aus den Schulen auf dem

Hymettus hinunterkamen, um durch den Reiz ihrer Rede und durch Töpfe voll Honig Schüler anzulocken. Denn da das Unterrichtgeben nicht mehr genügend einbrachte, um ihre Bedürfnisse zu befriedigen, hielten sie es für gut, außer dem Unterrichten die Bienenzucht zu pflegen, um ihre Einkünfte zu erhöhen.

Acht volle Tage brauchte Johanna, um mit ihrem Gefährten die Altertümer, die Kirchen und die Umgegend von Athen zu besichtigen; die folgenden zehn Tage ruhten sie sich unter dem gastfreundlichen Dach des Klosters von Daphni aus. Die Mönche waren geneigt, die beiden Benediktiner dauernd bei sich aufzunehmen, deren Nachfolger sie kurz darauf wie reißende Wölfe aus ihrem Pferch vertreiben sollten. Aber die nur in Wasser gekochte Kost, die langen Gebete, das Lager aus Gerstenstroh und die Unsauberkeit der heiligen Väter vermochten unmöglich auf lange diese Kinder des Abendlandes zufriedenzustellen, die an das Essen und die Reinlichkeit in den freieren Klöstern des Westens gewöhnt waren. Deshalb verzichteten sie auf den Ruhm der Angeliker, der Anhänger des heiligen Basilius, ja, sie fanden sogar die Ordensregel der Minoriten zu streng und schlossen sich lieber den Idiorrhythmen oder Unabhängigen an. Letztere konnten nach Gutdünken durch mehr oder weniger Fasten und Geißelungen einen hohen oder niedrigeren Rang im Himmel erwerben, auch in die Hölle konnten sie ohne Willensbeschränkung kommen, allein dadurch, daß sie ihren Nächsten, den Wein oder das Fleisch liebten. In geringer Entfernung vom Kloster befand sich eine Einsiedelei, die durch den Tod des in ihr hausenden hochwürdigen Hermylos frei geworden war. Dieser fromme

Mann hatte den Versuch gemacht, keine andere Nahrung als das heilige Abendmahl zu genießen, war aber nach zehntägiger Anwendung einer solchen Diät gestorben. Hier schlugen die Liebenden ihren Wohnsitz auf: Durch Aufwendung ihres geringen Barvermögens erstanden sie ein dickes Polsterbett, einen langen Bratspieß, einen eisernen Kochtopf, einen Krug Öl, zwei Ziegen, zehn Hühner und einen großen Hund, um ihre Habe zu bewachen; die zur Förderung ihres Seelenheils notwendigen Gegenstände, eine Geißel, einen Totenkopf und das gute Beispiel erhielten sie umsonst aus der Erbschaft des seligen Eremiten.

Die ersten Tage nach ihrem Einzug waren für die beiden Benediktiner ein beständiges Fest. Die Fasten waren vorüber und Jesus von den Toten auferstanden; überall hörte man Küsse und das Brutzeln von Osterlämmern, die sich an den Bratspießen drehten. Selbst die Natur legte, als wolle sie die Auferstehung des Erlösers auch feiern, ihr Winterkleid ab, wie eine junge Witwe die Trauer um ihren Mann. Die Lorbeeren Apollos röteten sich, das Gras wuchs auf den Trümmern, und der Frühling ließ die Esel um ihre Gefährtinnen tanzen. Wenn Johanna frühmorgens aufgestanden war, atmete sie mit Wonne die Morgenluft des Gebirges ein, melkte die Ziegen, da es noch kein Gesetz gab, das den Mönchen das Melken als eine böse Gelüste einflößende Tätigkeit untersagte, pflückte taufrische Kirschen, kochte Eier und weckte dann Frumentius. Nach dem Frühstück ging letzterer fort, um Fische zu angeln oder den Hasen Schlingen zu legen. Theonas arbeitete im Garten und Johanna zog sich in das Innerste der Zelle zurück, schrieb bald Lebensbeschreibungen von Heiligen ab, die sie zur Erhöhung der Einkünfte des Haushalts verkaufte, teils brachte sie den Tag mit der Lektüre der Träume Platos oder der Seufzer Theokrits zu, die ihr die Mönche liehen oder mit derselben Uneigennützigkeit schenkten, wie der Fuchs in der Fabel dem Pferde die Gerste überließ. Abends wurde das Essen vor der Tür der Einsiedelei unter einer alten Fichte aufgetragen, die die Bauern wegen ihrer Ansehnlichkeit und ihres Alters den Patriarchen nannten. Die Produkte des Gartens, des Fischfangs und der Jagd machten die Tafel der beiden Mönche, die als Sachsen und Benediktiner wahrlich keine Kostverächter waren, zu etwas Einzigartigem im Gebirge. Johanna, die Tag und Nacht griechische Philosophen, manchmal auch apostolische oder auch häretische Kirchenväter las, die vor der Erfindung der Fasten, Dogmen und Kirchengesänge gelebt hatten, hatte sich allmählich von allen mönchischen Schlacken befreit. Da sie von lebhaftem, scharfsinnigem Geist war, hatte sie für ihren persönlichen Hausgebrauch eine Art von erträglicher Religiosität geschaffen, die eine große Ähnlichkeit mit den Glaubenssystemen ihrer heutigen Landsleute hatte, die dank der fortschreitenden Aufklärung und der theologischen Fakultäten in Berlin und Tübingen dahin gelangt ist, eine Art Christentum ohne Christus zu konstruieren, so wie es den Köchen *comme il faut* gelungen ist, eine Knoblauchsauce ohne Knoblauch zustandezubringen. Frumentius, wie die Helden der romantischen Schule immer bereit, Himmel oder Hölle mit seiner Geliebten zu teilen, aß mit ihr am Freitag Huhn und am Mittwoch Lammbraten. So oft in Rom ein Diktator ernannt war, hörte jede andere Rechtsprechung auf; so verblassen auch, wenn die Liebe zum absoluten Herrscher wird, alle anderen Gefühle im Herzen wie die Sterne am Himmel, wenn der Vollmond aufgeht. Zeus schmückte sich, seine Würde vergessend, mit Flügeln oder Hörnern, um seinen Geliebten zu gefallen, und Aristoteles bot mit einem Sattel auf dem Rücken und einem Zügel im Munde seinen siebzigjährigen Rücken der Kleophila, der er somit als Reitesel diente. Frumentius aber hätte Johanna zuliebe nicht nur am Freitag Fleisch, sondern auch jeden Tag Prügel bezogen, wenn es nötig gewesen wäre.

Der Bratenduft jener gottlosen Küche erregte bei den Nasen der griechischen Mönche heftigen Widerwillen. Viele von ihnen machten, wenn sie bei der Einsiedelei vorbeigingen, mit zugehaltener Nase das Zeichen des Kreuzes, so wie Odysseus seinen Gefährten die Ohren zustopfte, um sie vor dem Gesang der Sirenen zu bewahren; andere, kühnere, gingen hinein, um die fleischessenden Mönche mit den Flammen des höllischen Feuers oder dem Bannstrahl der Kirche zu erschrecken. Johanna jedoch empfing sie so freundlich und setzte ihnen mit solcher Anmut die besten Stücke vor, daß die strengsten Anhänger des heiligen Basilius, die kein anderes Geflugel aßen als die Fliegen, die in ihre Wassersuppe fielen, oft wieder fortgingen mit einem Huhn im Magen und einer Sünde auf dem Gewissen.

Unterdessen breitete sich der Ruf von dem Geist, der Schönheit und den Kenntnissen des jungen Bruders Johannes im ganzen Gebirge aus und drang schließlich auch hinunter in die Stadt. Viele unter den weisen Lehrern auf dem Hymettus ließen ihre Bienen und ihre Schüler im Stich und machten unserer Heldin einen Besuch, um mit ihr über schwierige Probleme der Dogmatik oder über Dämonen und Weissagung aus der Schüssel zu disputieren. Ja selbst der Bischof Nicetas kam oft, um sich im Schatten der riesigen Fichte auszuruhen, und wunderte sich, wie Petrarca, daß die Frucht der Erkenntnis so schnell unter den blonden Locken dieses zwanzigjährigen Kopfes hatte reifen können. Aber nicht nur die Priester und Gelehrten, sondern auch die Ritter und die durchreisenden Patrizier von Rom lernten allmählich den Weg zur Einsiedelei zu finden. Niemand von ihnen kam nach Daphni, ohne an die Tür der Benediktiner zu klopfen, gar mancher von ihnen fühlte sich beim Anblick der runden Arme und beim Kuß auf die weißen Finger des Pater Johannes von einer unbeschreiblichen Verwirrung ergriffen, als habe ihn der Dämon der Lust ins Herz gebissen. Johanna, die ihre männliche Kleidung für einen festen Panzer gegen jede schlechte Begierde hielt und die Sitten dieser Neuplatoniker noch nicht kannte, atmete in vollen Zügen den Weihrauchduft ein, während sie täglich neue Verehrer ihrer unendlichen Weisheit und ihrer roten Lippen vor ihren Triumphwagen spannte. Oft jedoch, wenn sie von einem solchen Schwarm umringt war, dachte sie seufzend daran, wieviel mehr und feurigere Bewunderer sie haben würde, wenn sie, anstatt ihre Reize unter der Kutte zu verbergen wie ein goldenes Schwert in einer bleiernen Scheide, plötzlich in ihrer wahren Gestalt in einem seidenen Kleid, ihr blondes Haar aufgelöst auf die Schultern fallend, sich zeigen könnte.

Frumentius freute sich anfangs über die Erfolge seiner Freundin, aber gar bald begann er im Verhalten Johannas manche Änderungen zu bemerken, die ihn in unangenehme Aufregung versetzten, wie eine gefallsüchtige Dame die ersten Runzeln. Der junge Mönch barg unter seiner starken männlichen Gestalt ein Herz, weicher als Wachs: Er war geboren, um zu lieben, wie die Nachtigall, um zu singen, und der Esel, um hinten auszuschlagen. Wohl war er fähig, zweihundert Kastanien zu verspeisen, ohne das geringste Magendrücken zu verspüren, aber von seiner Geliebten vermochte er weder ein Gähnen noch einen kühlen Blick zu verdauen, und das nach sieben Jahren ununterbrochenen Ehelebens! Nach der Ansicht der Moralphilosophen ist der Genuß das Grab der Liebe; ich meinerseits möchte ihn lieber mit dem Hauch jenes äsopischen Satyrs vergleichen, der bald Hitze, bald Kälte hervorrief. Wie dem auch sei, die Küsse und Zärtlichkeiten unserer Heldin waren dem guten Frumentius mit der Zeit so notwendig geworden wie das tägliche Brot, und je seltener sie wurden, um so mehr nahm seine Begierde zu, so wie auch sein Appetit zugenommen hätte, wenn ihm die Tagesration verkürzt worden wäre. Monate und Jahre vergingen, und Johanna wurde um so kühler, je größer der Kreis ihrer Bewunderer wurde. Die Niedergeschlagenheit des armen Junglings nahm zu, und eine düstere Wolke breitete sich über sein frisches, heiteres Gesicht wie eine schwarze Decke über einen Rosenstrauch. Lange bemühte er sich, seinen Schmerz zu verbergen, schließlich aber strömten die Tränen aus seinen Augen und die Vorwürfe über seine Lippen. Anfangs versuchte zwar Johanna, ihren Liebhaber zu beruhigen, indem sie versicherte, die ihn umgebenden düsteren Wolken seien nur Ausgeburten seiner erhitzten Phantasien. Aber Frumentius war schwer zu überzeugen, und die Frauen ihrerseits werden nur zu bald der langweiligen Melancholie überdrüssig. Selbst die Okeaniden harrten, obwohl Göttinnen, nur einen einzigen Tag bei dem gefesselten Prometheus aus, um ihn zu trösten, dann aber bekamen sie seine Klagen satt und ließen ihn allein mit dem Geier, der seine Eingeweide zerriß. So war es auch mit unserer Heldin: Hatte sie ihren Gefährten eines kurzen Trostwortes oder eines flüchtigen Kusses gewürdigt, wie man einem Bettler einen Groschen zuwirft, dann wandte sie ihm den Rücken, nachts um zu schlafen, bei Tag, um sich ihren Büchern oder ihren Verehrern zu widmen, deren Besuche von früh bis zum Abend einander folgten. Frumentius blieb gewöhnlich in einer Ecke des Zimmers sitzen und verbiß seine Wut wie die Helden bei Homer; fühlte sich aber nicht mehr mächtig, seine Tränen oder seine Fäuste zurückzuhalten; er stürmte hinaus, um ein Huhn zum Mittagessen oder eine Gänseblume zu rupfen, die ihm sagen sollte, ob Johanna ihn noch liebte.

Aber ein solcher Zustand konnte unmöglich ewig dauern. Mal dachte der junge Mönch daran, Johanna die Knochen zu zerschlagen, ein anderes Mal, jede Beziehung mit ihr abzubrechen. Die Gefallsucht und die Liebeleien unserer Heldin nahmen, um mit den Journalisten zu reden, jeden Tag einen gefährlicheren Charakter an. Ein Abt, zwei Bischöfe und der Statthalter von Attika wußten bereits, was unter ihrer Kutte verborgen war, viele andere ahnten es, und nur ein kleiner Rest brachte dem »Bruder Johannes« den Weihrauch ihrer platonischen Verehrung dar. Frumentius hörte nicht auf, sich zu beklagen und seine Liebste zu beleidigen, die schließlich die Geduld verlor und ihm Antworten so trocken wie die Feigen von Kalamata gab. Das Verhältnis der beiden jungen Leute war allmählich soweit gediehen, daß es jenen indischen Feigenbäumen glich, deren Frucht einen Tag lang und deren Dornen das ganze Jahr hindurch andauern. So gingen Frumentius bei dem Gedanken einer Trennung von seiner Freundin die Haare hoch. Es war nun soweit gekommen, daß er weder mit ihr noch ohne sie leben konnte. Der unglückliche Jüngling, der nicht wußte, daß das Herz des Weibes dem Treibsand gleicht, auf dem man nur ein Zelt für eine Nacht aufschlagen kann, hatte dort ein Haus gebaut, in dem er sein ganzes Leben wohnen zu bleiben beabsichtigte. Mit Beleidigungen und Fußtritten aus dem Garten Eden vertrieben, suchte er, anstatt wie Adam sich in seine Verstoßung zu fügen, auf jede Weise wieder in den verbotenen Raum zu gelangen, dessen Zugang ihm die Kälte und Schlechtigkeit Johannas wie der Engel mit dem Schwert den des Paradieses wehrte. Bald warf er sich zu Füßen seiner Geliebten und versuchte, sie durch Erinnerung an so viele Küsse und Liebesschwüre zu rühren, aber seine Worte prallten von ihrer Gleichgültigkeit ab wie Regen von den Blättern, bald suchte er, weil er nichts mehr hoffte, mit aller Kraft die Liebe aus seinem Herzen zu reißen wie der Gärtner ein übelriechendes Unkraut, das mitten unter dem Heliotrop gewachsen ist. Aber die schlimme Pflanze hatte so tiefe Wurzeln, daß er nach vergeblichen Seelenkämpfen auf jeden weiteren Versuch verzichtend sich schweißbedeckt zu Boden warf und wie Hiob »den Tag verfluchte, an dem er geboren war, und die Stunde, in der man gesagt hatte: Siehe, ein Knäblein!«

Du brauchst indessen nicht zu glauben, lieber Leser, Frumentius sei ein närrischer Liebhaber geworden oder ein anderes derartiges zweibeiniges Wesen der romantischen Menagerie, im Gegenteil, er war ein vernünftiger und frommer Sohn seiner Heimat, wie nur je einen dieses klassische Vaterland des Bieres und des Sauerkrauts hervorgebracht hat, bevor es durch die Seufzer Werthers und die Ketzereien eines Strauß und Hegel verdorben wurde. Er liebte aber Johanna, vielleicht wie Aristipp die Lais und die Katzen die Milch. Aber außer ihr kannte er kein anderes Weib, konnte auch in Athen keins finden; denn die Nachkommen Solons waren noch nicht so zivilisiert wie heute, und die Mütter, die Ehemänner, die Brüder und die übrigen lästigen Geschöpfe, die die Frauen umgeben wie Dornen die Rosen, machten sich noch nicht die Ehre streitig, den Fremden die Kerze zu halten, mochten sie auch Admiräle oder Diplomaten sein. Den Kaisern von Byzanz allein reichten die damaligen Athenerinnen die Hände, und auch denen nur die rechte. Alles dies machte die Lage des unglücklichen Frumentius schrecklich und erklärten seine Torheiten; für seine feurige und kraftvolle Jugend war eine Frau ebenso nötig wie der Tau für die Wiesen. Bekanntlich pflegen Märchendichter und Romanschreiber ihre Stoffe weit entlegenen Gegenden oder lange vergangenen Jahrhunderten zu entnehmen, um uns ungestraft all ihre merkwürdigen Geschichten aus der Pflanzen- und Tierwelt darin vorführen zu können, wie zum Beispiel honigtriefende Lotosfrüchte, singende Bäume, geflügelte Drachen, bocksfüßige Satyrn, Hydren, Riesen, Sirenen, Halbgötter, Zauberer, Propheten, Märtyrer, Heilige und andere Wesen dieser Art. Aber auch das Moralreich, wenn dieser Ausdruck erlaubt ist, hat seine Mythologie: heldenmütige Selbstaufopferungen, fromme Ekstasen, übermenschliche Opfer, unauflösliche Freundschaften und andere derartige tragische und romanhafte Dinge. Unter diese chimärischen Produkte der vergangenen Zeiten muß man nach meiner Meinung auch die Liebe rechnen, so wie sie die Ritter des Mittelalters und die Leute auffassen, die Plato nicht verstanden haben, während sie nach der gesunden Philosophie nichts anderes ist als nur eine Berührung zweier Epidermen. Wenn also Frumentius bereit war, um Johannas willen alles zu opfern, wenn er, sich vor ihren Füßen wälzend, den Tag verfluchte, an dem er geboren war, so tat er dies aus demselben Grund, aus dem Adam seiner ungetreuen Frau verzieh, weil – er keine andere hatte.

Aber auch unsere Heldin war weit davon entfernt, auf Rosen auszuruhen, obwohl sie von Anbetern umgeben war. Die Seufzer und Klagen des Frumentius machten sie nervös, wenn sie sie auch nicht mehr rührten; auch störten sie oft ihren Schlaf und ihren Appetit; was aber das schlimmste war, sie enthüllten allen das Geheimnis.

Nach Ansicht des Philosophen Athenäus, mein lieber Leser, sind die Liebe und der Husten die einzigen Dinge, die sich nicht verheimlichen lassen. Meiner Ansicht nach (wenn ich eine den betrunkenen Philosophen des Suffs entgegengesetzte Meinung haben darf) gibt es vielmehr nichts, was sich leichter verbergen ließe als sie, nämlich die Liebe und nicht den Husten, solange sie glücklich ist. Nur die Eifersucht, die Unruhe, die Verzweiflung und derartige Folgen der Liebe drücken sich auf dem Gesicht aus wie die Hiebe des Henkers. Dagegen werden uns Freude und Glück mit solcher Sparsamkeit von den Töchtern Evas zugeteilt, daß sie sich nicht bis zu dem Grad steigern, der die Verheimlichung schwer machte. Aber alle Frauen gleichen ohne Ausnahme jenen verwilderten Römern, die von den im Zirkus abgeschlachteten Opfern verlangten, sie sollten mit Anmut fallen, indem sie ohne Klage ihren Hals dem Messer boten. So zürnte auch Johanna dem unglücklichen Frumentius, wenn sie ihn auf vielfache Weise, durch Eifersucht, Kälte, Launen und andere weibliche Erfindungen gequält hatte, daß seinen Lippen inmitten all dieser Qualen ein Schmerzensschrei entfuhr, oder sobald er in seiner Verzweiflung einem seiner Nebenbuhler die Fäuste oder die Tür zeigte.

Die skandalösen Szenen in der Einsiedelei versetzten alle Kuttenträger von Daphni in Aufregung. Für sie war Johanna, deren Geschlecht und Streiche niemandem mehr unbekannt waren, ein von den Franken gesandtes Ungeheuer, dazu bestimmt, die orthodoxe Kirche zu verderben. Freilich hatten schon vor ihr viele Frauen, die heilige Matrona, Pelagia und Macrina Mönchskleider angezogen und mit Männern gelebt, aber sie hatten dies nicht getan, um am Freitag ein Huhn zu essen und Bischöfe in die Verdammnis zu stürzen. Unter dieser Schar, die vor Zorn außer sich war, befanden sich einige Mönchlein, die die schöne Deutsche zu verteidigen versuchten, aber ihre Stimme wurde von der allgemeinen Mißbilligung erstickt. Die am meisten gegen sie Erbitterten waren einige Ordensoberen, übelriechend und schmutzig wie alle, die sich vornehmen, Gott allein zu gefallen; diese hatten einige Male nebenbei Johanna zu gefallen versucht, waren aber von ihr fortgeschickt worden, die einen, um sich die Haare schneiden zu lassen, die anderen ins Bad. Diese rächten sich an der unzugänglichen Nonne, indem sie Flüche, Zwiebeln, Steine und Verwünschungen gegen sie schleuderten, so oft sie aus der Zelle herauskam.

So stand Johanna in einem Krieg nach zwei Seiten. Im Innern wurde sie von Frumentius und von außen her durch die öffentliche Meinung bekämpft. Während der Mut ihrer Gegner jeden Tag wuchs, ließ der Eifer ihrer Verehrer aus Furcht vor den Bannstrahlen der Frommen im selben Maß nach. Daher war es nicht zu verwundern, wenn unsere Heldin ernstlich daran dachte, endlich abzureisen. Seit acht Jahren befand sie sich in Athen, sie kannte alle Denkmäler, Handschriften und Gebäude dort, so daß ihr die Stadt der Minerva schon so langweilig war wie die Küsse des Frumentius. Außerdem brannte sie vor Begierde, ihre Kenntnisse, ihre Schönheit und ihren Geist auf einer größeren Szene zu zeigen. Sie näherte sich schon ihrem dreißigsten Jahr, wo die Frauen sich nicht mehr mit ihren eigentümlichen Fehlern begnügen, sondern auch die unsrigen annehmen, wie den Ehrgeiz, die Pedanterie, die Trunksucht und was es sonst noch an männlichen Gewohnheiten gibt, die imstande sind, ihr Herz zu einem Musterbild weiblicher Vollkommenheit zu machen.

Johanna glich nicht jenen Hirtinnen des Ovid, die schon zufrieden waren, wenn nur der Berg Athos ihr Lied hörte oder der Bach ihr blumenbekränztes Gesicht widerspiegelte; im Gegenteil, sie weinte oft über ihren

Büchern bei dem Gedanken, daß ihre Weisheit in diesem Winkel von Attika unbekannt und ungepriesen bleiben würde, so wie die jungen Nonnen Tränen vergießen, wenn sie sich des Abends ausziehen und beim Zubettgehen bedenken, daß ihre lilienweiße Schönheit nur von ihrem körperlosen und unsichtbaren Bräutigam gesehen wird.

In einer solchen Gemütsverfassung befand sie sich, als sie eines Abends am Ufer des Piräus umherirrte, wo sie sich von ihrem Freunde Nicetas verabschiedet hatte, der nach Konstantinopel zurückkehrte. Da sah sie ein fremdes Schiff in den Hafen einlaufen, dessen weiße Segel ihr wie die Flügel eines Engels erschienen, der gekommen wäre, sie aus der Verbannung zu erlösen. Das Schiff kam aus Italien und gehörte Bischof Wilhelm dem Kleinen von Genua. Es war unterwegs zur Levante, um Weihrauch für den Höchsten und Kleiderstoffe für seine Diener zu holen. Johanna redete die landenden Schiffer lateinisch an und erfuhr, daß sie am nächsten Morgen nach Rom in See gehen wollten. Sie erklärten sich bereit, sie mitzunehmen, damit sie den Schiffsgeistlichen ersetzte, der von den Wellen fortgerissen worden war, als er, vorn auf dem Schiff stehend, nach der Gewohnheit der Katholiken den Sturm dadurch zu beschwichtigen suchte, daß er Hostien ins Meer warf, die den Delphinen als Abendmahl dienten. Als Johanna mit ihnen alles verabredet hatte, kehrte sie zu Frumentius zurück, der sie in der Höhle nahe der Reede von Munychia erwartete, wo er ein Lager und ein Abendessen zurechtgemacht hatte. Das Wetter war naß, der Wind durchdringend, und das Meer seufzte klagend unterhalb der Grotte. Der junge Benediktiner hatte eiligst ein Feuer angezündet, an das sich Johanna setzte, um ihre von den Wellen durchnäßten Kleider zu trocknen. Ihr Herz, obwohl seit langem von Pedanterie und Gefallsucht verhärtet, war von einer Art Unruhe ergriffen, als sie daran dachte, daß sie sich binnen kurzem auf Nimmerwiedersehen von dem Gefährten trennen werde, von dem sie fünfzehn Jahre lang nicht einen einzigen Augenblick entfernt gewesen war. Einige Momente überlegte sie, ob sie ihn auf ihre Irrfahrt mitnehmen solle, aber die launenhafte Eifersucht des armen Mönchs, der die veraltete Idee hatte, daß die Frauen nur einen Liebhaber besitzen dürften, wie die Esel nur einen Sattel und die Völker einen König, machte ihn zu einem lästigen, schwer zu transportierenden Gepäckstück. Aber nicht einmal Abschied von ihm zu nehmen wagte Johanna nicht, da sie an diesem einsamen Ort seine Tränen oder auch seine Fäuste fürchtete. Sie hielt es also für barmherziger und zugleich für klüger, ihn in ihren Armen einzuschläfern, bevor sie ihn verließ, so wie ja auch die Henker in Judäa den Verbrechern einen berauschenden Trunk kredenzten, ehe sie sie kreuzigten. Sie zog daher Frumentius' Kopf auf ihre Knie und fing an, seine Haare mit ihren Händen zu streicheln und küßte ihn auf die Stirn; der junge Mann, der so oft beleidigt, getäuscht und mit Füßen getreten, vergaß sofort Untreue, Beleidigungen und Quälereien. Die bloße Berührung der Finger Johannas schloß alle seine Wunden, so wie die französischen Könige vor der Einführung der Verfassung die Gebrechen ihrer Untertanen durch einfaches Handauflegen heilten. Frumentius, von unbeschreiblicher Wonne erfüllt, wußte nicht, welchem von den Heiligen er für die plötzliche Wandlung danken sollte, da er in seiner Verzweiflung alle angerufen hatte; da er lange nicht mehr geschlafen hatte, entschlummerte er endlich auf dem süßen Kissen, indem er allen Danklieder und Kerzen gelobte.

Als er am nächsten Morgen erwachte, bevor es tagte, öffnete er die Arme, um seine Geliebte an sich zu drücken, umarmte jedoch statt ihrer nur das Stroh ihres Lagers. Entsetzt aufspringend streckte er die Arme aus und tastete in der Dunkelheit umher wie der geblendete Polyphem, als er den Odysseus suchte. Die Morgendämmerung kämpfte noch gegen die Dunkelheit, als der unglückliche Jüngling barhäuptig, ohne Schuhe und verzweifelt aus der Höhle stürzte, aber nirgends war eine Spur von Johanna. Nachdem er zwei- oder dreimal vergebens am Abhang des Hügels entlanggelaufen war, stürmte er zur Küste, wie eine Gemse von Fels zu Fels springend und mit lauter Stimme »Johanna« rufend. Die hohlen Felsen wiederholten den Ruf und riefen ebenso oft wie Frumentius nach der Entflohenen, als ob sie den Unglücklichen bemitleideten. In diesem Augenblick ging die Sonne auf und half ihm auch beim Suchen. Aber der Strand war leer, nur draußen auf dem Meer war ein Boot sichtbar, das den Hafen von Munychia bereits verlassen hatte: Am Bug stand Johanna, in ihre Kutte gehüllt. Die Fliehende sah vielleicht am Ufer den die Arme nach ihr ausstreckenden und sich dann ins Meer stürzenden Jüngling, aber sie wandte das Gesicht ab und trieb die Ruderer zu noch größerer Eile an.

Kurz darauf wurde der Kahn an der Seite des Schiffs hochgezogen. Dann lichtete der Segler die Anker und fuhr ab. Frumentius verlor nach vergeblicher Verfolgung Hoffnung und Kräfte und lag wie ein lebloses Wrack am Strand. Als er wieder zu sich kam, wollte er sein Leben wie einen bösen Traum abschütteln. Aber die Stunden vergingen, die Sonne trocknete seine Kleider, der Traum jedoch entwich nicht. Einen Augenblick dachte er ihn im Meere zu ertränken wie Salomo seine Betrübnis im Wein, aber das Wasser war flach, außerdem fürchtete er sich vor der Hölle, in der er noch lange auf Johanna hätte warten müssen. Da warf er einen flehenden Blick zum Himmel, aber keine von den Heiligen droben stieg herab, um ihm zum Trost ihre Lippen zu bieten wie Bacchus der Ariadne; freilich war auch Frumentius kein Weib, und wer weiß, ob er in der zornigen Stimmung, in der er sich befand, nicht sogar die heilige Thais oder die blonde Magdalene zurückgestoßen hätte.

Als es dunkelte, kehrte er wieder in die Grotte zurück. Aber was für eine Nacht verbrachte er auf dem Lager, auf dem die schönen Umrisse Johannas noch als eine Vertiefung sichtbar waren. Vierzehn Tage blieb er dort und fragte immer wieder: »Warum ist den Unglücklichen das Licht gegeben und das Leben denen, die in der Bitterkeit des Herzens sind?« (Hiob 3, 20). Endlich aber kam ihm voll Mitleid sein im Himmel weilender Beschützer, der heilige Bonifatius, zu Hilfe. Während Frumentius, ganz erschöpft vom Weinen, auf dem Sand am Meeresufer schlief, stieg jener Sachsenapostel vom Himmel hernieder, öffnete mit einem Messer die Brust des Schlafenden, streckte seine heiligen Finger in die Öffnung, nahm das Herz heraus und tauchte es in ein Gefäß mit Wasser, welches er zuvor geweiht hatte. Das glühende Herz zischte im Wasser wie ein Fisch in der Bratpfanne, und als es sich abgekühlt hatte, setzte es der Heilige wieder an seine Stelle, schloß die Wunde und kehrte in seinen Himmel zurück.

Ist es dir vielleicht einmal passiert, lieber Leser, daß du dich mit einem unerträglichen Husten zu Bett legtest, im Schlaf schwitztest und dich beim Aufwachen geheilt sahst? Ohne zu wissen, daß du dich wohl befindest, öffnest du mechanisch den Mund, um dem verfluchten Husten den gewohnten Tribut zu entrichten. Aber welch eine Freude empfindest du, in deiner Kehle das scheußliche Kratzen nicht mehr zu spüren. So auch Frumentius: Sobald er die Augen aufschlug, machte er sich bereit, der undankbaren Johanna die gewohnte Tränenspende darzubringen, aber gegen alles Erwarten waren seine Augen trocken, und nach einer langen Fastenzeit empfand der gute Benediktiner mehr Appetit zu frühstücken als zu weinen.

Kurz darauf ging eine junge Hirtin bei ihm vorüber, mit einem Milchkrug auf dem Kopf und einer Schnur voll Backwerk in der Hand. Er rief ihr zu und ließ sich ein gutes Frühstück bringen. Als sich diese Amaryllis nach Empfang einer Kupfermünze und mit einem Kuß auf die Hand des Mönchs entfernte, ihren lustigen Gesang mit dem Schmettern der Lerche vereinigend, als der Morgenwind in den Falten ihres Kleides spielte und dieses fast bis zum Knie lüftete, da beschaute sie Frumentius und empfand zum ersten Mal, daß es außer Johanna auch noch andere Frauen gäbe. Seine Heilung war als radikal anzusehen. Durch das Wunder des heiligen Bonifatius von seinen Leiden völlig geheilt, kann er aus unserer Geschichte ausscheiden; wir brauchen ihn nicht mehr. Er wurde von diesem Augenblick an ein achtbares Mitglied der menschlichen Gesellschaft, und lebte er noch heute, er wäre sicherlich befähigt, jeden beliebigen Beruf auszuüben, Briefträger, Spion, Abgeordneter, Mitgift- oder Stellenjäger zu werden, die Bücher eines Kaufmanns zu führen oder die Beine eines gehängten Verbrechers zu halten. Aber in jener Zeit war das *Kyrie eleison* zu singen der beste Beruf, und Frumentius tat wohl daran, wie bisher Mönch zu bleiben.

Vierter Teil

Φεῦ τῆς θηλείας πῆ προβήσεται, φρενός ;
Τί τέρμα τόλμης καὶ θράσους γενήσεται.

(Euripid. *Hippol.* 935.)

Aller großen Männer Wiege umgibt dichte Finsternis, in die nur die Dichter und Romanschriftsteller
einzudringen wagen, indem sie die zauberhafte Leuchte ihrer Phantasie anzünden, bei deren Licht man bleiche oder lächelnde Schatten erblickt. Aber sobald der
Held erwachsen ist, sobald die Blüte sich zur Frucht
entwickelt hat, erscheint ein Schwarm von Historikern
mit der leuchtenden, strahlenwerfenden Fackel der Kritik. Beim Auftreten jener streng blickenden Fackelträ-
ger entfliehen ängstlich die goldgeflügelten Gebilde der
Phantasie, die sich wie die Sterne und die vierzigjährigen Frauen nur im Halbdunkel wohl fühlen; wird jedoch der kritische Scheinwerfer gar zu kräftig, dann ent-
schwindet oft der Held selbst den Augen des Kritikers,
wie Homer denen Wolfs und Jesus denen von Strauß.

Johanna ist auf ihrem hohen Sockel unerschütterlich
geblieben, ohne das Licht fürchten zu müssen, viel-

mehr wird sie von nun an eine historische Heldin, und die phantastischen Kränze, mit denen ich das blonde Haar des siebzehnjährigen Mädchens schmückte, passen nicht mehr auf das Haupt, das sich bald mit der dreifachen Krone des heiligen Petrus zieren sollte. Anstatt wie früher den Stoff meiner Erzählung aus meiner Phantasie zu schöpfen, bin ich nunmehr gezwungen, ihn jetzt aus den Schriften honoriger und respektabler Chronisten hervorzusuchen. Solltest du diesen Teil des Buchs weniger unterhaltend finden, lieber Leser, so danke ich dir für das darin liegende Kompliment.

Als Rom sein mit dem Schwert erobertes Reich verloren hatte, versuchte es die Weltherrschaft dadurch wiederzugewinnen, daß es in seine ehemaligen Provinzen Dogmen statt Legionen sandte und geräuschlos jenes ungeheure Netz spann, mit dem es alle Nationen einfangen sollte. Die Spinne in diesem Netze war, als unsere Heldin nach Rom kam, der heilige Leo IV., der Sergius auf dem Stuhl Petri gefolgt war. Fast alle Prälaten jener Zeit erhielten, mochten sie wollen oder nicht, den Titel eines Heiligen; Leo jedoch hatte ihn wirklich im Schweiße seines Angesichts verdient: denn er hatte die Körper der heiligen Märtyrer Sempronianus, Nikostratus und Kastorius entdeckt, ferner hatte er mit seinem Hirtenstab, wie Neptun mit dem Dreizack, einen furchtbaren Sturm erregt, der die Schiffe der Sarazenen zerstreut hatte; außerdem hatte er durch die Kraft seines Gebetes einen schrecklichen Drachen getötet, der in der Kirche der heiligen Lucia hauste. Oft hatte er die Angriffe der Ungläubigen zurückgeschlagen; was jedoch am gottgefälligsten war, er hatte innerhalb der Mauern des päpstlichen Palastes ein Frauenkloster eingerichtet, in dem die auserwähltesten, vornehmsten Jungfrauen Roms unter seinem päpstlichen Schutz und Schirm wohnten. Außer den Nonnen schützte der Pontifex auch die Musen. Von Johannas Weisheit war er so entzückt, daß, nachdem er eine ganze Stunde lang mit ihr über alle wißbaren Dinge geredet hatte, er sie sofort zum Lehrer der Theologie an der Martinusschule ernannte, wo einst auch der heilige Augustinus gelehrt hatte.

Johanna oder vielmehr Pater Johannes (denn der weibliche Name bildet offenbar einen Mißklang) verwandte die ersten Tage dazu, die Ewige Stadt zu besichtigen. Aber die damaligen Denkmäler Roms hatten schon viel von ihrem alten Glanz verloren. Lord Elgins Lehrer, Karl der Große, hatte nach fränkischer Gewohnheit die alten Tempel geplündert, um mit ihren Säulen und Reliefs den Dom von Aachen zu schmücken, und die von Leos Vorgängern erbauten christlichen Kirchen waren nur ein unzusammenhängendes, häßliches Gemisch römischer und orientalischer Kunst, das viel Ähnlichkeit mit dem damals im Abendland herrschenden Christentum hatte, das seinerseits eine zusammenhanglose, schwer verdauliche Mischung von Judentum und Heidentum war. Aber damals kümmerte sich niemand um Dogmen. Die alten Götter, soweit sie sich wenigstens nicht in christliche Heilige umgewandelt hatten, waren nach ihrer Vertreibung aus dem Olymp in die Hölle übergesiedelt, wo sie mit dem Teufel der Christen und dem Satan der Juden friedlich zusammenlebten. Dabei durften sie sich der vollsten Anerkennung der Theologen erfreuen und konnten auch wie ehedem den Beschwörungen der Zauberer folgen.

Manchmal fuhren sie auch in die Körper irdischer Menschen, die dann Besessene genannt wurden. Gerade am Tag der Ankunft Johannas wurde in der Nähe der Kirchen Roms ein seltsames Fest zu Ehren der alten Götter gefeiert. Scharen betrunkener Christen tanzten unter dem Gesang gotteslästerlicher Hymnen und einander mit Peitschenhieben verfolgend, wie am Saturnalienfest, während Priesterinnen der Venus, die als einzige Bekleidung Amulette um den Hals und Glöckchen an den Beinen trugen, in der Menge hin und her liefen und für wenige Solidi den Tänzern Wein und Küsse anboten. Das alles zum großen Ärgernis der in Rom anwesenden Neubekehrten, die glaubten, dies alles gehöre zur christlichen Liturgie, so wie die einer stürmischen Sitzung der amerikanischen Parlamente beiwohnenden Zuschauer vermuten, daß Fußtritte einen Bestandteil der republikanischen Freiheit ausmachen.

So waren die Menschen beschaffen, die Pater Johannes mit attischem Salz seiner Weisheit versorgen sollte. In den ersten Tagen versuchte er über Dogmatik zu ihnen zu reden, aber seine Zuhörer hielten diese die Griechen so sehr in Anspruch nehmenden Diskussionen über die Physiologie der Heiligen Dreifaltigkeit für ebenso überflüssig wie den ihre Gesichter zierenden langen Bart. Die Nachfolger des göttlichen Plato diskutierten im Orient noch über die Natur Gottes, während die Abkömmlinge des Cato und Cincinnatus als viel praktischere Leute die Theologie als einen wichtigen Beruf ansahen, von dem der Priester das tägliche Brot und außerdem noch Ämter, Bischofsstellen, Pferde, Konkubinen und andere gute Sachen erwartete, die man nur durch Tätigkeit und praktische Kenntnisse erwirbt. Anstatt daher nach den Geheimnissen des christlichen Himmels zu forschen, bemühten sie sich als vernünftige Leute, das Reich Gottes über die ganze Welt auszubreiten und trieben in seinem Namen von allen Völkern Steuern ein. Johanna erriet, geschmeidig und klug wie sie war, gar schnell den Geschmack ihrer Schüler. Sie sagte sich von den byzantinischen Grübeleien los und beeilte sich, vom Himmel auf die Erde und von den schneebedeckten Berggipfeln der Metaphysik in die fetten und fruchtbaren Niederungen des kanonischen Rechts hinabzusteigen. Und schon am folgenden Tag sprach sie mit beredter Zunge über die weltliche Macht des Papstes, die Schenkung Karls des Großen, über Steuern, Zehnten, goldne Stolen und andere Süßigkeiten, durch die die Pfaffen die Erwartung des Himmels weniger unerträglich zu machen versuchen, wie sich die Freier der Penelope mit den Mägden amüsierten, während sie der Gunst ihrer Herrin harrten. Durch solche Vorträge gelang es ihr schließlich, das Interesse ihrer Zuhörer zu erwecken, so wie Orpheus durch den Klang seiner Leier die Steine zu bewegen vermochte. Dieser Vergleich ist nicht übertrieben, denn die damaligen Italiener waren zwar keine Steine, sie wurden jedoch von den anderen Nationen Esel genannt und ihre Versammlungen Eselskonzilien. Die wenigen im Lande befindlichen Lehrer waren aus Irland, Schottland und Gallien zu den unglücklichen Nachkommen Ciceros gekommen wie heutzutage die Gelehrten aus Deutschland nach Griechenland. In der mittelalterlichen Finsternis übertraf Italien die Nachbarvölker in der Unwissenheit wie Kalypso ihre Nymphen durch ihren majestätischen Wuchs. Die meisten

Priester konnten nicht lesen. Anstatt vom Altar das Evangelium zu verkünden, erzählten sie den Gläubigen Märchen, z.B. daß die Madonna mit ihren weißen Händen die Füße der aufgehängten Verbrecher stützte, wenn sie vor ihren Bildern geweihte Kerzen angezündet hatten, oder daß sie, um eine fromme Nonne vor der Sünde zu bewahren, die Gestalt derselben annahm und sich in ihr Bett legte, in dem sie statt jener die Liebhaber empfing; daß diejenigen, die Gott verleugneten, aber der Madonna treu blieben, von ihr heimlich an die Orte der Seligen geführt würden, und daß die barmherzige Gottesmutter frommen Liebhabern Liebesmittel und Zaubertränke schenkte, die ihnen den Genuß an der Geliebten vergrößerten.

Die Gelehrsamkeit unserer Heldin glänzte in diesem Geistesdunkel wie ein Leuchtturm im Nebel einer finsteren Nacht. Eine Menge Hörer, unter ihnen oft Papst Leo selbst, strömte zum Kloster des heiligen Martin, um den Worten des jungen Benediktiners zu lauschen, der, anstatt sich mit den furchtbaren Geheimnissen der Religion zu befassen, nur über angenehme und nützliche Dinge redete, die Tugenden des Pontifex pries und die griechischen Christen verspottete, die Theoreme des Aristoteles besprach oder von der Schlechtigkeit, dem Knoblauch, den Geschwüren und den Fasten seiner Nachkommen erzählte. Johannas Vortrag glich jenen gastfreundlichen Häusern in Hamburg, wo man für jeden Geschmack leckere Speisen, jede Nase befriedigende Wohlgerüche und Frauen findet, die jede Sprache reden und jeder Geschmacksrichtung gerecht werden. Oft fing unsere Heldin ihr Kolleg mit göttlichem Recht an und schloß mit der Kochkunst. Denn in jener

Epoche waren die Produkte des menschlichen Gehirns noch nicht in Fächer geordnet wie die Reptilien in die Spiritusbehälter der naturwissenschaftlichen Sammlungen. Die Theologie war die einzige Wissenschaft, die wie Briareus mit hundert Händen alle Dinge an ihr Herz drücken und trotzdem vollständig in dem blondgelockten Haupt unserer Heldin enthalten war.

Zwei Jahre lehrte Johanna ununterbrochen. Ihre ganze Wertschätzung verdankte sie ihrer Beredsamkeit, denn niemand ahnte, welche Schätze unter ihrer Kutte verborgen waren. Dort waren alle Gesichter glatt rasiert, bei den Mönchen ragte nur die Nase aus der Kapuze heraus. Allmählich fing sie selbst im Taumel der Selbstliebe an zu glauben, sie sei in einen Mann verwandelt wie Tiresias in ein Weib. Frumentius war längst vergessen, und die ehrgeizige Kuttenträgerin, die ihren Sinn auf höhere Dinge gerichtet hatte, beeilte sich nicht, ihm einen Nachfolger zu geben. Schon träumte unsere blonde Heldin von Abtmänteln, Mauleseln eines Legaten, Bischofsmützen, zuweilen sogar von goldenen päpstlichen Pantoffeln. Als vernünftiges Weib stellte sie die Liebhaber in den Hintergrund, wie man ja auch die Süßigkeiten bis zum Ende des Mahls aufhebt. Aber anstatt sich nutzlosen Träumereien hinzugeben, arbeitete sie Tag und Nacht an ihrem Aufstieg, indem sie den Mächtigen schmeichelte, Vorträge hielt, schriftstellerte und Hymnen auf Gott und den Papst mit gereimten Versen dichtete, die sie als erste in Italien einführte. Auch mit der Heilkunde beschäftigte sie sich, und – wie böse Zungen behaupteten – sogar mit Magie: Sie zwang durch ihre Zauberformeln die bösen Geister, das heißt die früheren Götter, Bacchus,

Juno, Pan und Venus, die Pforten des Totenreichs zu verlassen und als ihre treuen Diener zu erscheinen.

Unterdessen war der hochberühmte Papst Leo schon alt geworden; er litt an Rheumatismus, nachdem er versucht hatte, wie der heilige Petrus auf dem Meer zu wandeln. Dabei mußte er ein unfreiwilliges Bad nehmen, wobei er auch die Mitra und einen Teil seines Ansehens verloren hatte. Er ernannte den Pater Johannes zu seinem Geheimsekretär. Seit jener Zeit gab es am päpstlichen Hoff außer den offiziellen Würdenträgern nicht nur geheime Offiziere, sondern auch Bedienstete niederen Ranges, geheime Köche, Neger, Kammerdiener und Treppenkehrer. Aber es befanden sich auch geheime Türen, Treppen und Zimmer im Vatikan; oft veranstaltete der Stellvertreter Christi auf Erden sogar geheime Gastmähler, aber ich weiß nicht, ob er Apostel als Tischgäste hatte.

Als unsere Heldin zum ersten Mal die Privatgemächer Sr. Heiligkeit betrat, wagte sie kaum den Fuß auf die feinen orientalischen Teppiche zu setzen, über die man hätte hinweggleiten mögen wie die Pferde des Erichthonius, deren Hufe beim Laufen kaum die Spitzen der Blumen bogen. Als sie dem Oberhirten der Christenheit gegenuberstand, der auf einem gold-elfenbeinernen Thron saß, umgeben von silbernen Schalen, massiv-goldenen Bechern, edelsteinbesetzten Weihrauchfässern und anderen Kleinodien, wurde sie von dem Glanz so geblendet, daß sie einen Augenblick die Augen schließen mußte. Dann beugte sie die Knie und küßte die Pantoffeln Leos, der den Pater Johannes mit väterlicher Freundlichkeit aufhob und bis zum Abend mit ihm arbeitete. So entzückt war er von dem jungen

Mann, daß er von diesem Tag an seinen Geheimschreiber wie einen Sohn liebte. Die Kammerdiener, Truchsesse, Mundschenke und andere Höflinge in der unmittelbaren Umgebung Leos, die Seiner Heiligkeit diejenigen Dienste zu leisten stolz waren, die den römischen Kaisern von Sklaven geleistet wurden, zischelten anfangs gegen den neuen Günstling wie die Leibwächter der erhabenen Katharina von Rußland, wenn ein neuer Kandidat an die Tür ihres Schlafzimmers klopfte. Aber das Benehmen des Pater Johannes war so freundlich und liebenswürdig und seine Uneigennützigkeit so groß, daß er in kurzer Zeit alle Herzen für sich gewann und alle sich an ihn wandten, wenn sie irgendein Anliegen an den Heiligen Vater hatten. Johanna, die in Rom fremd war und weder Neffen noch Mätressen zu ernähren hatte, trug bereitwillig dem Papst die Bitten ihrer Freunde vor, deren Zahl und Dankbarkeit von Tag zu Tag zunahm. So wurde der Geheimschreiber bald ein wahrer Parteichef, der von einem Schwarm unersättlicher Stellenjäger umringt war, die sich um ihn drängten wie die Hühner um die Bäuerin, wenn sie gegen Abend mit der Schürze voll Körner auf den Hof kommt.

Während Johanna für all ihre Freunde sorgte, verlangte sie für sich selbst nichts, oder vielmehr, was sie sich wünschte, das wagte sie nur der Madonna im Gebet vorzulegen, nämlich daß die barmherzige Himmelskönigin die Tugenden des heiligen Papstes Leo durch schleunigste Beförderung ins bessere Jenseits belohnen möge. Ein undankbares und ruchloses Gebet zur Gottesmutter. Aber in Rom stehen die Gläubigen in einem so vertraulichen Verhältnis zur Madonna, daß sie von ihr nicht nur Reichtümer, Pferde, Pfründe und Ehrenstellen, sondern auch den Tod eines Feindes, eines reichen Verwandten, eines Nebenbuhlers oder eines anderen lästigen Geschöpfes und andere Dinge noch erbitten, die man selbst von einem gewerbsmäßigen Vermittler zu verlangen erröten würde. Die Mörder legen ihren Dolch auf den Altar der Madonna, bevor sie ihn ihrem Opfer in die Brust stoßen; die Kurtisanen hängen, bevor sie sich nackt ausziehen, ihren Gürtel vor ihrem Bild auf, und die Trunkenbolde leeren auf ihr Wohl Flaschen und Krüge, so daß Johanna nur nach ortsüblicher Gewohnheit handelte, wenn sie der Madonna ihre ehrgeizigen Wünsche vortrug. Jedoch verschmähte sie auch die Beihilfe des Teufels nicht und nahm oft ihre Zuflucht zu den abscheulichen mittelalterlichen Künsten der Magie. In den Ruinen eines alten Tempels rief sie die Geister der Tiefe an, indem sie eine scharfe Nadel in die Brust eines wächsernen Bildes Leos stieß, während auf einem Dreifuß giftige Kräuter rauchten und der Mond am Himmel stillstand, der den Beschwörungen der Magier mit derselben Bereitwilligkeit gehorchte wie die Sonne dem Befehle Josuas.

Ich weiß nicht, ob die Madonna oder der Teufel die Gebete Johannas erhörte, und sie selbst wußte wahrscheinlich auch nicht, wem sie zu danken hatte. Jedenfalls erkrankte Leo bald, und seine Krankheit wurde immer bedenklicher; als die Mixturen der Ärzte und die Gebete der Mönche zum Erzengel Michael, dem Nachfolger Äskulaps, erfolglos blieben, als die jüdischen Kabbalisten und die arabischen Astrologen vergeblich ihre geheimen Künste zur Anwendung brachten, wurde in einem Konsilium der Bischöfe beschlossen, das Oberhaupt der Christenheit in die unterirdische Kapelle des heiligen Tiburtius zu schaffen, damit er dort auf einen Traum warte, in dem ihm der Heilige das zur Genesung notwendige Heilmittel offenbare. Die Gläubigen nahmen damals in der Verlegenheit ihre Zuflucht zu gottgesandten Träumen, und die Kirche billigte die Traumwahrsagerei, obwohl sie die Wahrsager verbrannte, so wie heutzutage die Mediziner die Magnetiseure verfolgen, obwohl sie den Magnetismus anwenden.

Der unglückliche Papst wurde aus dem Bett in eine schwarze Sänfte gehoben und von vier starken Mönchen in die unterirdische Kapelle geschafft, wo er vor dem Altar und umgeben von brennenden Fackeln, verzweifelten Ärzten und psalmodierenden Priestern niedergesetzt wurde. Dieser berühmte Pontifex, obwohl ein Heiliger, war doch nicht übermäßig fromm: Er häufte Reichtümer auf, baute mehr Befestigungen als Kirchen, verteidigte sein Reich mehr gegen die Sarazenen als gegen den Teufel, verbrannte keinen Ketzer, ließ jedoch viele Feinde niederhauen und verdiente im ganzen genommen eher den Titel eines großen Herrschers als den eines Heiligen, wie auch Voltaire bemerkt. Wenn er sich auch manchmal genötigt sah, ein Wunder zu vollbringen, so geschah das, um seine beschränkten Untertanen zufriedenzustellen, so wie Jesus zur Bekehrung der ungläubigen Juden Wunder tat. Aber Krankheit verwandelt sogar Löwen in Hasen und den größten Skeptiker in einen frommen Christen. Der größte Dichter seines Jahrhunderts, Byron, dessen Gehirn fast zwei Kilogramm wog, gesteht unverhohlen, daß er während einer Krankheit nach dem ersten Aderlaß an die Wunder Moses glaubte, nach dem zweiten an die Inkarnation, nach dem dritten an die unbefleckte Empfängnis und daß er nach dem vierten bedauerte, daß es nicht noch anderes derart zu glauben gäbe. So erwartete auch der gute Leo, vielleicht der vernünftigste Mann seiner Zeit, seine Heilung vom heiligen Tiburtius. Drei Tage blieb der Pontifex nüchtern und unbeweglich liegen in der Hoffnung auf den heilbringenden Traum. Aber die Schmerzen ließen ihn weder schlafen noch träumen, bis er nach dreitägigem Todeskampfe endlich die Augen zum ewigen, traumlosen Schlafe schloß.

Nachdem der Leichnam des hochgefeierten Leo, zuvor mit Wein und Öl gewaschen, den Würmern als Speise übergeben worden war, nachdem das Trauergeläute verstummt und die Augen wieder trocken geworden waren, versammelten sich die Kardinäle, die hohe Geistlichkeit, die Gesandten des Kaisers, die Nobili und das ganze Volk auf dem Sankt-Peters-Platz, um sich über die Wahl desjenigen zu einigen, der künftig die Schlüssel des Paradieses führen solle. Im 9. Jahrhundert wurde der Pontifex noch nicht im geheimnisvollen Dunkel einer Versammlung von Prälaten gewählt; es gab weder eine Konklave noch in dustere Zellen eingeschlossene Kardinäle, von denen jeder sich selbst seine Stimme gab, bis sie endlich vom Hunger gezwungen wurden, zu kapitulieren, sondern die Päpste wurden auf offenem Platz beim Mittagssonnenschein gewählt, während der Wein, oft auch das Blut, in Strömen floß und die Parteien viel mehr mit Knüppeln und Steinen als mit Intriegen kämpften. Die Pontifices repräsentierten damals das Volk wie bei den alten Römern die Tribunen, und dem Volk kam größtenteils die Wahl seines Vertreters zu. Seine Stimmen wurden ganz offenkundig durch Versprechungen, Gold, Wein oder Weiber erkauft, die halb nackt auf dem Forum umherliefen und gegen freigebig verteilte Küsse und Umarmungen Stimmen für ihren Kandidaten einfingen.

Der Tod des Papstes war also immer ein wahres Freudenfest für seine Untertanen, die wie die konstitutionell regierten Völker als ihren einzigen Besitz ihr Stimmrecht haben, das bei jeder neuen Wahl selbst den Sackträgern die Ehre verschafft, einem goldstrotzenden Patrizier die Hand zu drücken, aus seinem goldnen Becher Falernerwein zu trinken und an dem parfümierten Busen seiner Mätresse zu ruhen. Nach der Meinung des heiligen Prudentius gibt es in der Hölle Tage, an denen das ewige Feuer ausgelöscht wird und die Qualen der Verdammten unterbrochen werden. Derart waren und sind heute noch für das Volk die Wahltage, die einzigen, an denen es daran erinnert wird, daß der Diener und der Herr, der irdene und der porzellanene Krug, verschwisterte Geräte sind, die derselbe Töpfer aus demselben Ton gebrannt hat.

Während sich ganz Rom auf dem Platz drängte, hielt sich unsere Heldin, die schon längst alle Vorbereitungen für ein glückliches Gelingen ihrer ehrgeizigen Projekte getroffen hatte, auf einer hochliegenden Terrasse des Sankt-Martins-Klosters auf, die Arme wie Napoleon vor der Brust gekreuzt und mit unruhigem Blick das Auf und Ab des Wahlkampfes verfolgend. In jenem Jahr gab es viele Bewerber um die päpstliche Tiara; aber die vierhundert Schüler Johannas, die Mönche ihres Ordens, die von ihr mit Wohltaten überhäuften Höflinge, die Frauen, die die Schönheit und die Beredsamkeit des jungen Benediktiners bewunderten, die ehemaligen Diener Leos, all diese Leute arbeiteten nur für Pater Johannes, indem sie der Menge die Weisheit, die Uneigennützigkeit und die Tugenden ihres Kandidaten priesen, der als Fremder weder Vettern noch einen Harem habe und mit den Armen die Einkünfte von Sankt Peter teilen werde. Ganze vier Stunden währte der Wahlkampf; in diesen wechselte Johannas Gesicht die Farbe ebenso viele Male wie die Hände der Färber von Syra; endlich sank sie überwältigt von der Erregung auf eine Marmorbank, schloß die Augen und erwartete die Fügung des Schicksals, als das Freudengeschrei ihrer Anhänger, die den Papst Johannes den Achten begrüßten, sie der niederdrückenden Lethargie entriß.

Der neue Pontifex warf, vor Freude taumelnd, den Purpur über seine Schultern und zog die mit dem Kreuz gezeichneten Sandalen an, die jedoch, sei es weil sie vor Weiberfüßen einen Abscheu hatten, sei es weil sie zu groß waren, ihr dreimal von den Füßen rutschten, als sie die Treppe des Klosters hinabstieg. Eine enthusiastische Volksmenge und ein goldgezaumter Maulesel erwartete an der Tür den neuernannten Papst, der sofort zum Lateran ritt, wo er auf dem goldenen Thron Platz nahm und sich die dreifache Krone Roms, der ganzen Welt und des Himmels auf das Haupt setzte, während die Schreiber das Wahlprotokoll niederschrieben und die Hochrufe der Menge erschallten. Gerade an diesem Tag zog, um den Triumph unserer Heldin noch eindrucksvoller zu gestalten, im gleichen

Augenblick der König von Wessex, Ethelwulf, als Wallfahrer in Rom ein und verlangte, als erster dem neuen Papst die Füße zu küssen und durch diesen Kuß symbolisch die Untertänigkeit seines Reichs unter den Heiligen Stuhl zu bekunden. Gleichzeitig erschienen Gesandte aus Konstantinopel, die von Kaiser Michael wertvolle Geschenke und die Abtretung von Syrakus überbrachten. So sah Johanna den Traum ihrer Jugend erfüllt: Sie saß auf einem hohen Thron, in wohlriechende Weihrauchwolken eingehüllt. Voll unbeschreiblicher Freude warf sie einen strahlenden Blick auf die kniende Menge, dann hob sie die Augen zum Himmel und rief:»Dank dir, Liobba, Dank!«

Der Zeremonienmeister unterbrach die Ekstase des neuerwählten Papstes dadurch, daß er ihn aufforderte, auf einem niedrigen Stuhl Platz zu nehmen, der sogenannten Kopranika, auf die sich der Pontifex niederließ, um gleich am Anfang seiner Regierungszeit daran erinnert zu werden, daß er, trotz der dreifachen Krone auf seinem Haupt, wie der niedrigste seiner Untertanen den gewöhnlichsten Bedürfnissen der Natur unterworfen war: Während Seine Heiligkeit auf dem Stuhl saß, sangen die Priester den Psalmenvers: »Er erhebt den Armen von seinem Staube«, während sie gleichzeitig Streu und Stroh verbrannten, um ihm zu Gemüte zu führen, daß so wie diese Flamme auch der Ruhm in dieser Welt erlischt und vergeht.

Acht Tage lang dauerten die Festlichkeiten, das Fußküssen und die Illuminationen. Aber während die verblendeten Priester ihre Lippen auf die Sandalen unserer Heldin drückten, empörte sich die ganze Natur gegen einen solchen Frevel.

Am Tage nach der Krönung wurden, obwohl es mitten im Sommer war, die Straßen Roms von einer Schneedecke verhüllt, als ob die Ewige Stadt ihrer Trauer Ausdruck verleihen wolle, indem sie die bleiche Hülle des Winters als Totengewand anlegte. Aber auch in Frankreich und Deutschland erfolgten Zeichen und beunruhigende Wunder: Erdbeben erschütterten das ganze Reich, in Bresse regnete es Blut, und in der Normandie fiel ein Regen von toten Heuschrecken, deren Verwesung eine mörderische Pest hervorrief. Selbst die im Dachwerk des Vatikans nistenden Eulen und Käuze schrien drei Nächte kläglich wie die Gänse des Kapitols, als die Gallier Rom bedrohten. Alle diese Zeichen, die von glaubwürdigen Chronisten mitgeteilt werden, habe ich zur Rechtfertigung des heiligen Petrus erwähnt, der von den Häretikern zu Unrecht beschuldigt wird, seinen entheiligten Stuhl nicht durch Wunder geschützt zu haben. Aber der Apostel vermochte gegen Johanna außer Eulen, Pest und Blut keine Zeichen zu verwenden, ganz nach dem Spruch von Jesus Sirach: »Über ein Weib gibt es kein gutes Zeichen.«

Als Johanna nach soviel Aufregungen endlich im päpstlichen Schlafgemach allein war, das ungeheuer groß, still, prachtig und duftend war, suchte sie auf ihrem Purpurlager, das einem Altar des Morpheus glich, vergeblich Schlaf zu finden. Ich zweifle, ob Alexander der Große, der am Vorabend, ich weiß nicht welcher Schlacht, fest schlief, am Tage nach der Schlacht Ruhe finden konnte. Aber wozu braucht man Schlaf und Träume, wenn die Wahrheit oder, wie wir heutzutage sagen, die Wirklichkeit süßer ist als jeder Traum? Wer kann sich ohne Bedauern und Rührung einer schlaflos verbrachten Nacht erinnern, nachdem er Tausende in der Lotterie, den Dichterlorbeer oder den ersten Kuß der ersten Geliebten gewonnen hat? Johanna warf die goldgestickte Bettdecke ab und ging barfuß in ihrem neuen Zimmer hin und her. Überall spiegelte sich das Licht der Lampe in Kristall, Gold, Lapislazuli und Porphyr. Das päpstliche Zimmer glich dem Paradies des heiligen Johannes, der als echter Jude die Begehrlichkeit seiner Landsleute dadurch erregte, daß er den Wohnsitz der Seligen als mit Gold und Edelsteinen gepflastert beschrieb. Dies hat auch nicht wenig zur Ausbreitung des christlichen Glaubens beigetragen; denn alle gaben dem reichen jüdischen Paradies den Vorzug vor dem armseligen Elysium der alten Götter, in dem es statt Saphiren und Perlen nichts anderes gab als Myrtenhaine, klare Bächlein und ein elfenbeinernes Tor.

Johanna lief im Gemach auf und ab und konnte sich nicht sattsehen an den vielen dort aufgehäuften Schätzen. Bald wog sie in ihren weißen Händen die edelsteinbesetzten Becher, bald zählte sie die Diamanten und Smaragde, die das Bild der Madonna zierten, und beschaute die Verzierungen und das Räderwerk der arabischen Uhr. Dann trat sie an das Tischchen neben dem Bett, auf dem ein leichtes Mahl serviert war für Seine Heiligkeit den Papst, wenn er etwa des Nachts erwachte, und trank einen Becher jenes süßen Weines vom Vesuv, *Lacrimae Christi*, wie ihn die frommen Italiener getauft haben, von dem der echte Weintrinker für jeden Tropfen einen Tropfen seines Blutes hingeben würde. Die Weindünste im Verein mit den Dünsten des Ehrgeizes steigerten den Rausch unserer Heldin bis zum Höhepunkt. Wäre in diesem Augenblicke der Zeremonienmeister mit der Aufforderung erschienen, sich auf die *sedes copranica* zu setzen, oder der Diener Philipps mit dem Ruf: »Gedenke, daß du ein Mensch bist«, sie hätte beiden geantwortet, daß sie Tiere seien. In dem Gefühl, daß das ungeheure Gemach zu eng sei für ihre Größe, öffnete sie das Fenster und betrachtete die im Mondlicht zu ihren Füßen liegende, schlummernde Stadt Rom, während sie vergeblich eine Heldin der Geschichte ausfindig zu machen suchte, die mit ihr selbst verglichen zu werden verdiente. Viele Frauen vor ihr hatten sich mit dem Schwert umgürtet oder eine Krone auf ihr Haupt gesetzt, aber was sind duftende Siegeskränze oder ein Königsthron auf der Erde im Vergleich zur päpstlichen Machtfülle, die aufgrund göttlichen Rechts über Seelen und Leiber herrscht und Erde, Himmel und Hölle mit ihrem Zepter regiert? Wer wollte es wagen, eine Semiramis, eine Morgane, die Jungfrau von Orleans oder irgendeine andere Heldin mit unserer Johanna auf eine Stufe zu stellen? Auch ich würde bei einem solchen Vergleich in Verlegenheit geraten. Denn da, wie wir bei Homer sehen, der einen König, wie zum Beispiel Agamemnon, mit einem Ochsen, oder einen tapferen Krieger wie etwa Ajax mit einem Esel, einen gewandten Diplomaten mit einem Fuchs vergleicht – daß also jeder Mensch, der sich vor seinesgleichen auszeichnet, gebräuchlicherweise nur mit einem Tier verglichen werden kann, so würde ich eingestehen müssen, daß ich nicht wüßte, mit welchem Tier man den Papst vergleichen kann.

Die Morgenkühle und das Geschrei der Esel, die den Untertanen Johannas das tägliche Gemüse brachten, unterbrachen ihre ehrgeizigen Träumereien; sie schloß das Fenster und ging wieder zu Bett. Am nächsten Morgen erwachte sie nach päpstlicher Gewohnheit um zehn Uhr, wusch sich die Hände und beeilte sich, die Zügel der Regierung in die Hand zu nehmen. Wenige Tage genügten, um die Kunst zu erlernen, Papst zu sein. Sie saß kaum eine Woche auf dem apostolischen Thron, als auch schon jeder auf ihrer Stirn deutlich geschrieben lesen konnte: Du sollst keine anderen Götter haben neben mir. Kein Pontifex vor ihr hatte mit solcher christlichen Demut den Gläubigen seinen Fuß zum Küssen hingehalten; Johanna war freilich als Frau seit Jahren daran gewöhnt. Bewundernswert war auch die Geschicklichkeit, mit der sie die weltliche Macht mit der geistlichen zu verbinden verstand, indem sie im Namen Jesu durch den Steuereinnehmer Abgaben erhob, durch den Henker hinrichten ließ und außerdem Güter konfiszierte und Gefängnisstrafen verhängte und alles andere ausübte, was zur Kunst des Regierens gehört.

Glaube jedoch nicht, lieber Leser, daß ich dies zu ihrer Verunglimpfung anführe, sondern einfach als traurige, aber unvermeidliche Notwendigkeit ihrer Stellung, in die sich Johanna mit christlicher Geduld fügte. Die Frauen als personifizierte Mischungen von Liebe, Aufopferungsfähigkeit, Mitleid und der übrigen zarten Tugenden verstehen es trotzdem, wenn die Not es gebietet, sich in Blut zu baden wie in einem wohlriechenden Bad. Die Vestalinnen ebenso wie die Nonnen des alten Roms streckten oft den Daumen nach unten, damit ein besiegter Gladiator abgeschlachtet werde.

236

Die heilige Irene ließ Tausende von Menschen abschlachten und ihren eigenen Sohn blenden; die erhabenen Fürstinnen Elisabeth von England und Katharina von Rußland brauchten das Beil und die Knute mit derselben Leichtigkeit wie ihren Fächer. Die Päpste jedoch dürfen solche Dinge nach göttlichem Recht oder vielmehr nach göttlichem Befehl ganz ungeniert tun.

Als der heilige Petrus eines Tages hungerte, verfiel er in Ekstase und sah ein Tuch, auf dem sich alle vierfüßigen und zweifüßigen Tiere sowie die Kriechtiere befanden, zugleich hörte er eine Stimme, welche zu ihm sagte: »Stehe auf, Petrus, schlachte und iß.« Das war die erste Offenbarung der weltlichen Machtbefugnis der Päpste, die von nun an schlachteten und aßen; um aber in allem dem Apostel noch näher zu kommen, zu dessen Füßen die Reichen den Erlös ihrer verkauften Besitztümer niederlegten, machten auch die Päpste die ganze Menschheit zu Bettlern unter dem Vorwand, daß sie alles den Armen gäben. Wenn sie auch im Mittelalter zuweilen mordeten, so taten sie dies, weil zu jener Zeit der Glaube an das Leben im Jenseits den Wert des Lebens im Diesseits gering erscheinen ließ und weil sie, wenn sie Menschen lebendig verbrannten, keine Gewissensbisse empfanden, da sie sicher waren, die Apostel selbst würden wie sie gehandelt haben, wenn sie nur Henker und Brennholz zur Verfügung gehabt hätten.

Johanna war nach dem Zeugnis sämtlicher Historiker, anfangs wenigstens, ein vortrefflicher Papst, der die Traditionen der Vorgänger aufrechterhielt und jenes Dogmennetz weiter spann, das bestimmt ist, den Augen der frommen Christen den Himmel zu verhüllen.

Aber niemandem kam es damals in den Sinn zu untersuchen, ob dieses päpstliche Gespinst wirklich das Himmelsgewölbe sei. Brot und Spiele verlangten die alten Römer von ihren Kaisern, dasselbe verlangten auch ihre Nachkommen vom Papst. Aber die Stelle der Spiele nahm die Religion ein, und unsere Heldin oder vielmehr der allerheiligste Papst Johann VIII., jung, schönheitsliebend und bestrebt sich zu zeigen, unterließ nichts, um die religiösen Gottesdienste glänzender zu gestalten. Tag und Nacht glimmte Räucherwerk, brannten Kerzen, erschallte Glockengeläut und das Hochrufen der Menge. Nur die römischen Damen beklagten sich zuweilen über den Pontifex, der das zu tun gänzlich unterließ, was sie bei seiner Jugend und Schönheit erwartet hatten, aber auch sie hofften, daß er schnell seinen Fehler erkennen und verbessern und auch darin dem Beispiel seiner Vorgänger folgen werde, daß er ihnen die Schlüssel seines Herzens und seiner Schatzkammer übergebe.

Fast zwei Jahre dauerten der ehrgeizige Rausch und die unvergleichliche Tätigkeit Johannas. Während dieser Zeit setzte sie vierzehn Bischöfe ein, errichtete fünf Kirchen, fügte zum Credo noch einen Satz hinzu, schrieb drei Bücher gegen die Bilderstürmer, schnitt dem Kaiser Lothar die Haare ab, krönte seinen Nachfolger Ludwig und tat viel anderes Bemerkenswerte, was die Chronisten mit Bewunderung erwähnen. Diejenigen, die von Johanna als Papst nichts wissen wollen, schreiben das eine ihrem Vorgänger, das andere ihrem Nachfolger zu oder streichen sie aus der Geschichte des Papsttums. So datierten auch die Legitimisten in Frankreich die Regierung Ludwigs XVIII. vom

Todestag seines Bruders, wobei sie als unerheblich die Lorbeeren und die Weltherrschaft Napoleons außer acht ließen. Und wenn die Nachkommen des heiligen Ludwig den Erfolg auf ihrer Seite gehabt hätten, wenn es ihnen gelungen wäre, alle Denkmäler des Korsen zu stürzen und aus allen Büchern seinen Namen zu streichen, wie es die Katholiken bei Johanna versucht haben, wer weiß, ob nicht im Lauf der Jahrhunderte auch jener Gigant ebenso zweifelhaft und mythisch geworden wäre wie die Giganten vor ihm, die Berge aufeinander türmten um den Himmel zu stürmen? Nach tausend oder zweitausend Jahren, wenn Frankreich wie Griechenland ein Land der Erinnerungen geworden wäre, würde vielleicht irgendein neugieriger Archäologe auftreten, der die Geschichte und Taten Bonapartes erforschte, wie wir heute die der Johanna, und seinen Lesern erzählen, daß in den dunklen Epochen der Geschichte ein wagemutiger Mann gelebt habe, den die einen Napoleon, die anderen Prometheus nennen, daß dieser versucht habe, das Zepter der Könige an sich zu reißen und von diesen an einen öden Felsen am Ende der Welt geschmiedet worden sei, wo ihm ein unersättlicher Geier namens Hudson die Eingeweide zerrissen habe. Doch kehren wir zu Johanna zurück.

Die höchsten Stellungen in der Menschheit ähneln den Bergen, die von weitem gesehen in ihren Umrissen so harmonisch und in ihrem Aussehen so heiter erscheinen, die bald ein schimmerndes Brautgewand aus Wolken anlegen, bald durch ihre Farbe die Krämer an Gold oder die Ehrgeizigen an Purpur erinnern. Steigt man jedoch auf den Gipfel hinauf, so sieht man sich von Disteln, Dornen und wilden Tieren umgeben. So war auch für unsere Heldin Sankt Peters Thron Tag und Nacht von Schreibern, Schmeichlern, Höflingen und anderen unersättlichen Bettlern umringt, die die Throne umflattern wie die Raben das Aas. Daher hatte sie es schließlich satt, ihnen den Fuß zu servilen Küssen hinzuhalten, und erinnerte sich mit Sehnsucht der goldenen Tage, wo sie statt der Sandalen ihre Lippen den heißen Küssen des Frumentius dargeboten hatte. Johanna fing bereits an, einen Abscheu vor dem Weihrauchduft zu entwickeln, wie die Köche vor dem Geruch der Kramtsvögel. Oft gähnte sie, während sie in goldstrotzendem Gewand vor dem Altar des heiligen Petrus die Messe zelebrierte oder während sie von der Höhe des Vatikans *urbi et orbi* den Segen spendete.

Aber während sich die Dünste des Ehrgeizes verflüchtigten, erwachten die alten Begierden wieder. Die Langeweile erweicht die Herzen der Frauen, Müßiggang und ein guter Tisch haben dieselbe Wirkung auf die Leidenschaften wie Öl auf das Feuer. Das wußten schon die alten Ägypter und maßen deshalb ihren Königen Brot, Fleisch, Bettdecken und Schlafzeit sparsam zu. Sie unterwarfen sie, damit sie zur Regierung geeignet blieben, ungefähr derselben Diät wie die Engländer ihre Rennpferde. Anders dagegen lebten die Nachfolger Petri: Sie ruhten auf Daunen, aßen Berge von Rebhühnern und Hekatomben von Hirschen auf, speisten an den Fasttagen geflügelte Fische, nämlich Gänse und Enten, dazu noch Kaviar, Trüffeln, Austern, Pilze und andere gute Sachen, die die vielgerühmten Äpfel von Eden ersetzen, deren Inneres nach Angabe der Rabbiner statt aus Kernen aus Kanthariden besteht. Dies alles machte unsere Heldin zu einem vollendeten

Muster eines konstitutionellen Königs, der wie ein Gott Epikurs auf seinem hohen Thron schnarcht und es seinen Ministern überläßt, den Untertanen das Fell über die Ohren zu ziehen, ganz wie der Schöpfer nach Ansicht der Manichäer die Welt der Willkür des Teufels.

Unterdessen wurden die Verhältnisse (ich meine die römischen) schlimmer und schlimmer. Die von Leo aufgehäuften Schätze waren in Pferde, Prozessionen, Gastmähler und Pensionen umgewandelt worden. Die Verwalter der päpstlichen Kasse beeilten sich, obwohl sie dieselbe schon längst geleert hatten, mit ihrem Rücktritt nicht, nach dem Beispiel des Diogenes, der sich im Faß verkroch, als er den Wein darin ausgetrunken hatte.

Seine Heiligkeit Johann VIII. hatte sich, der Geschäfte, Untertanen, Bullen, Bannflüche und anderen päpstlichen Zeitvertreibs überdrüssig, nach Ostia zurückgezogen, der Vergnügungsresidenz der damaligen Päpste. Er verlebte dort inmitten eines fröhlichen Treibens von bartlosen Priestern sorglose Tage, von den blauen Wellen des Mittelmeers und den Melodien der Flöten, Violinen und Eunuchen umgaukelt, wobei letztere Seiner Heiligkeit überallhin folgten. Johanna befand sich damals in der Mitte des Lebensweges so wie Dante, als er im Wald dem Löwen, Panther und Wolf begegnete; sie aber merkte das Herannahen anderer, für die Frauen nicht minder gefährlicher Tiere, der weißen Haare und der Runzeln. Ihre Schönheit sang sozusagen ihr Schwanenlied. Aber obwohl sie so viele verbotene Früchte gegessen, hatte sie doch noch all ihre weißen und gesunden Zähne; ihr Verlangen, das vom Ehrgeiz so lange unterdrückt worden war, begann wieder ihre Brust zu beunruhigen, die ebenso wie die Zähne noch fest und wohl konserviert war. Oft, wenn sie ihre hübschen Höflinge zu einem üppigen Mahl versammelt hatte, musterte sie nach dem Essen die Reihen dieser Adonisse in der Kutte, wie die erhabene Katharina die ihrer Leibwächter, und überlegte, wem von ihnen sie den Apfel geben, noch viel mehr jedoch, wie sie das auf dezente Art fertigbringen solle. Andererseits, wenn sie die Größe des Wagnisses bedachte, schreckte sie ängstlich davor zurück, wie ein konstitutioneller Herrscher vor einem Staatsstreich. Zwar machte sich Johanna wenig aus der Gottlosigkeit eines solchen Beginnens, und noch weniger fürchtete sie sich vor dem Urteilsspruch des himmlischen Richters, der einen schwachen Augenblick mit ewigen Flammen bestraft und in demselben Kessel denjenigen röstet, der seinem Nächsten ein Leid zugefügt, wie denjenigen, der ihm ein Vergnügen bereitet hat. Als geistreiches Weib widerstrebte es ihr zu glauben, daß Gott soviel Gutes in dieser Welt geschaffen habe, damit man es entbehre, so wie man auf englischen Tafeln Weintrauben serviert, damit sie nicht genossen werden. Aber sie fürchtete sich vor dem Skandal, der Schwangerschaft und den bösen Zungen, diesen drei Hütern weiblicher Tugend. Wären die Männer unfruchtbar wie Maulesel und stumm wie Fische, so glaube ich, würden sie die Frauen nicht nur nicht seufzen, sondern nicht einmal atmen lassen.

Zwei volle Monate kämpfte Johanna gegen den Dämon: Jeden Abend streute sie Keuschlammblätter in ihr Bett, wie die Athenerinnen am Demeterfest, trank nach Plinius' Rat jeden Tag einen kräftigen Seerosentee, aß nach der Anweisung Sankt Johannes des Fasters Lattichblätter, kurz, sie ließ keine der mittelalterlichen Arzneien unversucht, um die jugendlichen Gefühle zu unterdrücken, die in der Brust der Vierzigjährigen aufsproßten wie Blumen auf Trümmern. Aber solche Gefühle gleichen dem ungelöschten Kalk, der um so mehr erglüht, je mehr er benetzt wird. Anstatt nach einem Sieg über das Fleisch Siegeslieder zu singen, weinte Johanna über die versäumte Gelegenheit. »Noch einen solchen Sieg, und ich bin verloren«, rief Pyrrhus aus, als er seine gefallenen Soldaten zählte. Dasselbe sagte auch Johanna, als sie sich nach einer schlaflosen Nacht drei grau gewordene Haare auszog. Da sie ihre sichere Niederlage schon voraussah, hielt sie es für überflüssig, den Kampf fortzusetzen, ja sie hatte sogar schon längst ihren Besieger ausgesucht. Wenige Augenblicke vor seinem Tod hatte ihr der heilige Leo seinen einzigen Sohn oder vielmehr Neffen (denn in Rom nennt man die Kinder der Päpste, besonders wenn letztere Heilige sind, galanterweise deren Neffen), einen zwanzigjährigen Jüngling, empfohlen. Florus war blond wie ein lakonischer Hund und wie ein solcher Johanna ergeben, die ihn zu ihrem geheimen Kammerherrn ernannt hatte, einem in jener Epoche wichtigen und vielbeneideten Amt.

Der junge Papstsproß schlief stets in dem an das Schlafgemach des Papstes anstoßenden Zimmer, bereit, auf ein Zeichen mit der Klingel sofort herbeizueilen. Johanna pflegte wie die alten Athener ohne Aufschub auszuführen, was sie einmal beschlossen hatte. Aber hier befand sie sich zum ersten Mal in großer Verlegenheit und überlegte lange vergeblich, wie sie als Papst den Küssen dieses unschuldigen Jünglings etwas ganz anderes als ihre Schuhe darreichen könne. Oft verließ sie, um die Mitternachtsstunde noch wach, ihr Schlafzimmer und schlich sich auf den Zehen in die Stube, wo der designierte Nachfolger des Frumentius schlief, dämpfte durch Vorhalten der Hand das Licht der Lampe, wie die Mondgöttin Selene ihre Strahlen durch Wolken, als sie den Hirten vom Latmos besuchte, und blieb ganze Stunden in der Betrachtung des schlafenden Jünglings versunken. Eines Abends wagte sie sogar, die Stirn des Schlummernden mit den Lippen flüchtig zu berühren, entfloh jedoch angstvoll, sobald sie seine Brauen sich bewegen sah. Am nächsten Morgen erzählte der gute Florus seinen Freunden, daß ihn eine nächtliche Vision, in ein gesticktes Hemd gehüllt, im Schlaf besucht habe. Aber Visionen, Träume und Gespenster waren in jener Zeit etwas so Gewöhnliches, daß die meisten beim Anhören der Erzählungen des jungen Kammerherrn gähnten, anstatt zu erstaunen. Er indessen war fest überzeugt, daß seine Vision nicht zu den gewöhnlichen gehörte und lag in der nächsten Nacht furchtsam im Bett, ohne ein Auge schließen zu können.

Alles war still im päpstlichen Palast, außer den Eulen und den Uhren, als ein leichtes Geräusch wie der Flügelschlag eines Nachtvogels oder der Schritt einer jungen Dame, die zu ihrem ersten Rendezvous schleicht und sich vor dem jungfräulichen Knistern ihrer Schuhe fürchtet, an der Vortür des Zimmers sich hören ließ. Die Tür öffnete sich geräuschlos, wie von einem unirdischen Hauch bewegt, und das Gespenst schritt auf den Spitzen der nackten Füße auf das Bett zu. Florus fühlte sein Hemd sich von kaltem Schweiß netzen wie vom Wasser des Styx (ich meine hier den Fluß in Arkadien und nicht den in der Unterwelt, der heiß war), während die Finsternis seine Angst steigerte. Denn das Gespenst war weder selbstleuchtend wie die anderen Gespenster noch trug es in jener Nacht ein Licht, sondern es war beim schwachen Leuchten des erloschenen Kaminfeuers kaum von einer weißen, undeutlichen Wolke zu unterscheiden, während es sich langsam dem Bett näherte. Die Wolke, das Gespenst, der Vampir, mit einem Wort Johanna, blieb vor dem Bett stehen und begann, durch die Regungslosigkeit des jungen Mannes ermutigt, mit dem äußersten Ende der Lippen die Wangen der verbotenen Frucht zu berühren, in die sie nicht zu beißen wagte. Diese warme Berührung zerstreute im Nu den in den Adern des Jünglings kreisenden Schrecken; plötzlich richtete er sich auf und streckte beide Arme aus, um das Gespenst zu fassen, das kaum Zeit fand zu entwischen, freilich nicht ohne die Hälfte seines Hemdes und fünf Haare seines Kopfes in Florus Händen zurückzulassen. Aber mit einer solchen Beute konnte sich der gute Kammerherr nicht begnügen; schon kochte sein Blut vor Aufregung und Neugierde, und seine Füße verfolgten die nächtliche Erscheinung, die schnellfüßig entschlüpfte. Zwei- bis dreimal jagten sie so kreuz und quer durch das Gemach, bis sich das Gespenst in den Falten seines zerrissenen Hemdes oder Leichentuches verfing und auf einen Teppich unmittelbar unter einem offenen Fenster niederstürzte. Da streckte Florus wieder die Hand aus. Aber statt Knochen, Würmer, Moder und andere Zierraten der Vampire zu fassen, ruhte seine Hand auf warmer und weicher Haut, die ihm wohl geeignet schien, als Unterlage für ein lebendig schlagendes Herz zu dienen. Schon streckte er auch die andere Hand aus, da tauchte der Mond hinter der ihn verhüllenden Wolke hervor und beschien hell das Gesicht und die nackte Brust Seiner Heiligkeit des Papstes Johann VIII.

Hier könnte ich, verehrter Leser, wenn ich wollte, von dem Abbé Casti, dem hochwürdigen Pulci, dem schamhaften Rabelais oder einem anderen frommen Priester etwas gepfefferte Redensarten entleihen, um meine Erzählung zu würzen, die schon trocken zu werden beginnt wie der Feigenbaum im Evangelium. Aber da ich weder Theologe noch Priester, selbst nicht einmal Diakonus bin, bezweifle ich, ob ich das Recht habe, meine Hände und deine Ohren zu beschmutzen. In derselben Verlegenheit befand sich auch Byron, der Dichter des *Don Juan,* als nach langem Suchen seine Hand auf der Brust seiner dritten oder vierten Heldin zur Ruhe kam wie die Arche auf dem Ararat. Da aber Byron nicht wußte, auf welche Weise er das Folgende in dezenter Weise erzählen solle, verzichtete er auf das Gedicht und die Poesie, wurde aus Verzweiflung Menschenfeind und Griechenfreund und begrub sich in den Sümpfen von Missolunghi. Ich aber, der ich eine wahre Geschichte schreibe, bin *nolens volens* gezwungen zuzugestehen, daß die Dinge nach einigen notwendigen Erklärungen zwischen Johanna und Florus so weit gediehen, daß die Wangen der Madonna, die sie zu verhüllen vergessen hatten, vor Scham rot wurden, die des Sankt Peter gelb vor Zorn, daß das Bild des Gekreuzigten herabfiel und zerbrach und der Schutzengel des Papstes Johann VIII., der noch nicht wußte, daß der Inhaber des Himmelsschlüssels ein Weib war, mit seinen Schwingen zum Himmel flog. Wäre es Tag gewesen, als die ruchlose Sünde begangen wurde, hätte sich unzweifelhaft auch eine Sonnenfinsternis ereignet, da es jedoch tiefe Nacht war, haben uns die wahrheitsliebenden Chronisten nur von einer Verfinsterung des Mondes durch eine blutfarbene Wolke berichten können. Nach anderen Berichterstattern wieder wurde das Wunder bis zum nächsten Morgen hinausgeschoben, an dem die Bewohner der Ewigen Stadt vergebens auf das Gestirn des Tages warteten; so wurde jene Nacht dreifach, wie damals, als Zeus den Herakles zeugte. Aber ich bezweifle, daß Johanna sie lang fand, denn nach Salomos Ausspruch werden die Hölle und das Feuer und die Liebesbrunst des Weibes niemals sagen: Es ist genug.

Als am Tag nach jener dreifachen Nacht Papst Johann in der Mitte seiner Höflinge erschien, glänzte das Gesicht Seiner Heiligkeit, seine Lippen und Hände teilten verschwenderisch Gebete, Gnadenbeweise und Segen aus, und die ganze Freude des Papstes spiegelte sich in den Gesichtern der Höflinge, die fröhlich den Kopf erhoben, wie Getreidehalme, die nach langer Dürre einmal Regen bekommen haben. Das Oberhaupt der Christenheit verlieh an jenem Tage vier Bischofssitze, beförderte sechzehn Diakonen zu Priestern, fügte zwei Heilige dem Kalender zu, begnadigte fünf Verbrecher vom Galgen und zwanzig Ketzer vom Scheiterhaufen und bedauerte bei alledem, nicht wie Briareus hundert Hände zum Austeilen von Gnadenerweisen zu haben. Hierauf begab sich Johanna in die Kirche und empfing nachher die Gesandten des Fürsten Ansigis, der um

Hilfe gegen die Sarazenen bat. Aber während sie alles dies rein mechanisch tat, suchte ihr Auge überall Florus, und ihr Geist umflatterte ihr Bett wie die Biene die Blumen; oft flüsterte sie im Verlauf des Tages wie der königliche Psalmist: »Wer gibt mir Flügel wie der Taube, um zu dir zu fliegen und an deinem Busen zu ruhen?«

Zwei volle Monate schwamm Johanna wie ein Schwan auf den Wellen unsagbarer Freude und wurde von ihrem jungen Geliebten angebetet, wenn sie auch bereits jene Lebensmitte überschritten hatte, nach der wir sehnsüchtig den Blick rückwärts wenden. Aber Florus befand sich noch in jenem glücklichen Alter, wo uns selbst die Dornen duftig und alle Frauen schön erscheinen, wo wir Herz und Lippen zum öffentlichen Verkauf stellen, uns in jeden Arm werfen, der sich uns öffnet, wie Daniel in die Löwengrube, wo wir Wasser verlangen, um unseren Durst zu löschen, ohne danach zu fragen, ob es klar, trübe oder abgestanden ist. Übrigens war auch unsere Heldin, obgleich vierzigjährig, keineswegs zu verachten; denn sie hatte Zähne, die noch weißer waren als ihr Haar, und ersetzte die Zartheit und den Duft der Jugend durch jene köstliche Rundung und majestätische Fülle, die bartlose Jünglinge so sehr entzückt, die die Zügel ihres Herzens starken und erfahrenen Händen anzuvertrauen lieben.

Viele Kritiker (ich weiß nicht, ob orthodoxe oder häretische) ziehen die *Odyssee* der *Ilias* vor; es gibt auch Maler, die Ruinen vor neu gebauten Häusern den Vorzug geben, und Feinschmecker, die Rebhühner mit *haut goût* gerne essen. Ebenso behaupten auch gar manche Anhänger Salomos, daß reife Frauen die verbotene

Frucht kundig zuzubereiten wissen, indem sie den zu ihr führenden Weg mit Blumen bestreuen wie die Jesuiten den Pfad zum Himmel. Als Petrarca alt geworden war, träumte er von einer Idealform, die diese Kunst mit blühender Jugend vereine, und durchstreifte vergeblich Gärten und Wälder, um jene Chimäre zu finden, die er eine reife Frucht auf einem blühenden Bäumchen nannte. Aber Florus war noch nicht soweit gekommen, um von weißen Amseln zu träumen, und seine Johanna hätte er trotz ihrer vierzig Jahre nicht gegen zwei zwanzigjährige Mädchen eintauschen mögen.

Indes war der Sommer längst vorüber, und der Heilige Vater machte noch keine Anstalt, in seinen Wohnsitz zurückzukehren. Die letzten Blätter des Jahres häuften sich an den Wurzeln der Bäume, das Meer tobte im herbstlichen Sturm, und die Wölfe kamen von den Bergen herunter. Aber die beiden Liebenden verbrachten die Zeit heiter und lustig wie die Turteltauben den Frühling. Viele Philosophen haben versucht herauszufinden, worin sich der Mensch vom Vieh unterscheidet; die Juden haben behauptet, es gebe überhaupt keinen Unterschied, die Christen, der Mensch habe eine unsterbliche Seele, die Philosophen, er sei vernünftig, und Aristoteles, er niese häufiger als die Tiere. Noch besser als die eben Erwähnten hat es aber meiner Meinung nach Sokrates mit der Beobachtung getroffen, daß wir die Tiere darin übertreffen, daß der Mensch das, was die Tiere nur im Frühling tun, das ganze Jahr hindurch verrichten kann. Um seine übermäßigen ehelichen Ansprüche zu rechtfertigen, warf Zeus die Schuld auf den Einfluß des Frühlings und befahl der Erde, Blumen hervorsprießen zu lassen, so oft er Lust bekam, mit Hera zu verkehren. Johanna, die dasselbe Wunder nicht verrichten konnte, ersetzte die Wärme und das Licht der Frühlingssonne durch Holzscheite und Fackeln, den Blumenduft durch Aloe und Zimt und das Gezwitscher der Vögel durch lustige Flötenklänge und Lieder. Gelage, Spiele, Affen, Mimen, Spaßmacher und die übrigen Vergnügungen des Mittelalters folgten einander ununterbrochen im päpstlichen Palast, nach Angabe der Chronisten erschallten dort oft Trinklieder und Fußtritte von Tänzern. Niemals mehr fand sich der Pontifex bei den Früh-Andachten ein; denn er handelte nach dem Wort Salomos: Es ist eitel für uns, vor Sonnenaufgang aufzustehen (Ps. 126, 2); was die Gebete, Messen und die sonstigen Gottesdienste anlangt, so richtete er sich nach dem Spruch des Evangeliums, das den Christen verbietet, viele Worte zu machen. Oft passierte es Johanna, wenn sie sich nach einer dreimal glücklichen Nacht aus den Armen ihres Geliebten losgerissen hatte, daß sie wie das Credo auch das Paternoster änderte, indem sie den Vater im Himmel statt um das tägliche Brot um den täglichen Florus bat.

Irgendein persischer König, Cyrus, Kambyses, Xerxes oder Chosroës, ich weiß nicht mehr, welcher von ihnen, versprach demjenigen eine reiche Belohnung, der eine für ihn neue Art von Vergnügen erfände. Ich für meine Person würde mich gern mit den seit Adams Sündenfall vorhandenen begnügen; das schlimme ist nur, daß all diese Freuden nicht ewig währen. Entweder entfällt der Freudenbecher der Hand, bevor wir unseren Durst zu löschen vermochten, oder der in ihm enthaltene Göttertertrank verwandelt sich in Essig, so daß wir selbst den Becher mit Abscheu absetzen. Während unsere Heldin mit vollen Segeln im Meere der Lust dahinfuhr, stieß sie plötzlich an ein Riff, das sie längst zu fürchten aufgehört hatte.

Das zehnjährige Zusammenleben mit Frumentius und seinen Nebenbuhlern ließ sie überzeugt sein, daß sie soviel verbotene Äpfel, wie sie wolle, genießen könne, ohne die Folgen fürchten zu müssen. Da sie schon längst nicht mehr die Heilige Schrift aufschlug, hatte sie vergessen, daß fast alle Heldinnen der Bibel, Sara, Rebekka, Rahel und andere, bis ins Alter hinein unfruchtbar gewesen waren und dann doch noch Patriarchen und Propheten geboren hatten. Groß war deshalb ihre Überraschung, als die im vierten Buch des Aristoteles beschriebenen Symptome sie wie der Engel die Mutter Samsons belehrten, daß der Höchste ihren Schoß gesegnet habe. Aber während die Hebräerin bei der ersten Bewegung ihres Kindes vor Freuden hüpfte, fiel Johanna der Becher, den sie gerade zum Mund führen wollte, vor Schreck aus der Hand. Und während die Tafelgenossen den verschütteten Wein als ein gutes Omen bejubelten, eilte sie in ihr Gemach, verschloß es und begann über ihr Unglück zu weinen.

Alle Augen im päpstlichen Palaste waren längst geschlossen, aber Johanna wachte noch, den Kopf auf die Hände gestützt wie der heilige Petrus, als er Christus verleugnet hatte, und zermarterte sich das Hirn mit Nachdenken, wie sie dem drohenden Unheil entgehen könne. Bald dachte sie daran, Rom und den Schlüssel des Himmels aufzugeben und mit Florus in einen unbekannten Winkel des Landes zu fliehen, bald durch

Beschwörungen oder auch Arzneimittel den unerwünschten und lästigen Eindringling unter ihrem Herzen auszutreiben. Beide Pläne jedoch boten viele Schwierigkeiten und Dornen; denn sie mochte weder den apostolischen Stuhl verlieren noch ihr Leben gefährden; ein anderes Mittel, den Knoten zu lösen, vermochte sie nicht ausfindig zu machen. Der Kopf war ihr schwer, in ihren Ohren dröhnte es, vor ihren Augen schwebten bald Funken, bald jenes Dunkel, das als die untrüglichen Zeichen der Schwangerschaft galten, als plötzlich vor ihren Ohren starker Flügelschlag erscholl. Bei diesem Geräusch hob Johanna den Kopf, und vor ihr stand ein Jüngling mit weißen Fittichen, in ein flammendes Gewand gehüllt und um den Kopf einen Heiligenschein; in der Rechten hielt er eine lodernde Fackel, in der Linken einen Becher. Unsere Heldin, die außer auf Bildern nie einen Engel gesehen hatte, erschrak so sehr vor der Erscheinung, daß sie sich weder zur Begrüßung des Gastes erheben konnte noch daran dachte, ihm einen Stuhl anzubieten. Unterdessen hatte der himmlische Abgesandte die Flügel zusammengefaltet, einige auf die Stirn fallende blonde Locken zurückgestrichen und sprach, einen flammenden Blick auf die unglückliche Päpstin werfend: »Johanna, diese Fackel verkündet dir das ewige Feuer zur Strafe deiner Sünden, der Becher einen frühzeitigen Tod und Schmach auf Erden. Wähle jetzt zwischen beiden.« Bei diesem Vorschlag des Engels ergriff eine fürchterliche Ratlosigkeit unsere unglückliche Heldin, die lange schwankend blieb wie David, als er zwischen Hungersnot, Krieg und Pest die Wahl treffen sollte. Todesfurcht und Angst vor der Hölle stritten in der Brust der armen Johanna wie Esau und Jakob im Leibe der Rebekka. Anfangs streckte sie die Hand nach der brennenden Fackel aus, das zukünftige Leben für das gegenwärtige opfernd; aber die Geister des Abgrunds, welche stets solchen Szenen unsichtbar beiwohnten, grinsten auf eine so schauderhafte Weise, und eine solch tiefe Trauer verdunkelte das Antlitz des Engels, daß sie ihren Entschluß bereute und die andere Hand ausstreckte, den Becher des Todes und der Schande ergriff und ihn bis zum Boden leerte.

Dies erzählen, lieber Leser, die frommen Chronisten, wenn du aber zur Schule der Rationalisten gehörst, die die Wunder der Heiligen Schrift auf natürliche Ursachen zurückführen wie Plato die der Mythologie, indem sie behaupten, daß der der Madonna die Lilie überreichende Engel ein verkleideter Soldat gewesen sei und daß Lazarus in tiefem Schlaf lag, als er von Jesus auferweckt wurde, wenn du, sage ich, zu dieser Gruppe gehörst, so magst du annehmen, daß auch Johanna den Engel im Traum erblickte oder daß ein witziger Diakon, der ihr Geheimnis kannte, sich mit Flügeln ausstaffierte, um sie in Schrecken zu versetzen; ziehst du jedoch das System des Schweizer Theologen Strauß vor, der, anstatt seine Zeit mit der Erklärung unerklärlicher Dinge zu verlieren, die Wunder und Evangelien Mythen nennt, so kannst du die Vision unserer Heldin einfach als eine blödsinnige Erfindung ihrer kuttentragenden Biographen betrachten. Was mich betrifft, der ich keiner Schule angehöre, so glaube ich die Sache lieber, wie ich sie gelesen habe, denn nach Salomo (Sprüche Kap. 14, Vers 15) glaubt ein Mensch ohne Falsch alles.

Als Florus am nächsten Morgen in das päpstliche Schlafzimmer eintrat, fand er Seine Heiligkeit unter fürchterlichen Zuckungen auf dem Teppich liegend. Vergebens suchte der arme junge Mann wie ein zweiter Pygmalion mit seinen Lippen die vom Schreck versteinerte Geliebte zu erwärmen. Vierzehn ganze Tage blieb Johanna im Bett, zwischen Tod und Leben schwebend. Als sie sich von dieser langen Agonie endlich wieder erholt hatte, kehrte sie sofort nach Rom zurück, schloß sich in ihrem Betsaal ein und wehrte allen Höflingen und sogar den Sonnenstrahlen den Zutritt. Hier Tag und Nacht von furchtbaren Erscheinungen umlagert wie Saul, nachdem er Samuels Geist gesehen hatte, war sie bald nur noch ein Schatten der früheren Johanna; sie fuhr auf, sobald eine Tür knarrte, und fiel in Ohnmacht, wenn eine Eule oder ein Nachtrabe auf dem Dach des Vatikans krächzte. Der Anblick der Himmelsbewohner hat noch nie den unglücklichen Sterblichen genützt, die gewürdigt wurden, Götter, Engel oder Heilige von Angesicht zu Angesicht zu schauen. Semele wurde von Jupiters Strahlen versegt, der gottselige Nikon verlor ein Auge, als er die Madonna in ihrer herrlichen Schönheit erblickte, der heilige Paulus wurde von dem Glanz Christi geblendet, und Zacharias wurde nach der Erscheinung des Engels stumm. Darum fürchteten sich auch die Juden vor Visionen so sehr, daß sie abends vor dem Schlafengehen zu Gott beteten, er möge sie vor jenen furchtbaren Dingen behüten, die im Finsteren umherwandeln.

Aber während der Pontifex vor den Bewohnern der anderen Welt zitterte, bedrohten viel schlimmere Feinde als diese seine Macht. Die damaligen Italiener glichen nicht den heutigen konstitutionell regierten Nationen, die die Könige als einfache architektonische Verzierungen betrachten, die auf die Spitze des Staatsgebäudes gestellt werden wie die Bildsäulen auf das Dach der Tempel. Da sie sich wenig mit etymologischen Studien abgaben, waren sie noch nicht dazu gelangt, sich den Unterschied zwischen den Wörtern »herrschen« und »regieren« klarzumachen, sondern sie verlangten vom Regenten, daß er regiere, wie man von einem Koch fordert, daß er wirklich gut kocht

Da die guten Römer sahen, daß die Kassen leer, die Kirchen verlassen, die Klöster in Kneipen verwandelt waren, daß die Sarazenen die Küstenlandschaften plünderten und die Räuber in den Vorstädten der Ewigen Stadt hausten, so fragten sie anfangs mit Verwunderung, dann mit Ungeduld und schließlich voll Zorn, was eigentlich Seine Heiligkeit tue und warum er, während so viele Feinde zu bekämpfen seien, seine weltlichen und geistlichen Waffen in der Scheide lasse. Die Frommen beschwerten sich, daß ihnen nicht mehr der Segen zuteil werde, die Bettler, daß sie ihr tägliches Linsengericht nicht bekämen, die Fanatiker beklagten unter Tränen, daß schon seit sechs Monaten kein Hexenmeister oder Ketzer mehr verbrannt worden sei, und die Lahmen, Besessenen und Gichtbrüchigen wünschten zu wissen, warum der Papst keine Wunder mehr bewirke. Jedoch die am meisten gegen den Heiligen Vater Erbitterten waren die Priester ohne Pfründe, die Äbte ohne Kloster, die Kanzler und Höflinge, für die es am Hofe keine Stelle mehr gab, die Schmarotzer, die aus der päpstlichen Küche verwiesen waren, und vor allem die Kuppler und Barbiere, die es nicht begreifen konnten, weshalb sie im Schloß keinen Zutritt hatten, während doch Gewohnheit und Tradition dem Papst den Damenbesuch und das Rasieren zur Pflicht machten. Alle diese verwandelten sich, nachdem sie lange vergeblich ihre Ergebenheit, ihre Dienste, ihre Kurtisanen und ihre Rasiermesser angeboten, in wütende Revolutionäre. Da sie außerstande waren, einen Löffel zu bekommen, den sie in den Topf der päpstlichen Freigebigkeit tauchen konnten, suchten sie ihn zu Fall zu bringen wie die Inder die hohen Bäume, um die Früchte zu erlangen.

Auch die Natur schien in jenem Jahr revolutionäre Anwandlungen zu haben. Der Tiber trat über seine Ufer, riß Dämme, Kähne, Türme und Brücken weg, die Blumen vergaßen das Blühen und die Kirschen das Reifen, obwohl es schon Mitte Mai war, und die Vögel saßen schweigend und traurig auf den Zweigen wie die frommen Vögel von Jerusalem in der Passionswoche. Aber das die Römer am meisten erschreckende Zeichen waren so dichte Schwärme von Heuschrecken, daß sie die Sonne verfinsterten und das Geräusch ihrer Flügel dem Rollen vieler Kriegswagen glich (siehe Apostelgesch. 9, 9). Diese Verderben bringenden Insekten hatten sechs Flügel, acht Beine, lange Haare wie die Weiber, und scharfe Schwänze wie Skorpionstacheln.

Ich weiß nicht, ob diese Beschreibung der Wahrheit entspricht oder ob sie die Chronisten der Offenbarung des Johannes entnommen haben wie die Evangelisten das Neue Testament dem Alten. Wie dem auch sei, diese Heuschrecken waren so gefräßig, daß, nachdem sie die Halme und Blätter aufgezehrt hatten, in die Häuser und sogar in die Kirchen eindrangen und dort das Abendmahlbrot und die Kerzen auf dem Altar fraßen. Nachdem sie auch diese verschlungen hatten, begannen sie einander zu verzehren, wobei sie in der Luft mit solcher Wut gegeneinander kämpften, daß die toten Tiere dichter wie Frühlingshagel fielen und kein Römer in jenen Tagen wagte, ohne Regenschirm und Kopftuch auszugehen. Bei dieser letzten Plage lief den braven Christen nun endgültig die Galle über wie die Gewässer des ausgetretenen Flusses. Da sie fest davon überzeugt waren, daß ein einziger Wink des Papstes genüge, um jene geflügelten Tiere zu verjagen, so fragten sie sich voll Verzweiflung, warum der Stellvertreter Christi seine allmächtigen Hände in den Taschen seines Gewandes und seine Untertanen in der Gewalt der Heuschrecken lasse. Die obenerwähnten ehrenwerten Klassen der Mißvergnügten blähten die Nüstern auf und witterten den bevorstehenden Sturm wie die arabischen Pferde eine Quelle in der Wüste, als aber die Stunde gekommen war, ordneten sie die römische Kanaille in Regimenter und Bataillone und führten die bellende Meute unter die Fenster des Vatikans.

Beim Anblick der zügellosen Menge beeilten sich die Wachsoldaten, hinter den Türen Schutz zu suchen und die Höflinge, die Kruzifixe und Heiligenbilder zu umklammern wie die thebanischen Jungfrauen die Götzenbilder, als die sieben Lanzenschwinger vor den Toren der Stadt ihre Speere schüttelten. Nur Florus, der schon lange seine Geliebte hatte entbehren müssen und Tag und Nacht vor der geschlossenen Tür des Betsaals gewartet hatte, hüpfte vor Freude, als er endlich einen begründeten Vorwand fand, um die verbotene Schwelle zu überschreiten. Die unglückliche Johanna saß auf ihrem Betstuhl und blickte wie ein ägyptischer Mönch auf ihren geschwollenen Leib, aus dem sie jedoch statt des Heiligen Geistes ihre Schmach und Schande hervorkommen zu sehen erwartete. Nur nach vielen flehentlichen Bitten willigte sie ein, sich ihren Untertanen zu zeigen, um den Sturm zu beschwichtigen. Als die bleiche und verfallene Gestalt des Pontifex' am Fenster sichtbar ward, von einem schwachen, die Heuschreckenwolke durchbrechenden Sonnenstrahl beschienen, neigten sich viele der Aufrührer von unfreiwilligem Respekt ergriffen zur Erde wie die Feldzeichen der römischen Soldaten vor Christus, als er vor Pilatus erschien, aber es erhoben sich auch viele ruchlose Hände, mit Steinen und faulen Äpfeln bewaffnet, und viele Pharisäerlippen spieen gegen den Statthalter Christi Beleidigungen und Flüche aus. Der Pontifex streckte seine heilige Hand aus zum Zeichen, daß er reden wolle, und verkündete, daß er am nächsten Tage, dem ersten des Bittfestes, die Heuschrecken in feierlicher Prozession in den Bann tun werde, während er zugleich diejenigen mit dem Fluch bedrohte, die nicht sofort nach Hause zurückgingen. Dieses päpstliche Versprechen zerstreute im Nu die Unruhe und besänftigte den Zorn der guten Römer, deren Erregung schließlich den Stürmen der Propontis glich, die nach Aristoteles einige Tropfen Öl zu beruhigen ausreichend sind.

Am nächsten Tag war alles im Palast von frühmorgens an auf den Beinen. Die Prälaten legten ihre goldenen Stolen zurecht, die Diakonen putzten ihre Kelche und die Stallknechte ihre Maulesel, während auf dem Platz vor dem Vatikan die freudig erregte Menge sich die Hände vor Freude rieb. Die Bittprozession war, wie die meisten Feste des Christentums, ein Erbstück aus der Zeit der Heiden, die um dieselbe Jahreszeit für die Fruchtbarkeit der Felder Opfer dargebracht hatten, indem sie um die Altäre der Ceres und des Bacchus tanzten und schmausten, um dadurch diese Gottheiten zu bewegen, ihre Getreidefelder, Weinberge und Kohlgärten zu segnen. Ihre Nachkommen aber riefen in ähnlichen Festen den Schutz der Getreide spendenden Madonna und des heiligen Martinus an, die an die Stelle der Ceres und des Bacchus getreten waren.

An diesem Tag jedoch sollte das Fest ein doppeltes sein, da zur Bittprozession noch die Exkommunikation der Heuschrecken hinzukam. In jener goldenen Zeit des Glaubens unterlagen nicht nur die bösen Menschen, sondern auch alle schädlichen Tiere, Mäuse, Raben, Wildschweine, Würmer, Raupen und sogar die Flöhe dem Kirchenbann, wenn sie es wagten, das Gemüse der Gläubigen zu fressen oder ihren Schlaf zu stören. Die Menge und Bösartigkeit der Heuschrecken machte den Bannfluch gegen sie zu einer fürchterlichen und offiziellen Festfeier, zu der alle frommen Christen Roms und der Umgegend sich einzufinden beeilten.

Während die Höflinge voll froher Hoffnung und lärmend in den Hallen und Korridoren des Vatikans hin und her liefen, nahm Johanna unter Tränen von ihrem Geliebten Abschied. Unsere unglückliche Heldin hatte eine schlimme, schlaflose Nacht in ihrem Betzimmer verbracht, teils über die Unsterblichkeit nachdenkend, teils Papstgewänder anprobierend, um herauszufinden, welches am besten den skandalösen Umfang ihres Bauchs verhüllen könne. Immer wieder fielen ihr die drohenden Worte des Engels ein, und all ihre philosophischen Kenntnisse vermochten ihr nun nichts zu sagen. Schreckgebannt sah sie immer wieder die Waage vor sich, mit der der Erzengel Michael die Seelen abwog, dann aber tauchte vor ihrem geistigen Auge der gräßliche Blasebalg des Satans, die Kessel, die glühenden Kohlen, die Schlangen, die Feuerhaken und -zangen sowie die übrigen Utensilien der mittelalterlichen Hölle auf. Darauf fing sie an, über die verschiedenen philosophischen Systeme nachzudenken, über Seelenwanderung, über die Übersiedlung der Seelen auf den Mond und schließlich über Erdbeben, Heuschrecken, Aussatz und Pest. Immer kam sie zu demselben Ergebnis, daß Gott, der doch allmächtig ist, übel daran getan habe, diese Welt mit Qualen und Schmerz, die andere mit bösen Dämonen zu erfüllen. Solche Erwägungen stellte unsere Heldin in jener Nacht an und noch viele andere, die ich auszulassen gezwungen bin, um zum Ende meiner Erzählung zu kommen.

Wäre ich ein Dichter, so würde ich sagen, mein Pegasus wittere den Stall und trage mich, möge ich wollen oder nicht, zu demselben, aber als Prosaiker bin ich noch viel mehr gerechtfertigt, wenn ich gestehe, daß ich nach so vielen Irrfahrten schließlich müde geworden bin und mich nach meinem Stall sehne, das heißt nach dem Ende meines wahrheitsgetreuen Berichts.

Als der gute Florus die bleiche Farbe und die Unruhe seiner Geliebten sah, suchte er sie auf jede Weise zurückzuhalten, indem er sie unter Tränen anflehte, die Prozession aufzuschieben. Aber da Johanna den bitteren Becher nun einmal angenommen hatte, mußte sie ihn auch bis zum letzten Tropfen leeren. Übrigens war auch ein Zurück nicht mehr möglich. Die vor dem Palast versammelte Menge stampfte ungeduldig mit den Füßen, die Fackeln brannten, die Glocken läuteten, und der Weihrauch dampfte. Der allerheiligste Papst aber setzte sich die Tiara aufs Haupt, nahm den Hirtenstab in die Hand und riß sich endlich aus den Armen seines Geliebten, von schwarzen Ahnungen erfüllt, wie die Raben, die über dem Kopf des Gracchus' am Tag seines Todes flogen.

Als das Oberhaupt der Gläubigen auf der Rampe des Vatikans sichtbar wurde, waren über zwanzigtausend Römer schon zur Prozession erschienen. Sobald der Papst das Maultier bestiegen hatte, setzte sich die ungeheure, aus Menschen bestehende Schlange langsam in Richtung der Sankt-Johannis-Kirche in Bewegung. An der Spitze marschierten die Fahnenträger mit den Kreuzen und den Bildern der heiligen Schutzpatrone der Stadt, hinter ihnen kamen die Prälaten in ihren Purpurgewändern, gefolgt von den Äbten und Mönchen, die barfuß einherschritten und die mit Asche bestreuten Köpfe zu Boden neigten. Die Nonnen und Diakonissen folgten unter der Fahne des heiligen Marcellinus, die verheirateten Frauen unter der der heiligen Euphemia und zuletzt die Jungfrauen in weißen Kleidern und offenen Haaren, aber ohne Blumenschmuck; denn die Heuschrecken hatten weder Rosen noch Narzissen übriggelassen, mit denen man sich in jenen blühenden Zeiten des Glaubens bei feierlichen Prozessionen Kopf und Brust zu schmücken pflegte. Die niedere Geistlichkeit, die Soldaten und das gemeine Volk kamen zuletzt, gefolgt von einer Schar Händler mit Getränken und Krämer, die den frommen Eifer der Gläubigen mit Bier, Met und Quittenlikör warm erhielten. Die ganze Menschenmasse sang Loblieder auf Jesus und den heiligen Petrus; da sich aber unter den Teilnehmern an der Prozession neubekehrte Sarazenen, deutsche Benediktiner, griechische Mönche, englische Theologen und sehr viele andere Fremde befanden, die noch nicht Zeit gehabt hatten, Latein zu lernen, und von denen ein jeder die Lieder in seiner Sprache sang, so entstand ein unbeschreibliches Durcheinander, das der fromme Chateaubriand unzweifelhaft eine höchst harmonische Symphonie aller Nationen zu Ehren Christi genannt hätte.

Die Prozession überschritt das Forum Trajans, zog am Amphitheater des Flavius vorbei und machte auf dem Lateranplatz halt, um auszuruhen. Die Hitze und der Staub waren an jenem Tag so groß, daß nach den Chronisten sich der Teufel sogar in Weihwasser gebadet hätte. Die Leichen der Heuschrecken, deren Kampf in der Luft fortdauerte, knirschten unheilverkündend unter den Füßen der Gläubigen und der Reittiere. Dies alles vermehrte das Leiden und die Angst der armen Johanna, die sich kaum noch auf ihrem Maulesel halten konnte und nun auch noch seit einigen Augenblicken einen so schrecklichen Wirrwarr in ihren Eingeweiden fühlte, daß sie beim Hinaufsteigen auf den prächtigen Thron, den man mitten auf dem Platz errichtet hatte und von dem herab sie den Bannstrahl gegen die Heuschrecken schleudern sollte, zweimal strauchelte.

Seine Heiligkeit tauchte den Weihwedel in das Weihwasser und besprengte den Osten, Westen, Süden und Norden; dann hob sie ein elfenbeinernes Kruzifix, um die von den Heuschrecken verunreinigte Atmosphäre zu segnen. Aber plötzlich entgleitet das Kreuz ihren Händen und zerbricht am Boden; fast gleichzeitig sinkt der Pontifex selbst bleich und halbtot zu Füßen des Throns. Bei diesem unerwarteten Schauspiel fahren die Gläubigen vor Schreck zusammen und drängen sich aneinander wie Hammel in der Angst vor einem Wolf. Die Diener, die die Schleppe des päpstlichen Gewandes trugen, eilten dem Oberhirten der Christenheit zu Hilfe, der stöhnte und sich wie eine in der Mitte durchschnittene Schlange im Staub wand. Die einen riefen, der Heilige Vater habe auf eine Alraunwurzel getreten, die anderen, ein Skorpion habe Seine Heiligkeit in den Unterschenkel gestochen, und wieder andere, er habe giftige Pilze gegessen. Die meisten jedoch behaupteten, der Papst sei besessen, und der Erzbischof von Porto, der größte Teufelsbanner der Zeit, eilte herbei, besprengte ihn mit Weihwasser und befahl dem bösen Dämon, sich eine andere Wohnung zu wählen. Die Blicke aller Gläubigen hefteten sich auf das bleiche Antlitz des Pontifex, indem sie erwarteten, den unsauberen Geist seiner Gewohnheit gemäß aus dem Munde oder dem Ohre entweichen zu sehen, als plötzlich ein unreifer, halbtoter Fötus unter dem Gewand des Oberherrn der Christenheit hervorrollte! Die Priester, die den Papst stützten, wichen schaudernd zurück, während der Kreis der Neugierigen, die sich bekreuzten und schrien, immer näher herandrängte. Die Frauen stiegen auf den Rücken der Männer, und die Berittenen stellten sich auf den ihrer Maulesel, während die Diakonen die Fahnenstangen und Kreuze als Knüttel gebrauchten, um sich den Weg durch die Menge zu bahnen. Einige dem Heiligen Stuhl mit Leib und Seele ergebene Prälaten versuchten die Wut der Menge in Andacht umzuwandeln, riefen mit lauter Stimme: »Ein Wunder«, und forderten die Gläubigen zur Anbetung auf. Aber dieses Wunder war unerhört und noch nie dagewesen in der Chronik der christlichen Wundertätigkeit, die zwar viele Zeichen von den Götzendienern entlehnt hatte, aber es doch noch für keinen der Heiligen passend gefunden hatte, schwanger und gebärend wie der Herrscher des Olymp in die Erscheinung zu treten. Daher wurde die Stimme der frommen Priester von dem Geheul des rasenden Pöbels übertönt, der die Päpstin und das Papstkind mit Füßen trat, anspie und in den Tiber zu werfen verlangte. Florus, dem es gelungen war, die Menge zu durchbrechen, hielt die unglückliche Johanna in seinen Armen, deren Blässe jeden Augenblick zunahm, bis sie den sterbenden Blick nach oben erhob, vielleicht um den dort Thronenden daran zu erinnern, daß sie den Becher bis zum letzten Tropfen geleert habe, und ihren Geist aufgab, das Wort des Jesaja flüsternd: »Meine Wangen habe ich den Backenstreichen dargeboten, und mein Angesicht habe ich nicht von der Schande und dem Bespeien weggewendet.«

Kaum hatte die sündige Seele ihre zeitliche Wohnung verlassen, stürmte eine Schar Dämonen aus der Tiefe hervor, um die Beute zu ergreifen, auf die sie längst eine unzweifelhafte, wohlverbriefte Hypothek zu besitzen vermeinten. Aber gleichzeitig schwebte eine Schar von Engeln zur Abwehr vom Himmel herab, indem sie behaupteten, ihre Reue habe alle Rechte der Hölle getilgt. Aber die Dämonen waren schwer zu überzeugen und setzten den Argumenten der Engel ihre Hörner entgegen, während jene die Schwerter zogen. Der Kampf zwischen den Geistern war erbittert, die Waffen klirrten wie aneinanderprallende Wolken, und blutiger Regen rieselte auf die versammelten Gläubigen, da durchbrach plötzlich der Engel, der Johanna erschienen war, die Reihen der Kämpfer, ergriff die arme Seele, wo weiß ich nicht, schwang sich auf eine Wolke und transportierte sie – wahrscheinlich ins Fegefeuer.

Diese Wunder erzählen, lieber Leser, nicht etwa vier Fischer, sondern über vierhundert verehrungswürdige Chronisten in der Kutte, wir aber beugen angesichts dieser Übereinstimmung so über allen Verdacht erhabener Zeugen das Haupt und sagen mit dem heiligen Tertullian: »Ich glaube, weil es so unverständlich ist.«

Der Leichnam der armen Johanna wurde mit ihrem Kind dort begraben, wo sie ihren Geist aufgegeben hatte, und auf dem Grab errichtete man ein Marmordenkmal, eine gebärende Frau darstellend. Florus wurde Eremit, und die frommen Pilger begeben sich, um ihre Sandalen nicht zu beschmutzen, wenn sie auf den Spuren der gottvergessenen Päpstin gehen, seit jener Zeit auf einem anderen Weg zum Vatikan.

Anhang

DIE PÄPSTIN JOHANNA UND DIE MORAL

Briefe eines Agrinioten

Erster Brief

Agrinion, den 1. Mai 1866

Geehrter Herr Redakteur!

Mein Name ist Sourlis; ich wohne in Agrinion, nicht weit vom Fluß, und bin Abonnent Ihres geschätzten Blattes Avgi. *Als ich jung war, ging ich nach Padua, um Medizin zu studieren, und kehrte darauf hierher zurück, wo ich mich verheiratete und seit 37 Jahren ansässig bin. Aber der liebe Gott hat mir halt keine Patienten und keine Kinder geschenkt; vor zwölf Jahren hat er mir auch meine Frau genommen und, damit ich nicht ungehudelt bleibe, an ihrer Stelle einen gehörigen Rheumatismus geschickt, der mich gelähmt hat. Jetzt kraxele ich an Krücken umher. Weil ich aber ein frommes Mannsbild bin, danke ich alle Tage dem grundgütigen Gott, weil er mich lahm gemacht hat, denn so hunkele ich vielleicht*

267

später in meine letzte Behausung. Meine einzige Gaudi ist mein Gütle, das mich ernährt, Ihre Zeitung und mein Bücherschrank. Darin habe ich nach der Gewohnheit der Doktoren, die in Padua studiert haben, mehr Dichter, Geschichtsschreiber und Philosophen als Mediziner: Plato, Dante und Virgil, die ich bewundere und wie Heilige verehre und darum nie aufschlage, außerdem den Catull, Ariost, Byron und andere kleinere Geister, deren Gesellschaft ich der meiner lieben Agrinioten vorziehe. Diese nennen mich deshalb einen Menschenfeind, was aber eine schwarze Verleumdung ist. Denn ich liebe die Menschen so sehr, daß, hätte ich Geld oder wenigstens gesunde Füße, ich keinen Augenblick in Agrinion bliebe. Doch lassen wir nun die Agrinioten und kommen zur Sache. Ich sagte Ihnen also, geehrter Herr Redakteur, daß ich eine hübsche Bibliothek besitze und die meiste Zeit mit meinen Büchern verbringe. Im Frühjahr, wenn die Sonne angenehm ist, lese ich im Wohnzimmer meines Häuschens; im Sommer, wo ihre Strahlen gar zu heiß sind, suche ich im Schatten einer alten Platane eine Zuflucht, deren überflüssige Zweige mir im Winter Wärme geben; daher gibt mir dieser Baum, je nach den Umständen, Kühlung oder Wärme, wie der Hauch des Äsopischen Satyrs. Alles das erzähle ich Ihnen, Herr Redakteur, um Ihnen zu beweisen, daß ich, wenn ich auch Sourlis heiße und in Agrinion wohne, doch ein belesener Mann und wohl imstande bin, über Literatur vielleicht besser zu urteilen als viele Journalisten und Gelehrte Ihrer Hauptstadt, welche von früh bis abends schreiben und lehren, um ihr Brot zu verdienen, und keine Zeit haben, ein Buch aufzuschlagen und deshalb … Aber meine Vorrede wird zu lang, während Ihr Raum beschränkt ist; da will ich denn lieber auf mein Thema zu sprechen kommen.

Ein mir befreundeter Athener, dem ich mehrere Oka gelben Tabak von Agrinion geschickt hatte, sandte mir als Gegengeschenk ein neuerschienenes Buch, betitelt »Päpstin Johanna« und In ihrer geehrten Druckerei gedruckt. Um mir zu zeigen, wie wertvoll sein Geschenk, d.h. daß mein Tabak gut bezahlt sei, hatte er das Buch in einen Haufen Zeitungen eingeschlagen, Chartis, Wahrheit, Independence, Wiedergeburt, Avgi, Ethnophylax, Eintracht, Byzantiner, Schmetterling *usw. usw., welche das Werkchen als geistreich, sehr unsittlich, anmutig, schmutzig, äußerst gelehrt, unwissenschaftlich, reizend, abgeschmackt, liebenswürdig, infam bezeichneten und einen ganzen Haufen sonstiger Beiwörter anwandten, die nicht unter einen Hut zu bringen waren. In dem Kuvert befand sich auch eine Enzyklika des hochwürdigsten Bischofs von Karystia, Makarius, welcher mit der den Geistlichen eigentümlichen evangelischen Mäßigung den Verfasser »ein Werkzeug des Satans und einen Bösewicht«, das Buch »pestilenzialisch, verderblich, eine Natter, geeignet ein ganzes Haus zu vergiften« usw. nannte. Außerdem lag noch eine zweite Enzyklika mit den Unterschriften der fünf Mitglieder der Synode bei, die man in den Kirchen verlesen und in der man den Gläubigen die Lektüre der lästerlichen Schrift verboten hatte, damit sie nicht moralischen und – körperlichen Schaden litten. Alles dies stachelte – um Ihnen die Wahrheit zu sagen – meine Neugierde aufs höchste an, und nachdem ich mir lange den Kopf zerbrochen, wie ich so viele Lobeserhebungen und so viele Schmähungen, so viel Weihrauch und so viel Schmutz vereinigen sollte, welche die Presse und die Kirche über das Buch ergehen ließen, beschloß ich, es auch zu lesen, um mir mit meinen eigenen Augen und mit meinem eigenen Verstand ein Urteil zu bilden. Die Lektüre war vielleicht eine*

Sünde nach dem einmal ausgesprochenen Verbot der Kirche. Aber wenn ich aus Neugierde wie unsere erste Mutter strauchelte, so trägt der Heilige von Karystia die Schuld, der mich in Versuchung geführt hat; wenn ich Eva war, so war er die Schlange, die mich mit den langen Windungen der mönchischen Beiwörter täuschte.

Ich habe also ebenfalls die »Päpstin« gelesen und will Ihnen nun, wenn Sie erlauben, nicht über das Buch, sondern über die Moral im allgemeinen meine oder vielmehr die Meinung meiner Bibliothek sagen. Gar oft habe ich, Herr Redakteur, über die Gelehrsamkeit und noch mehr über die Kühnheit der Gelehrten und besonders der Zeitungsschreiber in Ihrer Residenz gestaunt, welche ohne Zuhilfenahme eines anderen Auskunftsmittels alles, was sie sagen, aus ihrem weisen Kopfe herausnehmen. Sie reden über Geschichte, ohne auch nur ein Zeugnis anzuführen, über Verfassung und Staat, über Entsetzungen und Todesstrafe, über Ethik und Philologie, ohne überhaupt zu prüfen, ob auch andere über Dinge dieser Art gesprochen haben. Vor mehreren Monaten erwähnten Sie in Ihrem geschätzten Blatte mit Verwunderung, daß ein gewisser K. Rigopoulos, vom Heiligen Geiste inspiriert, es fertiggebracht habe, Renan zu widerlegen, ohne ihn überhaupt gelesen zu haben. Die Tatsache ist an sich wunderbar, ich leugne es nicht; aber noch wunderbarer ist Ihre Verwunderung und Ihr Erstaunen, denn Sie sehen tagtäglich so viele Rigopoulos, daß Sie schon längst an solche Wunder gewöhnt sein müßten. Der unbedeutendste von Ihren Zeitungsschreibern ist in seiner Art ein von Gott erleuchteter Prophet, der über Dinge redet und entscheidet, die er nie kennengelernt hat. Ich weiß nicht, welcher Philosoph im Hinblick auf die Bewohner Ihrer Residenzstadt gesagt hat:

O Athen, einst hochgeschätzt,
Wieviel Esel birgst du jetzt!

Aber diese Verschen kommen mir nicht richtig vor, einmal,
weil man niemanden beleidigen soll, und zweitens, weil der
Dichter statt Esel hätte sagen müssen Propheten, von Gott
inspirierte Männer, fähig, über alle bekannten Dinge und
noch einige andere zu reden, aller Weisheit Meister, ohne
doch der Sünde anheimzufallen, von der verbotenen Frucht
der Erkenntnis zu essen. Ich für meine Person verehre solche
Menschen, ich preise sie selig, ich bewundere sie als seltene
und merkwürdige Geschöpfe, eine Gattung, die in allen Tei-
len der Welt ausgestorben ist und nur noch in Griechenland
vorkommt; aber ihnen nachzuahmen habe ich weder die
Fähigkeit noch den Mut. So wie ich nicht ohne Krücken ge-
hen kann, so kann ich auch ohne Bücher nicht kritisieren.
Bevor ich meine Meinung über irgendeine Frage ausspreche,
will ich erst wissen, wie Aristoteles, Kant und Hegel darüber
gedacht haben, wenn der Gegenstand philosophisch ist, der
heilige Basilius, Luther und Renan, wenn es sich um Theo-
logisches handelt, Athenaus und Savarin, wenn die Rede von
der Kochkunst ist. Diese Art scheint mir vernünftiger und
sicherer für die Männer, denen Gott nur Gehirn und Bücher
gegeben hat. Die andere Art hingegen, nämlich daß man sein
Urteil abgibt, ohne sich darum zu kümmern, was die ande-
ren gesagt haben, paßt nur für die Genies und die Narren.
Genie und Wahnsinn sind nach der Ansicht vieler Physiolo-
gen verwandt und haben deshalb dieselben Privilegien; sie
sagen, was ihnen in den Sinn kommt, und ihre Aussprüche
sind Orakel der Pythia, welche, wie viele alte Schriftsteller
erzählen, ebenfalls an einer Art von Wahnsinn litt, wenn sie
orakelte. Aber wie große Vorrechte man auch den Genies und

den Verrückten zuerkennen mag, so glaube ich nichtsdestoweniger – Sie erlauben mir doch diese wohlklingende Konjunktion? – daß viele Ihrer Kollegen, indem sie über Moral redeten, die Grenzen der erlaubten ... Originalität ein wenig überschritten haben. Nachdem z.B. die Zeitung Chartis den Witz, die elegante Schreibweise, die attische Grazie und die übrigen Vorzüge des Verfassers der »Johanna« bis zu den Sternen erhoben hat, klagt sie ihn an, die unanständige Romantik der Franken in Griechenland eingeführt zu haben, deren Begründer nach dem Chartis Piron und Parny sind, während doch diese Männer längst tot waren, als Hugo und seine Genossen die Romantik erfanden. Weiter unten finden wir die Bemerkung, Napoleon habe die Kraft der Freiheit verschönt, und zum Schluß vermutet der Artikelschreiber, der Verfasser werde bei der Lektüre seines Artikels lachen; das zu glauben, wird auch mir nicht schwer, außer wenn etwa Herr Roidis an chronischer Hypochondrie leidet. Nach dem Chartis schlug ich den Ethnophylax auf, welcher wünscht, die Kirche möchte wieder eine Epoche der Märtyrer erleben! Das wird freilich meines Erachtens schwerlich geschehen; ich glaube nämlich, wenn man dem geehrten Redakteur Anagnostopoulos den Vorschlag machte, ihn zum Märtyrer zu stempeln, indem man ihn z.B. röstete, pfählte oder briete, ich glaube, er würde nein sagen. Dann versichert derselbe Artikelschreiber, daß die Kreise der Jüngeren mit Abscheu jedem christentumfeindlichen Gedanken den Rücken kehren. Wäre das doch nur die Wahrheit; aber zum Unglück verschlingen die Kreise der Jüngeren 17 Auflagen von Renan, und ihre antireligiösen Stimmen sind so laut, daß man sie bis nach Agrinion hört. Ich habe auch die Artikel Ihrer Avgi gelesen; der Verfasser derselben meint, die »Johanna« habe den Vorzug, den Leser stundenlang zu beschäftigen, um alle ihre

Reize auszukosten, weiter unten aber, das Buch sei schmutzig und fade; kommen Ihnen diese Redensarten nicht ein wenig widersprechend vor? Ein anderer Journalist verwechselt den altgriechischen Philosophen Pyrrhon, welchen der Autor der »Päpstin« erwähnt, mit dem französischen Dichter Piron, anscheinend weil er an die Seelenwanderung glaubt; wieder ein anderer ... aber das ist agriniotische Naivität, wenn ich mich über die originellen Einfälle Ihrer Journalisten wundere. Das wäre beinahe dasselbe, als wollte ich mich über den Salzgehalt des Meerwassers, die Hörner der Ochsen oder die Flügel der Vögel wundern; jedermann würde sich über eine solche Entdeckung lustig machen, und er hätte recht. Nur einen Rat, Herr Redakteur, möchte ich mir erlauben, Ihren Kollegen zu geben, der, wenn sie ihm folgen, sie unverwundbar wie Achilles machen wird. Seine Befolgung ist leicht; der Rat besteht darin, daß sie Tatsachen und Namen wie böse Riffe vermeiden, daß sie nicht Pyrrhon, Piron und Bonaparte in ihrer Ruhe stören, daß sie das gute Vorbild der Wahrheit nachahmen, welche an der »Johanna« das weiße Papier und den hübsch schwarzen Druck lobte. Wollen sie aber tadeln, dann mögen sie sich den Heiligen von Karystia zum Muster nehmen, welcher mit evangelischer Sanftmut den Autor der »Päpstin« nicht anders als »Werkzeug Satans, Natter, unmoralisch, Bösewicht« genannt hat, oder sie mögen es machen, wie der ehrenwerte Redakteur des Sterns vom Orient, Kalapodis oder Kalapodakis (Schönschuh) – ich kann mich nicht mehr genau auf den Namen besinnen –, welcher das Buch infam genannt hat. Und da gerade von Schuhen die Rede ist, so erinnert mich das an die Stiefel und an eine Äußerung eines Freundes von mir, welcher vorgestern im Café Spyropoulos behauptete, die nützlichste Art, wie manche Leute ihre Tinte gebrauchen sollten, sei, ihre Stiefel damit schwarz zu machen.

Aber mein Brief wird zu lang, während Ihre Spalten von dorischem Stil sind, d.h. kurz und für mein greisenhaftes Geplauder nicht ausreichend. Ich verschiebe daher die Fortsetzung oder vielmehr den Anfang dessen, was ich über die Moral zu sagen habe, auf das nächste Mal und bitte Sie, mich als Ihren ergebenen Diener und Abonnenten zu betrachten.

Dionysius Sourlis

Zweiter Brief

Agrinion, den 10. Mai 1866

Geehrter Herr Redakteur!

Ich habe Ihr Schreiben erhalten, in welchem Sie mir mitteilen, daß Sie meine Briefe separat drucken lassen wollen, zugleich aber, daß ich mich einer möglichst reinen, von Provinzialismen freien Schreibart befleißigen und mich über niemanden lustig machen soll, selbst wenn er Zeitungsschreiber ist. Für einen Mann meines Alters ist das zwar eine unangenehme und harte Zumutung, eine neue Sprache zu er- und das Spotten zu verlernen, aber Ihnen zuliebe will ich's versuchen. Zum guten Glück habe ich bei einem Freunde die »Politischen Studien« des ehrenwerten Herrn N. Saripolos, die »Neue Schule« des Herrn P. Soutsos und einige andere Bücher moderner Schreibweise ausfindig gemacht und studiere dieselben seit mehreren Tagen, um mich in die Geheimnisse der guten Sprache einzuweihen. Jedoch verhehle ich Ihnen nicht, Herr Redakteur, daß ich mich, während ich in diesem Quell der Sprachreinheit bade, mit Besorgnis frage, wie Diogenes, wohin ich nachher gehen soll, um mich von dieser Reinheit wieder zu reinigen.

Wie ich Ihnen in meinem ersten Briefe schon geschrieben habe, ist es meine Absicht, ein wenig von Moral zu reden. Aber lassen Sie sich durch dieses Wort nicht erschrecken; ich denke nicht daran, Ihnen Vorlesungen zu halten, denn meines Erachtens ist es die größte Immoralität, seinen Leser zu langweilen. Ich möchte Ihnen bloß durch Zeugnisse, die ich nicht aus meinem Kopfe, sondern aus meiner Bibliothek entnehme, beweisen, daß die Freiheit des Ausdrucks, die Kühnheit, die Unverschämtheit, die Gottlosigkeit, die Unverblümtheit oder wie es einige Pedanten Ihrer Residenz sonst getauft haben, überall, immer und von allen, von der Erschaffung der Welt bis heute, vom Prediger Salomonis bis zum Papa Perdikaris, als natürlich und notwendig für Schriften von der Art der »Johanna« betrachtet worden ist wie der Knoblauch für die Knoblauchsauce, und nicht bloß natürlich und notwendig, sondern auch vom moralischen Standpunkte viel besser als die unanständige Prüderie, die der Moral viel gefährlicher ist, weil sie Unanstößiges zu Anstößigem stempelt.

Aber auch hier befinde ich mich, Herr Redakteur, in derselben Verlegenheit wie jemand, der zu beweisen sucht, daß die Sonne glänzend, die Mücken lästig und die Frauen kokett sind, lauter unbestrittene und handgreifliche Dinge, deren Nachweis überflüssig und lächerlich ist. Nicht minder überflüssig und lächerlich wäre es, wenn sich jemand bemühen wollte, wissenschaftlich gebildeten Leuten klarzumachen, daß die Unverblümtheit bei den Satirikern ebenso notwendig ist wie die Heuchelei bei den Pfaffen. Aber ich, Herr Redak-

teur, mache es nicht wie jene geschwollenen Gelehrten in Ih-
rer Hauptstadt, die aus Europa voll Weisheit und Stolz
zurückkehrend in den Vorreden ihrer gelehrten Werke kund-
tun, daß sie die Menge verachten und nur auf das Urteil der
Gebildeteren Wert legen und gelegentlich mit einem lateini-
schen Zitat, zum Beispiel:

Non ut miretur turba laborem

oder einem anderen christlichen Ausspruch dieser Art Staat
machen. Im Gegenteil, ich meine, wie Jesus gekommen ist,
nicht um die Gerechten zu erlösen, sondern die Sünder, so
müssen auch die Schriftsteller nicht auf die Gelehrten, son-
dern auf die Ungebildeten Rücksicht nehmen, und wie jener
nicht müde wurde, immer wieder Aussprüche wie: Liebet
einander; was du an einem andern hassest, das tue nicht
selbst; tut euren Feinden wohl, und andere nicht minder al-
te und oft ausgesprochene Gebote zu wiederholen, welche
schon Konfuzius, Sokrates, Zeno, Cicero und andere Weise
unzählige Male gegeben hatten, so sind diejenigen, welche
für die heutigen Griechen schreiben, genötigt, klare und
selbstverständliche Dinge oftmals von neuem zu sagen.

Wenn ich wollte, geehrter Herr Redakteur, so könnte ich
die Reihe der Beispiele mit der Heiligen Schrift beginnen, in-
dem ich aus den Propheten, diesen heiligen Aristophanessen,
wie sie Heine nennt, einige Beispiele von »Freiheit« anführ-
te, wie sie für die Satire paßt. Die Sprüche und der Prediger
Salomonis, Sirach und Ezechiel bieten unnachahmliche Mu-
ster freier Ausdrucksweise, welche den Leser zwingen, nicht
nur zu erröten, sondern auch manchmal die Nase zuzuhal-
ten. Aber ich lasse sie beiseite, einmal weil man nach dem
vernünftigen Rate unserer heiligen Synode Göttliches nicht

mit Niedrigem vermengen soll, dann aber, und das ist der Hauptgrund, weil ich durchaus nicht gewiß bin, ob die Schrift als ein moralisches Buch zu betrachten ist. Wenigstens ist die Zeit noch nicht lange vorüber, wo die Geistlichen die Lektüre derselben wie heute die der »Johanna« verboten; wer nicht gehorchte, wurde exkommuniziert oder auch als Ketzer verbrannt, je nach dem Eifer der damaligen Heiligen von Karystia. Sie erinnern sich, was alles vor ganz kurzer Zeit der arme Vamvas von dem orthodoxen Ikonomos zu hören bekam, als er die Übersetzung dieses gefährlichen Buches in die Umgangssprache unternahm. Denn dasselbe muß nach demselben Ikonomos erst kunstgerecht gekocht werden, damit es dem Magen der Gläubigen nicht schadet, ähnlich wie einige Pilze, damit sie ihre Giftigkeit verlieren.

Nach der Heiligen Schrift kommen die Griechen, nach der Religion das Vaterland. Indes meinten auch diese, wenn ich mich nicht täusche, daß Freiheit der Ausdrucksweise für die Komiker notwendig ist. Wenigstens wetteifern Archilochus, Aristophanes, Theokrit und Lukian, wer es dem andern in Zoten zuvortut, welche selbst Aristoteles als ein notwendiges Übel anerkennen muß.

Aber auch die alten Griechen können nicht als Beispiele in dieser Angelegenheit dienen; denn die damaligen Sitten waren wesentlich anders als die heutigen, außerdem pflegten sich die Priester jener Zeit noch nicht in literarische Angelegenheiten einzumischen wie die Väter der heiligen Synode. Man darf sich daher nicht wundern, wenn unsere unglücklichen Vorfahren aus Mangel an solchen Aristarchen auf derartige Abwege gerieten. Aus demselben Grunde verzichte ich auch darauf, über die lateinischen Schriftsteller zu reden. Ich hoffe jedoch, Herr Redakteur, daß niemand, und sei er auch Journalist an einer Athener Zeitung, es wagen wird zu leugnen, daß die »Päpstin Johanna«, für wie unanständig man sie auch halten mag, in der Freiheit des Ausdrucks so hoch über den Meisterwerken eines Plautus, Horaz und Juvenal steht wie eine Jungfrau in der Keuschheit über einer zum dritten Male verheirateten Frau.

Während die Satire in Rom auf dem Höhepunkt ihrer Entwicklung splitternackt kicherte, wurde in einem abseits gelegenen Dorfe von Judäa derjenige geboren, welcher das Antlitz der Welt verändern sollte. Religionen, Morallehren, Sitten und Gesetze, alles bekam ein anderes Aussehen. Aber die Satire wollte weder ihren lustig-liederlichen Anstrich noch ihre klassische Nudität aufgeben. Von den Heiden ging sie in die Hände der Kirchenväter über, welche nicht vermochten, sie Anständigkeit zu lehren. Tertullian, der heilige Basilius, der heilige Chrysostomus, Sankt Hieronymus, Sankt Augustin und die anderen Heiligen schilderten und verspotteten die Verderbtheit der Götzendiener; wenn mir Gott eine Tochter geschenkt hätte, ich würde ihr die satirischen Bücher dieser Heiligen nicht zu lesen geben. Einzelne Beispiele führe ich Ihnen hier nicht an, denn Sie finden so viele, wie Sie wollen, im Lexikon von Bayle und in den Anmerkungen zur »Päpstin«, wo der Verfasser einen ganzen Abschnitt aus dem heiligen Basilius zitieren mußte, um seine Behauptung zu rechtfertigen, die Abhandlung des heiligen Bischofs von Cäsarea über Jungfräulichkeit scheine auf der Brust eines nackten jungen Mädchens geschrieben zu sein.

Während des Mittelalters, nach dem Einfall der nordischen Barbaren, paßte sich die Satire den Sitten der Sieger an und wurde ebenfalls barbarisch, indem sie den Witz, das attische Salz, die leichte Ironie und die übrigen Ingredienzen einbüßte, welche die Ungeschliffenheit jenes Zeitalters entbehrlich machte. Aber ihre Unverblümtheit und Freiheit behielt sie nach wie vor unverändert bei, denn ohne dieselben hätte sie nicht existieren können. »Der Reigen der Satiriker des Mittelalters«, sagt eine Autorität auf diesem Literaturgebiet, »gleicht dem Zuge des Bacchus im Altertume; er besteht aus lachenden, brüllenden, allerlei Unfug treibenden Silenen, Satyrn und Faunen.« In jenen blühenden Jahrhunderten des Glaubens und der Tyrannei, als Pfaff und Henker in brüderlichem Verein mit Behagen die Herde der Gläubigen schoren, war die Satire das einzige den Beherrschten übriggebliebene Recht der Wiedervergeltung von Unglimpf und Beleidigungen durch Spott. Der Spott des Mittelalters aber hatte weder Grenzen, noch kannte er irgendwelche Scheu. Theologische Dogmen und politische Gesetze, Päpste und Könige, Konzile und Klöster, Männer und Weiber, sie alle zahlten dem öffentlichen Gelächter regelmäßig ihren Tribut wie die Athener dem Minotaurus, aber kein Theseus wagte das Untier zu bekämpfen. Und während die geringste dogmatische Irrlehre in einem theologischen Buche durch den Holzstoß oder den Strick seine Sühne fand, hatten die Satiriker die Freiheit, Jesus auf die Bühne zu bringen und mit dem Satan Zoten wechseln zu lassen, den dicken Bauch ihres Königs zu verspotten, die Klugheit des Papstes durch die bekannten Verse zu besingen:

> Papa captus hunc vel hanc decipit,
> Papa quid vult in letum recipit etc.

und Fürstinnen wie die Kirke des Altertums ihre Gatten in Ochsen, Böcke und andere gehörnte Tiere verwandeln zu lassen. Die Tyrannen und Pfaffen, welche ihren Untertanen jedes Recht genommen hatten, wagten es nicht, ihnen auch das

Privilegium zu rauben, ihre Torheiten zu geißeln; diesen Ruhm haben sie den Mitgliedern unserer heiligen Synode vererbt. In dem allgemeinen Verfall der Menschenrechte war nur die Satire wie das Standbild des Lachens mitten zwischen den Trümmern des untergegangenen Spartas[1] aufrecht stehen geblieben. Sie war während des ganzen Mittelalters der einzige Trost des Sklaven unter den Schrecknissen, der einzige Protest gegen dogmatische oder fürstliche Tyrannei, dem wir zu einem guten Teil den heutigen Zustand der Dinge verdanken. Aber meine Absicht ist es hier nicht, ein Loblied auf die mittelalterliche Satire zu singen, sondern einfach Sie, Herr Redakteur, darauf hinzuweisen, daß wie bei den Juden, wie bei den Griechen, den Lateinern und den Kirchenvätern, so auch im Mittelalter die Redefreiheit als notwendig für die Satiriker betrachtet wurde, was Sie ja durch einen einzigen Blick in irgendeine Sammlung mittelalterlicher Lieder ersehen können.

Kommen wir nun auf die der mittelalterlich finsteren Periode folgende Zeit der Renaissance.

Letztere begann in Italien noch während des Mittelalters. Der große Dante, der ernsteste unter den Dichtern, legte unter Seufzen den Grundstein der italienischen Dichtkunst, und Johann Boccaccio, der lustigste von allen Menschen, schuf lachend die Prosa. Der erstere beschrieb die Qualen der Verdammten, die gegen Schlangen und Skorpione kämpften, der andere die der Väter, Ehemänner, Vormünder und aller, die mit Weibern zu tun hatten. Dantes Epos hat das unnachahmliche Vorbild des ernsten, die Novellen Boccaccios des komischen Stils geschaffen. Wie notwendig aber Boccac-

---

[1] Chateaubriand behauptet, in den Trümmern Spartas ein solches Standbild entdeckt zu haben.

cio die Freiheit des Ausdrucks für die komische Schreibart
ansah, wissen Sie vielleicht besser als ich, Herr Redakteur,
denn eine der durch solche Freiheit ausgezeichnetsten Novellen: Der Teufel in der Hölle (der Titel ist allegorisch), ist, wie
ich mir habe sagen lassen, übersetzt worden und wird offen
auf den Straßen Ihrer Residenz feilgehalten, ich weiß nicht,
ob mit Genehmigung der heiligen Synode. Dem Beispiel Boccaccios haben, was die Freiheit des Ausdrucks angeht, sämtliche späteren satirischen Dichter und Prosaiker von Italien
nachgeahmt: Poggio Bracciolini in seinen »Facentiae«, Ma-
chiavell in seinem berüchtigten »Esel«, der berühmte Ariost
in seinem »Orlando furioso«, Trissino, Pater Berni, Pater
Pulci, Pater Las Casas, Pater Bembo (Sie sehen, Herr Reda-
keur, wie viele geweihte Priester ich Ihnen hier anzuführen
habe, wo es sich um Freiheit der Ausdrucksweise handelt),
Bojardo, Tassoni und tausend andere, welche aufzuzählen ich
für überflüssig halte, denn da Sie dieselben vielleicht nicht
einmal dem Namen nach kennen, möchten Sie wohl gar auf
den Gedanken kommen, ich beriefe mich auf das Zeugnis
nicht existierender Menschen, so wie auch unsere Bürger-
meisterkandidaten Tote auferstehen lassen, damit letztere
für sie stimmen.

Steigen wir jetzt über die Alpen und sehen, wie man ungefähr in derselben Epoche in Frankreich schrieb.

Da stoßen wir denn zunächst auf die »Hundert Erzählungen der Königin von Navarra«, die, was die ungeschminkte Sprache betrifft, mit Boccaccio jeden Vergleich
aushalten; ich halte diese Zusammenstellung für genügend.
Zur selben Zeit schrieb der vielgenannte Rabelais seine
berühmte Satire »Gargantua« gegen die Kirche und die Fürsten, ein klassisches Meisterwerk der Zotenreißerei, Brantô-
me die »Vies des dames galantes«, Perier (den ich Sie jedoch

nicht mit seinem Namensvetter und Ihrem Kollegen Casimir Perier wie Pyrrhon mit Piron zu verwechseln bitte) seine scherzhaften Reden, und Amyot übersetzte den Longus. In dieselbe Literaturepoche gehören die »Menippeische Satire«, die Verse Marots, die Satiren von Renier, die Epigramme des Theophilus und sehr viele andere mit grobkörnigem französischen Witz gepfefferte Schriften, geeignet auch die Ungläubigsten zu überzeugen, daß man in Frankreich genauso wie anderswo die freie Sprache als notwendig für die Satiriker ansah.

Kurz darauf bestieg der große König des großen Jahrhunderts, Ludwig XIV., den französischen Thron; unter seiner Regierung glänzten die Leuchten der Klassizität, Fenelon, Racine, Boileau, Beaugelas und andere, lauter ehrwürdige, fromme und vernünftige Schriftsteller, die den König mit der Sonne verglichen, das Haupt bis zum Boden vor ihm beugten, um nicht von seinen Strahlen geblendet zu werden, und Moral, Religion, gute Sitte, die päpstlichen Bullen und die drei Einheiten des Aristoteles verehrten. Und doch haben die Kritiker nicht ihnen den ersten Preis zuerkannt, wenn sie sie auch als echte Vertreter französischen Esprits betrachten, sondern einen Molière und Lafontaine als solche gepriesen, zwei Satiriker, die vor nichts Achtung hatten, sondern das Kind beim rechten Namen nannten und von der Freiheit der Ausdrucksweise schonungslosen, starken Gebrauch machten, Männer, die, wenn sie das Unglück hätten, heute in Ihrer Residenz zu schreiben, der Heilige von Karystia exkommunizieren, Herr Kalapodakis infam nennen und der Staatsanwalt als Verderber der Moral in Anklagezustand versetzen würde. Wahrhaftig, sie können von Glück sagen, daß sie als Barbaren und nicht als Griechen geboren sind! Über die Schriftsteller des 18. Jahrhunderts, Montesquieu,

Diderot, Voltaire, Crebillon, Chamfort usw. zu reden dünkt mich überflüssig; denn jeder, selbst Ihre Kollegen eingeschlossen, weiß, daß die Verfasser der »Lettres persanes«, des »Candide« und des »Sopha« kein Blatt vor den Mund zu nehmen pflegten, sondern auch der Meinung waren, daß freie Ausdrucksweise ein notwendiges Ingrediens eines jeden satirischen Werkes sei.

Durchfahren wir nunmehr die Meerenge von La Manche, wie wir soeben die Alpen überstiegen haben, und werfen für einige Augenblicke an den britischen Inseln die Anker, deren Sitten nach Byron reiner als der Schnee sind, der ihre Berge bedeckt, um zu untersuchen, ob die englischen Satiriker anständiger waren.

Dort tritt uns zunächst Chaucer entgegen, der Vater der englischen Poesie, zum guten Glück ein Satiriker, der als beachtenswertes Muster eines unverblümt redenden Komikers dienen kann. Er war ein Zeitgenosse Boccaccios, den er in seinen »Canterbury tales« nachzuahmen versuchte. Daher brauche ich Ihnen auch nicht besonders zu sagen, wie sehr er die Freiheit der Ausdrucksweise liebte, die übrigens alle seine Landsleute mehr oder weniger hochhielten, nicht nur in den komischen, sondern sämtlichen Produkten ihrer Literatur. Marlowe, Shakespeare, Fletcher, Butler, Ford, Prior und Beaumont werden sogar von Voltaire der Übertreibung in dieser Schreibweise geziehen, und nach Byron müßten alle englischen Schriftsteller vor Pope und ein großer Teil von Popes Schriften selbst verbrannt werden, wenn zügellose Redeweise als Todsünde gälte. Als sich einmal Lawrence Sterne, der auch Pfarrer war, einer Dame gegenüber verteidigte, welche ihm wegen der Freiheit des Ausdrucks in seinem Meisterwerk »Tristram Shandy« Vorwürfe machte, verglich er dasselbe mit dem zweijährigen Kinde dieser keuschen Eng-

länderin, das sich auf dem Teppich wälzte und in aller Unschuld und ohne irgendeine böse Absicht alle seine Glieder enthüllte. Fast gleichzeitig schrieb Swift, ebenfalls ein Geistlicher, seine aufsehenerregende politische Satire »Gullivers Reisen«, von welcher der französische Übersetzer alles zu streichen für gut hielt, »was die keuschen Ohren der Jugend verletzen könne«, d.h. alle Pointen und alles Salz des Werkes, welches, auf diese Weise von dem keuschen Übersetzer gereinigt, dem von Diogenes gerupften Hahne gleicht, wie Sie ja auch an der Übersetzung in unserer »reinen« Sprache ersehen können.

Über die Spanier weiß ich wenig zu sagen, da ich ihre Sprache nicht verstehe. Soweit ich jedoch aus den Übersetzungen schließen kann, so haben die Satiriker dieses Landes auch nicht die Kunst erfunden, mit geschlossenem Munde zu lachen. Don Guzman, Lazarillo und der »Hinkende Teufel« sind Übersetzungen oder Überarbeitungen spanischer Novellen, deren Vis comica, wenn auch von den Übersetzern gemildert, um nichts geringer wirkt. Die Deutschen und Holländer habe ich nicht erwähnt, da sie in jener Epoche noch keine Literatur besaßen, sondern nur Erklärer und in lateinischer Sprache schreibende Gelehrte, Männer wie Vossius, Skaliger, Lipsius und andere. Aber glauben Sie nur ja nicht, geehrter Herr Redakteur, daß diese eine Ausnahme von der allgemeinen Regel bilden; im Gegenteil, da sie Tag und Nacht den Persius, Petronius und Juvenal in Händen hatten, ahmten sie diese keuschen Lateiner mit solchem Erfolg in ihren satirischen Flugblättern nach, die sie gegeneinander verfaßten, daß man nach dem Ausspruch, ich erinnere mich nicht welches Theologen, nicht versteht, »wie das Papier nicht vor Scham rot wurde, auf welchem solche Gemeinheiten geschrieben standen.« Auf meinem Tische habe *ich eine Sammlung* Festivum Opusculum *oder* Parerga *vor mir liegen, welche die größten Gelehrten der damaligen Zeit in ihren Mußestunden geschrieben haben. In dieser befindet sich die »Lobrede auf den Esel«, das »Lob der Laus«, die »Verderbnis des Jahrhunderts« und einige andere Opuscula, welche zeigen, mit welcher Sicherheit jene gelehrten Männer in den Fußtapfen eines Aristophanes und Martial wandelten.*

Ich wünschte sehr, Herr Redakteur, meine Sammlung durch Anführung einiger weniger Beispiele aus der orientalischen Literatur zu vervollständigen; aber ich verstehe weder die asiatischen Sprachen, noch besitze ich wie Ihre Kollegen die wertvolle Kunst, über Dinge zu reden, die ich nicht gelernt habe. Jedoch sind meiner Meinung nach jene offenherzigen »milesischen Märchen« unserer Vorfahren aus dem Orient nach Griechenland eingeführt worden; außer ihnen haben wir die »Märchen der Halma«, welche als eine Bearbeitung indischer, persischer und arabischer Überlieferungen den Geist des gesamten Orients widerspiegeln. Aber auch diese, obwohl vom Übersetzer gewissermaßen gesäubert, können noch als zahm gelten; dagegen macht dem heutigen Vertreter orientalischer Fröhlichkeit, dem berüchtigten Karagioso, niemand den Lorbeer der freien Ausdrucksweise streitig.

Dies alles bringt mich zu der Vermutung, daß auch die Anhänger Mohammeds und Brahmas für die Komiker die Unverblümtheit nicht für überflüssig gehalten haben. Wie aber hierüber die Kaffern, Patagonier, Eskimos und Hottentotten denken, werden wir dann zu erfahren bekommen, wenn erst kritische Studien zur Literatur dieser Nationalitäten herausgegeben werden, welche sich wahrscheinlich auch in den Regeln der Ästhetik von den anderen ebenso unterscheiden, wie sie in der Hautfarbe und im Körperbau von ih-

nen abweichen. Bis dahin jedoch erlauben Sie mir wohl, geehrter Herr Redakteur, die Ansicht zu hegen, daß die am Eingang dieses meines Briefes angeführte Regel, nach welcher die unverblümte Redeweise für die Satire ebenso notwendig ist wie die Flügel für die Vögel, darin von anderen Regeln verschieden ist, daß sie keine Ausnahmen hat.

Bei diesem allgemeinen Überblick über die Satirenschreiber von der Erschaffung der Welt bis auf uns bin ich mit großer Eile vorgegangen, indem ich wie die Götter Homers einherschritt, die zwei Schritte taten und sich beim dritten an den Enden der Welt befanden. Aus diesem Grunde habe ich auch weder Zitate noch Parallelstellen angeführt, da es mir um Raum, Zeit und Mühe leid tat, sowohl die Ihrigen wie die meinigen. Dann aber gehören auch die von mir erwähnten Autoren sämtlich mehr oder weniger einer anderen Epoche an, und Ihre Kollegen werden wahrscheinlich bemerken, daß das, was damals erlaubt war, heute »infam« genannt wird. Vielleicht haben sie recht; die Wahrheit kommt ja oft aus dem Munde der Einfältigen; aber in diesem Zeitalter der Wunder, in welchem wir ohne Segel zu schiffen, ohne Pferde zu fahren und ohne Tinte zu schreiben erfunden haben, würde es auch nicht verwunderlich sein, wenn die Satiriker eine Art und Weise entdeckten zu spotten, ohne den Mund aufzumachen. Bevor ich mich jedoch darüber verbreite, halte ich es für notwendig, auch einige wenige satirische Schriftsteller des gegenwärtigen Jahrhunderts zu untersuchen. Da aber mein Brief länger als eine Herbstnacht geworden ist, verschiebe ich diese Untersuchung auf den nächsten und verbleibe, Herr Redakteur,

Ihr ergebener Diener

Dionysius Sourlis.

Dritter Brief

Agrinion, den 20. Mai 1866

Sehr geehrter Herr Redakteur der Avgi!

Wenn mich alten Mann mein Gedächtnis nicht täuscht, habe ich mein voriges Schreiben da abgebrochen, wo wir die Frage untersuchten, ob neben den übrigen Erfindungen unseres wundertätigen Jahrhunderts auch die Satiriker die Kunst entdeckt hätten, Satiren ohne Unverblümtheit, d.h. Knoblauchsauce ohne Knoblauch fertigzubringen. Aber da gerade wieder von Knoblauchbrühe die Rede ist, so erlauben Sie mir, Ihnen in Gestalt einer Anekdote, Episode oder Abschweifung zu erzählen, wie Cuvier zu sagen pflegte, was mir vor ein paar Jahren passiert ist.

Es war an einem Freitag zu Mittag, und es regnete stark; der Tisch war gedeckt, und ich wollte mich gerade daran setzen, als sich plötzlich geräuschvoll die Tür meines Zimmers öffnet und ich eine große, blonde, hübsche, wenn auch etwas beschmutzte vornehme Dame vor mir sehe. Dieser unerwartete Besuch war die Gräfin Th. (ich schreibe den Namen nicht aus, weil er sehr bekannt ist), drei Viertel Engländerin und vier Viertel spleenig; sie bereiste unsere Gegend zu Pferde, um Griechenland kennenzulernen, und war in mein Haus geflüchtet, um Schutz vor dem Regen zu suchen. Nachdem sie ihre Kleider am Ofen etwas getrocknet hatte, teilte sie mir lachend mit, sie habe noch nicht gefrühstückt. Denken Sie sich meine Verlegenheit! Es war, wie gesagt, Freitag, und auf meinem frommen Tische hatte ich nur Rüben mit Knoblauchsauce. Von den ersteren mochte sie nichts essen, mit der Begründung, bei ihr zu Hause bekämen nur

die Schweine so etwas; die Knoblauchsauce jedoch gefiel ihr
– wer hätte das glauben mögen! – ausnehmend. Sie aß, lang-
te wieder zu und rief von Zeit zu Zeit:»Was für ein famoses
Essen! Schade, daß es so stinkt! Können Sie die Sauce nicht
ohne Knoblauch machen?«

Kommt es Ihnen nicht so vor, Herr Redakteur, als glichen
die Kritiker Ihrer Residenz auffallend meiner spleenigen
Engländerin? Sie lesen alle die »Johanna« mit großem Appetit, reihen ganze Perlenschnüre von lobenden Beiwörtern
über die gewandte Sprache, den feinen Witz und die sonstigen Vorzüge des Buches auf, welche sie stundenlang beim
Genuß seiner vielen Reize fesseln, wie Ihr geschätztes Blatt
sagt, und dann klagen sie es der »Frechheit«, der »Unverblümtheit«, der »Gottlosigkeit«, des »Sarkasmus« an, genau
wie meine Engländerin die Knoblauchsauce, weil sie Knoblauch enthielt.

Erinnern Sie sich, Herr Redakteur, jener unnachahmli-
chen Ode von Anakreon:

> Hörner gab Natur den Stieren,
> Und der Hufe Wehr den Rossen usw.?

In ähnlicher Weise hat auch Apoll seinen Dienern die Gaben
verschieden zugeteilt. Die Epiker erhielten die schmettern-
de Trompete, die Hymnendichter die göttliche Inspiration,
die Tragiker die Tränen, die Bukoliker die Seufzer des Ze-
phyrs und der Hirtinnen, die Redner die Sophismen und
die Geschichtschreiber das gesamte Menschengeschlecht
als Domäne; den Satirikern aber, für die am Boden des Kor-
bes nichts mehr blieb, wurde zur Entschädigung die Erlaubnis gegeben, sich durch Spott über alles zu trösten. Und
diese Erlaubnis will man den unglücklichen Enterbten ver-

sagen? Hat man denn kein Mitleid mit den armen Teufeln?

Im vorigen Briefe haben wir gesehen, welchen Gebrauch resp. Mißbrauch die Komiker seit Erschaffung der Welt von dieser Erlaubnis gemacht haben; jetzt kommt es nicht darauf an zu untersuchen, ob die Satiriker unserer Zeit dieses Privilegs beraubt worden sind, oder ob sie darauf verzichtet haben, d.h. ob die »Johanna« der letzten europäischen Mode angehört oder nicht.

Aus der großen Menge will ich mit Ihrer Erlaubnis Goethe, Heine, Byron, Musset und Béranger als Vertreter der deutschen, englischen und französischen Literatur auswählen, der einzigen in unserem Zeitalter überlebenden. Außerdem sind es auch große, bekannte Schriftsteller, deren Namen vielleicht sogar zu den Ohren Ihrer Kollegen gedrungen sind, Männer also, die nicht zu kennen ein jeder sich schämen wird, der lesen kann, und wäre es auch nur neugriechisch.

Ich beginne mit Goethe und schlage den Faust, Seite 144 der Cottaschen Ausgabe, dieses Meisterwerk zeitgenössischer satirischer oder vielmehr satanischer Dichtung auf; da befinde ich mich auf dem Gipfel eines Berges, wo der verliebte Held, auf dem nassen Grase ausgestreckt, seine Arme verzückt dem Himmel, der Erde, der Luft, den Sternen, dem Mond und was sonst noch der liebe Gott im Zeitraum von sechs Tagen geschaffen hat, entgegenbreitet. Aber diese Ekstase unterbricht plötzlich Mephistopheles, die satirische Persönlichkeit des Dramas, ein positiver Mensch, der die Dinge sieht, wie sie sind, und mit ihrem wahren Namen nennt, der, um zu zeigen, woraus die Verzückung der Liebhaber besteht, auf der Bühne zu jenen Gesten seine Zuflucht nimmt, durch welche Diogenes seine Liebessehnsucht stillte, wobei er bedauerte, daß er auf dieselbe Weise nicht auch seinen Hunger befriedigen konnte. Darauf schlägt er dem Helden vor, zu seiner Liebsten einzugehen, anstatt mutterseelenallein jenem Vergnügen nachzuhängen, welches man vor keuschen Ohren nicht nennen darf, welches jedoch keusche Herzen nicht entbehren können. Doch Faust wendet sich entrüstet von seinen Zumutungen ab und nennt ihn Kuppler; aber jener antwortete lachend, ohne sich von dem Titel beleidigt zu fühlen:

> Der Gott, der Bub und Mädchen schuf,
> Erkannte gleich den edelsten Beruf,
> Auch selbst Gelegenheit zu machen.

Was sagen Sie, Herr Redakteur, zu dieser freien Sprache dieses Fürsten unter den deutschen Dichtern, den die Richter im poetischen Wettkampf unserem dichterischen Nachwuchs als Muster empfehlen? Aber einige Seiten weiter kommt es noch besser.

Da finden wir die so vielbewunderte Hexenszene der Walpurgisnacht, aus welcher ich zwei Vierzeiler zitiere:

> Einst hatt ich einen wüsten Traum;
> Da sah ich einen gespaltnen Baum,
> Der hatt ein – – –;
> So – es war, gefiel mirs doch.

> Ich biete meinen besten Gruß
> Dem Ritter mit dem Pferdefuß!
> Halt Er einen– – bereit,
> Wenn Er – – – nicht scheut.

290

Was soll ich über die Ergötzungen des Proktophantasmisten in derselben Szene sagen? Was über das Kleinod der Helena, welches durch so viele Hände gegangen, daß es seine Vergoldung verloren (2. Teil), was über die Szene am Peneus, in welcher Mephistopheles, nachdem er versucht hat, wie ein anderer Herakles mit allen Lamien der Reihe nach zu »verkehren« (in der antiken Bedeutung des Wortes), die eine »dürr wie einen Besen«, der anderen Gesicht »schmählich«, die dritte »quammig« und so weiter findet? Was soll man weiter sagen, wenn man dies liest, als daß auch der hochweise Goethe das Privileg komischer Redefreiheit voll und ganz für sich in Anspruch nahm?

Aber damit Sie nicht etwa glauben, daß das Erwähnte poetische Lizenzen seien, die den Prosaikern nicht zugestanden werden dürfen, so eile ich zu Heinrich Heine, dem König der modernen Satire.

Auf Seite 277 der vielgenannten Reisebilder findet sich folgende Definition der »herrschenden Religion«, welche der Verfasser eine »abscheuliche Mißgeburt« nennt, »gezeugt durch die Vermischung der weltlichen Macht mit der geistlichen, einen Maulesel, entstanden aus der Paarung des Hengstes des Antichrists mit der Eselin des Heilands.«

Auf Seite 345 des ersten Bandes erfahren wir die Geschichte jenes Bruchbandmachers, der ununterbrochen in der Schrift las und in der Nacht träumte, daß ihn Susanna, Lots Töchter, die heilige Magdalena und die anderen biblischen Heldinnen besuchten, während ihn seine rasend eifersüchtige Frau bis aufs Blut peinigte, um ihn »aus den Armen dieser zweifelhaften Weibsbilder« zu reißen.

Auf Seite 191 wohnen wir einer anderen Szene bei, in welcher Herr Gumpel ein Purgiermittel getrunken hat, danach in das Schlafzimmer seiner Freundin eingeladen, »anstatt die Nacht auf dem Throne der Liebe zu verbringen, sie auf einem anderen viel niedrigeren Stuhle zubrachte«; nicht viel später werden die Töchter des kalten Hollands gescholten, »weil sie wollene Unterhosen tragen«, und auf derselben Seite begegnet uns die Redensart »rohes Fleisch«, die auch sonst bei allen Komikern vorkommt und den Kritikern Ihrer Residenz soviel Ärgernis bereitet hat. Derartig ist die bei den Satirikern Deutschlands herrschende Freiheit; und damit Sie nicht etwa glauben, dies sei ein ausschließliches Vorrecht der jenseits des Rheins Wohnenden, so gehen wir sogleich über diesen Fluß und flüchten nach Frankreich, dem klassischen Land der schönen Phrase.

Sie kennen sicher den berühmten Béranger, welchen hunderttausend Franzosen unter Klagen über das Hinscheiden des Nationaldichters und des echten Repräsentanten französischen Frohmutes vor einigen Jahren zu Grabe geleiteten; die Kritiker erklären ihn für klassisch in seinem Genre, so daß sein Name, wenn er in die Waagschale gelegt wird, die Schwere aller Herren Kalapodakis Ihrer Hauptstadt aufwiegt, die gewiß nicht ermangeln würden, die folgenden Verse als »infam« zu bezeichnen, welche ganz Frankreich fröhlich nachsang:

> Si d'après à ce qu'on rapporte
> On baille au céleste séjour,
> Que le diable nous emporte
> Et nous rendrons grâce à Dieu.

und das berühmte Lied:

> Verse encore, mais pourquoi ces atours
> Entre tes baisers et mes charmes
> Ma pudeur ne connaît plus d'alarmes.

sowie die Verse der »Großmutter« an ihre Enkelinnen:

> *Un mari plus sensé*
> *Eû pu connaître à la coquille*
> *Que l'œuf était déjà cassé etc.*

oder die Worte der »Missionare«, welche singen:

> *Que tout le sexe enflammé*
> *Nous chante un »adsperges me« etc.*

und tausend andere Verse, die ich, weil allzu deutlich, nicht anführe.

Kommen wir nun zu Musset, diesem Abgott des jungen Frankreichs, dessen Verse sich im Bücherschrank wie im Gedächtnis aller Französinnen finden. In der berühmten »Ode an den Mond« finden wir folgende Vierzeiler:

> *Le pied dans sa pantoufle*
> *Voild l'époux tout prêt*
> *Qui souffle*
> *Le bougenir indiscret.*

> *Ouf! dit-il, je travaille,*
> *Ma bonne, et ne fais rien*
> *Qui vaille*
> *Tu ne te tiens pas bien etc.*

Derselbe Dichter bietet uns weiter unten eine günstige Gelegenheit, durch eine Nebeneinanderstellung auch den Grad von Freiheit darzulegen, welche die französischen Schrift-

steller in ihren satirischen Werken für zulässig erachten, gleichzeitig auch die relative Mäßigung, mit welcher der Verfasser der »Johanna« von dieser Freiheit Gebrauch gemacht hat. Aber dazu müssen wir die Parallelstellen ganz nebeneinander stellen. Auf Seite 114 der »Päpstin« befindet sich eine Anrede an die Leserin, welche (die Anrede nämlich, nicht die Leserin) die Kritiker in Ihrer Hauptstadt so anstößig gefunden haben, daß sie ihr Antlitz mit beiden Händen verhüllten. Diese fürchterliche Stelle lautet wörtlich folgendermaßen:

»Zwinge dich nicht zu erröten, meine keusche Leserin! Die Stahlfeder, mit welcher ich diese wahrheitsgetreue Geschichte niederschreibe, ist englisches Fabrikat aus der Fabrik von Smith, und daher so keusch wie jene blonden Engländerinnen, die, um ihr jungfräuliches Gewand nicht zu beschmutzen, es bis zum halben Schienbein hochheben und dem Wanderer große Füße in doppelsohligen Schuhen zeigen. Du läufst also keine Gefahr, von mir etwas zu hören, was

nicht erlaubt ist, einer Maid zu sagen.«

Dagegen ruft Musset in seiner Erzählung »Namouna«, um sich seiner Leserin gegenüber zu rechtfertigen, weil er seinen Helden splitternackt und sich selbst nur im Hemde ihr gegenüber dargestellt hat:

Ma lectrice rougit et je la scandalise
Et quel crime est-ce donc de se mettre à son aise,
Quand on est tendrement aimé … et qu'il fait chaud?
On est si bien tout nu dans une large chaise!

Croyez-m'en, belle dame, et ne vous en deplaise
Si vous m'apparteniez, vous y seriez bientôt,
Vous en crieriez sans doute un peu, mais pas
bien haut.

Es wäre mir ein leichtes, diese Parallelen ad infinitum fortzusetzen; aber es fehlt mir an Zeit, und der Ekel benimmt mir
den Atem, weil ich gezwungen bin, solch abgeschmackte Einzelheiten anzuführen, um Dinge zu beweisen, die selbst für
Pinsel handgreiflich sind. Nur das bitte ich Sie zu glauben,
Herr Redakteur, daß die Zeit der süßlichen, romantischen Emp-
findelei in Frankreich vorüber und an ihre Stelle der alte, gesunde und ungeheuchelte französische Esprit getreten ist. Die
Nachkommen Rabelais' haben wieder angefangen, die Dinge
beim rechten Namen zu nennen und »lachen oft beim Lesen
der pathetischsten Strophen Lamartines« (St. Beuve, Caus.,
tom. VII, p. 424). Das Zepter der französischen Literatur hält
jetzt About, der nächste Verwandte Lukians, seine »Novellen«
haben in fünf Jahren zehn Auflagen erlebt, und auf den Schlös-
sern Napoleons wird der »Kotillon«, eine aristophanische Ko-
mödie des seligen Mornu, aufgeführt, während die Seufzer und
die Mondstrahlen gestorben, begraben, oder, um mit Heine
zu reden, zum Gebrauch der Museen »einbalsamiert« sind.[1]

---

1 Der zeitgenössische Dichter Laprade, der zur Schule Lamartines gehört,
beschreibt den augenblicklich in Frankreich grassierenden schrankenlo-
sen Materialismus in folgenden Versen:

> ... *Muses*

> *Descendez à jamais de ces hauteurs glacées,*
> *Où règne la pudeur, je veux dire l'ennui*
> *Le réel avant tout! Si du vieux idéal*
> *Donnez à vos romans une odeur d'hôpital,*
> *Faites-en des charniers peuplés de bêtes fauves;*
> *Allez fouiller du nez dans toutes les alcoves etc.*

> (Muses d'État, str. 10, Paris 1860)

Kommen wir nun zu Byron, dem berühmten Philhellenen, bei dessen Nennung auch Sie, Herr Redakteur, und alle Ihre Kollegen, denke ich, die Hüte, Mützen, die Fesse oder was sie sonst auf ihren weisen Häuptern tragen, hochachtungsvoll abnehmen. Wahrscheinlich haben Sie gehört, daß dieser Griechenfreund gleichzeitig auch ein großer Poet gewesen ist, der neben anderen Werken auch das satirische Gedicht »Don Juan« verfaßt hat, welches als das geistreichste seit Erschaffung der Welt geschriebene Buch gilt. Was die freie Sprache betrifft, so steht es hinter keinem anderen zurück. Bruchstücke daraus führe ich aber hier nicht an, weil mir der 6. Vers des 7. Kapitels des Evangeliums Matthäi zu verbieten scheint, Ihren Kollegen byronische Verse vorzusetzen, und außerdem weil ich fürchte, diese Stellen möchten, aus dem Zusammenhang gerissen oder mißverstanden, zu dem Glauben Veranlassung geben, Byron sei mit Piron und Parny, der Schwan mit den Raben verwandt. Nur das sage ich Ihnen, daß der englische Dichter, dessen Bedeutung auch als Kritiker groß ist, die Freiheit des Ausdrucks für die satirischen Werke als eine conditio sine qua non ansah. Als er von dem Verleger gebeten wurde, die gar zu großen Offenheiten seines Werkes etwas zu verhüllen, gab er zur Antwort: »Die Seele derartiger Werke ist gerade ihre Schrankenlosigkeit (licence), ohne welche sich der Dichter unmöglich seiner ausgelassenen Laune hingeben kann, ebensowenig wie Hamlet den Tollen mit gebundenen Händen spielen kann; beide wären einfach lächerlich, wenn ihnen Schranken gezogen würden.« In einem andern Briefe sagt er: »Mein komisches Gedicht ist nicht zu dem Zwecke geschrieben, um in den Kirchen gesungen zu werden; ist es geistreich, dann wird es Erfolg haben; ist es witzlos, wird es Schiffbruch erleiden. Alles übrige (d.h. die Bemerkungen des Verlegers über moralische Wohlanständigkeit usw.) sind Nebensachen, die den Wert des Buches weder erhöhen noch verringern.«[1]

Dabei müssen Sie bedenken, Herr Redakteur, daß Byron, als er die eben zitierten Bemerkungen schrieb, nicht mehr der freche, spleenige Jüngling war, der sich aus einem Totenschädel betrank und die Akademiker von Cambridge um ein Doktordiplom für seinen Bären anging, sondern ein Mann auf der Höhe seiner männlichen Besonnenheit. Der »Don Juan« ist keine Jugendsünde, sondern das Schwanenlied eines reifen Dichters, welcher nun die Feder niederlegte, um nach Griechenland zu gehen und für die Griechen zu sterben. Allerdings suchte die Partei der Puritaner, die Herde der wässrigen Moralisten und der Schwarm der Gänse, die er in seiner Satire weidlich durchgehechelt, die Dichtung und den Dichter sofort in einem »Ozean getaufter Milch«, wie er ihre Kritteleien nannte, zu ersäufen. Heilige von Karystia, »Sterne des Orients« und Schönschuhe (Kalapodia), welche wie Bileams Esel die Gabe der Rede besitzen, finden sich ja überall; aber ihnen gegenüber sehen Sie den Reigen der berühmten Kritiker, welche angesichts dieses Meisterwerks kniend ihre Rauchfässer schwingen! Der große Goethe hat nicht genug Worte zum Lobe des »Don Juan«, den er sofort zu übersetzen versucht; Villemain findet nicht einmal in der antiken Literatur etwas, das er mit ihm vergleichen kann, Heine, Sainte Beuve und andere lassen keine Gelegenheit vorübergehen, um darüber zu reden; auch ich tue es trotz meiner fast siebzig Jahre, Herr Redakteur, wenn ich mit einigen famosen Kerlen das Frühlingsfest am 1. Mai

---

[1] Siehe die Briefe des Dichters an Murray vom 1. Februar, 6. April und 12. August 1819.

begehe, mit ihnen um das Feuer liegend, an welchem das Lamm gebraten worden ist; dann trage ich ihnen im vierten Gesang des »Don Juan« die Haidée-Episode vor:

> *Now pillow'd cheek to cheek, in loving steep*
> *Haidée and Juan their siesta took,*

und so sehr war ich von der Lektüre hingerissen, daß ich mein eines Bein, glücklicherweise das hölzerne, anbrennen ließ.

Aber der Dämon der Schwatzhaftigkeit hat mich wieder zu Abschweifungen verführt, während doch der einzige Zweck dieses Briefes sein sollte, Ihnen darzulegen, daß wie die alten, so auch die modernen Satiriker die Unverblümtheit als unbedingt notwendig für ihre Schöpfungen betrachten. Der einzige Unterschied zwischen ihnen besteht darin, daß sie heutzutage die Glieder des menschlichen Körpers nicht mehr mit Namen nennen, in allem übrigen jedoch sind sie gleich, eine Regel, die keine Ausnahme kennt. Irgendein Philosoph, ich erinnere mich nicht mehr welcher, wollte einem asiatischen König beweisen, daß er unrecht habe, die Götter zu lästern, weil er seinen Sohn verloren habe: Er verlangte von ihm, er solle in seinem ungeheuren Reiche nur drei Menschen ausfindig machen, die kein Leid erfahren; ihre Namen, auf dem Grabstein des Verstorbenen eingemeißelt, würden ihn sofort von den Toten erwecken. Ich meinerseits bin bereit, wenn Ihre Kollegen auch nur einen Satiriker nachweisen, der nicht frei von der Leber weg redet, sie Aristarche zu nennen, Herrn Kalapodakis nicht ausgenommen. Wenn diese Herren behaupteten, das Buch sei fade, dann hätte ich nichts weiter zu sagen, als daß der Verfasser der »Johanna« den tollen Pegasus Ariosts habe reiten wollen, aber abgeworfen und in den Schmutz gefallen sei. Wenn sie sagten, wie Herr Koumanoudis bei irgendeiner Preisverteilung für poetische Werke, ich weiß nicht mehr in welchem Jahre, sie möchten keine satirischen Bücher, »weil es in ihrer Beschaffenheit liege, schlimme Dinge zu enthalten«, so würde ich ihre Sittsamkeit bewundern; aber daß sie die »Johanna« als witziges und geistreiches Buch in den Himmel heben und in einem Atem den Verfasser als unanständig, ironisch und sarkastisch verurteilen, während er in der Einleitung unverhohlen zugibt, den Spuren Heines und Byrons gefolgt zu sein, das vermag ich weder zu verstehen noch zu verdauen; das kommt mir gerade so vor, als wollten sie einem frommen Katholiken einen Vorwurf daraus machen, daß er das Kreuz mit vier Fingern schlägt, einer Tänzerin, daß sie ihre Waden zeigt, oder einem Prediger, daß er Unsinn redet.

Bemerken Sie gefälligst, Herr Redakteur, daß ich in der obigen langen Aufzählung aller Satirenschreiber vom Anfang der Welt bis heute keinen verdächtigen oder anrüchigen Namen, weder den Meursius, noch Aretin, noch Parny, noch Casanova angeführt habe, sondern im Gegenteil aus jedem Lande und jeder Epoche die Koryphäen, Lukian, den heiligen Augustinus, Ariost, Shakespeare, Moliére, Sterne, Montesquieu, Goethe und alle, die sonst noch die Menschheit verehrt und bewundert; bemerken Sie ferner, daß es in diesem glänzenden Reigen, was die Freiheit der Ausdrucksweise betrifft, keine Ausnahme gibt, sondern daß dieselbe als unerläßlich betrachtet wird von Männern, die zu verschiedenen Zeiten und an weit entfernten Örtlichkeiten lebten, durch Ozeane und Äonen voneinander getrennt, in Religion, Moral, Sitte und Sprache verschieden, aber hierin übereinstimmend. Erwägen Sie dies alles recht genau, Herr Redakteur, und dann entscheiden Sie, bis zu welchem Grade von Unbil-

dung jemand gelangt sein muß, um befremdet zu sein, daß er in einem satirischen Werke Zoten findet.

Tagelang habe ich mir den Kopf zerbrochen, wie ich die verschiedenen Urteile, die Lobeserhebungen und die Tadelsäußerungen der athenischen Presse über die »Johanna« unter einen Hut bringen solle, aber es hat mir nicht gelingen wollen. Vorgestern nun habe ich von meinem Neffen, der aus Athen zurückkam, wo er Jura studiert, die Namen mehrerer Journalisten erfahren, die mir bei der Lösung des Rätsels behilflich gewesen sind. Man kann diese Kritiker in zwei Klassen zerlegen, nämlich solche, die Anstoß genommen haben, und solche, die es nicht getan haben. Unter den ersteren ragen die Herren Giannopoulos, Anagnostopoulos, Kalapodakis und einige andere hervor, deren ich mich nicht mehr entsinne, in der zweiten Gruppe, d.h. den Freunden der »Johanna«, bemerke ich die Herren Gustav Flourens, Soutsos Mavrogiannis, E. Asopios, die »Eintracht von Zakynthos« usw. Weder die einen noch die anderen habe ich die Ehre zu kennen; soweit ich jedoch aus den Endungen der Namen schließen kann, gehören Herr Flourens und Genossen dem europäischen, phanariotischen, kurz auswärtigen Bevölkerungselement Ihrer Residenz an, während die mit der Endung -poulos, wenn ihre Namen nicht trügen, echte Söhne der Morea sind und darum vollkommen recht haben, die »Johanna« als dekolletiert zu verurteilen. Um Ihnen klarer zu machen, wie ich es meine, Herr Redakteur, will ich Ihnen zu guter Letzt noch eine Anekdote erzählen. Jesus redete in Parabeln und Gleichnissen, damit ihn die begriffsstutzigen Juden verständen; diese Methode scheint mir auch für die griechischen Zeitungsschreiber angebracht. Aber statt eines Gleichnisses will ich Ihnen die nachfolgende wahrheitsgetreue und vor kurzem geschehene Tatsache erzählen:

Vor einigen Jahren ging die Prinzessin Solm, eine vornehme Dame am Hofe Napoleons III. und mit dem Kaiser ein wenig verwandt, um ihrer Gesundheit willen in die Schweiz, wo sie in einem abseits vom Weltverkehr gelegenen Orte von Unterwalden ihren Aufenthalt nahm. Die Einwohner jener Gegend, von hohen Bergen umgeben, haben bis auf den heutigen Tag die einfachen und tugendhaften Sitten ihrer Vorfahren beibehalten; sie heiraten jung, machen tagsüber Uhren und nachts Kinder und tanzen an hohen Festtagen im Hofe einer alten Burgruine. Das obenerwähnte Fräulein bekam unglücklicherweise Lust, sich zu einer jener abendlichen Belustigungen zu begeben, und erschien dort angezogen oder vielmehr ausgezogen nach der neuesten Pariser und internationalen Mode. Aber beim Anblick jener nackten Schultern wichen die guten Dörflerinnen, die nur ihren Ehemännern die ihrigen zeigten, mit Schauder zurück, da sie die Prinzessin für eine Dirne hielten, weil sie – dekolletiert war.

Was die Fabel lehrt, ist wohl überflüssig noch besonders zu sagen, Herr Redakteur. In meinem nächsten Briefe werde ich ausschließlich von Moral reden. Bis dahin grüße ich Sie und verbleibe Ihr ergebener Diener

Dionysius Sourlis.

Vierter Brief

Agrinion, den 29. Mai 1866

Geehrter Herr Redakteur der Avgi!

In meinem vorigen Schreiben habe ich mich lediglich darauf beschränkt, so handgreiflich wie möglich zu machen, daß

alle Satiriker jeder Epoche und in jedem Lande ausnahmslos unverblümt, unanständig und sarkastisch gewesen sind; daher müssen wir entweder die Satire aus der Gesellschaft verbannen wie Plato die Poeten, oder sie samt ihren Fehlern hinnehmen, die mit ihr ebenso unlöslich verbunden sind wie die Dornen mit der Rose. Sie werden mir vielleicht entgegenhalten, daß der heilige Medardus auf dem Gipfel der Alpen Rosen ohne Dornen gefunden hat; aber weder ich noch, wie ich glaube, Sie haben diese Rosen gesehen, Herr Redakteur. Darum bleibe ich bei meinem Vergleich, den ich für durchaus treffend halte.

Es bleibt uns nunmehr noch übrig zu erörtern, ob ein Interesse vorliegt, die Satire, die als solche unanständig, verletzend und boshaft ist, aus dem Reiche der Literatur zu verbannen oder nicht, und den Ekklesiastes, Aristophanes, Lukian, Byron und Molière als »Verpester, Verderbenstifter, Ottern und Bösewichter« nach den evangelischen Ausdrücken unserer heiligen Synode den Flammen zu überantworten. Bevor wir jedoch hierüber entscheiden, muß ich, Herr Redakteur, ein wenig über Philosophie zu Ihnen reden.

Daß das Böse in der Welt existiert, kann niemand leugnen, der Augen und Ohren hat, außer wenn seine Ohren länger sind als die des Midas; in diesem Falle nennt man den Inhaber solcher Gehörorgane nach einem französischen Ausdruck Optimist: Wie dagegen das Böse in die Welt gekommen ist, vermag ich Ihnen nicht zu sagen, weil die Menschen darüber nicht einig sind. Die alten Griechen klagten die Pandora an, sie habe die Büchse geöffnet, aus der die Übel herausgeflattert seien; die Manichäer stellten die Hypothese auf, Gott habe, weil er die Welt nicht ganz zu Ende bringen konnte, den Dämon um Beihilfe angegangen und diesem als Ent-

gelt das Nutznießungsrecht über seine Schöpfung einge-
räumt, während wir glauben, der Teufel habe unsere erste
Mutter verführt, und daher rühren unsere Leiden. So glaube
auch ich als gehorsamer Sohn der orthodoxen Kirche, wenn
ich mich auch zuweilen frage, wer vor der Verführung Evas
durch den Teufel diesen selbst verführt und zu einem bösen
Dämon gemacht hat, während er doch vorher ein fleckenloser
Engel und wie die übrigen geflügelt gewesen war. Sollten Sie
das wissen, Herr Redakteur, so teilen Sie es mir mit, und ich
werde mich Ihnen zu Dank verpflichtet fühlen. Vorderhand
jedoch ist uns dies gleichgültig; denn wenn auch die Weisen
über die Quelle des Bösen uneins sind, so leugnet doch keiner seine Existenz in der Welt, wenigstens auf unserem Planeten, wo wir es unter zahllosen Gestalten herrschen sehen.
Kriege, Ehescheidungen, Vipern, Räuber, Podagra, Galgen,
Steuern, Pfaffen, Eroberer, Cholera, Dummheit und andere
Übel haben niemals auf der Erdoberfläche gefehlt und ihren
Bewohnern tagtäglich ins Gedächtnis zurückgerufen, daß
Eva den Apfel gegessen hat.

Auf der andern Seite jedoch kann niemand ableugnen,
daß uns der allgütige Gott in der Fülle seines Erbarmens
auch viele Dinge gelassen hat, wenn wir auch alle der furchtbaren Schuld unterliegen, als Nachkommen Evas geboren zu
sein. Überall begegnet uns neben dem Bösen das Gute, die
Tugend neben der Schlechtigkeit; daher sind die Leugner der
Existenz des Guten nicht weniger lächerlich als diejenigen,
welche das Vorhandensein des Bösen verneinen; Optimisten
und Pessimisten erscheinen mir als wunderliche Geschöpfe,
die in denselben Käfig gehören.

Das größte Geschenk aber, welches uns nach dem Sündenfall erhalten geblieben ist, oder vielmehr welches wir
durch denselben erlangt haben, weil es für uns vorher, wie

ich meine, überflüssig war, das ist jenes Seelenvermögen, welches wir »Gewissen« nennen und durch welches wir Gut und Böse unterscheiden sowie das erstere lieben und das andere hassen. Das Gewissen unterliegt auch wie die Sonne Flecken und Verfinsterungen. Die Religionen, die Gesetze, Not und Leidenschaften vermögen wohl zeitweilig das Licht dieser Himmelsfackel zu verdunkeln, aber nie und nimmer auszulöschen; denn wie ein zeitgenössischer großer Dichter sagt, »das Menschengeschlecht ist, als ein Ganzes betrachtet, ein ehrenwerter Mensch«, d.h. es liebt das Gute und haßt das Böse.

Wenden wir nunmehr dieses Prinzip auf die Produkte des Geistes an.

Die Liebe zum Guten heißt Enthusiasmus und bringt die Pindars und Miltons hervor; der Haß gegen das Böse wird Satire genannt und erzeugt Lukiane und Voltaires.

Diese beiden Gefühle sind für den gesellig lebenden Menschen gleich notwendig zur Erfüllung seiner Bestimmung, welche der Fortschritt ist, und darum sehen wir den Enthusiasmus und die »Satire«, die Liebe zum Guten und die Abneigung gegen das Böse ständig mit der fortschreitenden Menschheit zusammengehen, den Aristophanes neben Plato, und Heine gegenüber Schiller. Der Enthusiasmus inspiriert die großen Männer, welche die religiösen, moralischen und politischen Gebäude aufführen, in denen die Menschheit wohnt. Aber diese Gebäude haben als Menschenwerke ihre Unvollkommenheiten und Mängel; diese Mängel erkennend, bricht die Satire das Gebäude von Grund aus ab, und kurz danach errichtet man ein anderes vollkommeneres, welches nach einiger Zeit ebenfalls abgetragen wird. So schreiten wir aufbauend und zerstörend vorwärts. Unmöglich kann eine Gemeinschaft erhalten bleiben ohne Enthusiasmus, d.h. ohne

Achtung vor den sie zusammenhaltenden Banden, aber ebenso unmöglich ist es, daß sie sich ohne die Satire fortentwickelt, welche diese Bande um anderer, besserer willen lockert und löst. Sobald eine Gemeinschaft aufhört fortzuschreiten, verfault sie sogleich und stirbt, wie die Ägypter und Inder abgestorben sind und wie heuzutage die Chinesen gesunken sind durch das Bestreben, ihre Zivilisation zu verewigen, indem sie dieselbe unsterblich und unveränderlich machen, anstatt abbrechend und wiederaufbauend vorwärts zu schreiten.

Daraus folgt, Herr Redakteur, daß, bis auf der Welt das absolut Gute zur Herrschaft gelangt, bis ein religiöses, moralisches und politisches Gebäude ohne Fehler und Mängel errichtet wird, solange also der Fortschritt der Menschheit sein Ende nicht erreicht hat, die Satire notwendig ist.

Und glauben Sie nicht, daß dies meine individuellen Anschauungen sind. Wie ich Ihnen schon in meinem ersten Brief gesagt habe, habe ich wenig Zutrauen zu meinen kritischen Fähigkeiten und entscheide niemals über irgendeine Sache, ohne mich vorher zu vergewissern, was andere darüber gedacht haben. Alles oben über den Nutzen der Satire Gesagte findet sich zerstreut – inhaltlich, wenn auch nicht wörtlich – in einer vielbändigen Reihe von Kritikern, nach denen ich die Hande ausstreckte, um die erforderlichen Hinweise aufzusuchen, als ich mich zum guten Glück an den folgenden Ausspruch eines deutschen Philosophen erinnerte, welcher mich einer solchen Mühe überhebt und dem am nächsten kommt, was ich gesagt habe. Dieser Deutsche ist der berühmte Schelling; er betrachtet die Satire als notwendig, da sie ein »unerbittlicher Feind der Vergangenheit«, d.h. also der Mißbräuche, und ein »Bundesgenosse der Zukunft«, mit andern Worten des Fortschritts, ist. Von denselben Prinzipien ausgehend, wie es scheint, hat Herr Flourens, welcher die Eigentümlichkeit hat, die unverblümt und sarkastisch geschriebene »Johanna« für ein moralisches Buch zu halten, über dieselbe gesagt: »Jeder Angriff auf das Schlechte ist ein Verdienst um die Menschheit, und darum schulden wir dem Verfasser des vorliegenden Buches Dank«

Sollte dies nicht genügen, Herr Redakteur, so könnte ich noch hinzufügen, daß zuallererst der liebe Gott selbst die Satire, d.h. die Bestrafung der Schlechtigkeit und Dummheit durch Spott, gegen den ersten Menschen zur Anwendung gebracht hat. Die Heilige Schrift erzählt uns wenigstens, daß Adam, von der törichten Hoffnung erfüllt, seinem Schöpfer gleich zu werden, seine göttlichen Gebote übertrat; zur Strafe für seinen Ungehorsam vertrieb ihn Gott aus dem Paradiese, entzog ihm die Unsterblichkeit und fügte, sich damit nicht begnügend, noch den Spott der Strafe hinzu, indem er zu ihm sagte, wie er zitternd, nackt und beschämt vor ihm stand: »Siehe, Adam ist wie einer von uns geworden!«, was nach dem heiligen Basilius und den übrigen Erklärern eine furchtbare Ironie ist, mit welcher Gott die Torheit des ersten Menschen bestrafte. Der heilige Victor, welcher die Stelle in demselben Geiste interpretiert, setzt hinzu, der Spott sei ein gerechtes, Gott wohlgefälliges Werk, wenn die Schlechtigkeit dadurch bestraft werde. Sie sehen daraus, Herr Redakteur, daß die Kritiker, Philosophen, die Kirchenväter, ja sogar Gott selbst die Satire als eine gute Waffe gegen die Torheit gebrauchen.

Aber kann man denn vielleicht die Schamlosigkeit und Unverblümtheit, die, wie wir oben gesehen haben, allen Satirikern gemeinsam zu sein scheint, als der Moral schädlich betrachten, und sind diejenigen unmoralisch zu nennen, welche die Schlechtigkeit entblößen, um ihre ganze Häßlich-

keit aufzudecken und sie verhaßt und gemieden zu machen?
Was mich betrifft, so halte ich nur denjenigen für unmo-
ralisch, welcher diese Blöße mit keuschen Hüllen verdeckt,
ihre Runzeln durch Schminke verbirgt, ihre Häßlichkeit
verhüllt, die so verwandelte Schlechtigkeit liebens- statt has-
senswert hinstellt, indem er durch diese Verkleidung die Vor-
stellungen von Gut und Schlecht verwirrt und die angebore-
ne Abneigung eines jeden gesunden Bewußtseins gegen das
Böse mindert; als moralisch hingegen sehe ich denjenigen an,
welcher auf irgendeine Weise versucht, dieses Gefühl zu stär-
ken. Und darum erscheint mir Byrons unanständiger »Don
Juan«, welcher alle gesellschaftlichen Mißstände verspottet,
tausendmal moralischer als die keusche »Valentine« der
Sand, welche den Ehebruch mit fleckenlosen Lilien bekränzt,
tausendmal gesünder die lachenden Novellen Balzacs, als die
melancholische »Kameliendame« von Dumas, welcher ver-
sucht die – Berufstätigkeit seiner Heldin durch gefühlvolle
Phrasen zu beschönigen. Auch die »Johanna« halte ich für
ein moralisches oder zum mindesten unschädliches Buch, da
sich in ihr keine wollüstige Beschreibung findet, nirgends die
Unsittlichkeit verherrlicht oder mit einem andern Namen ge-
nannt wird, da der Verfasser nirgends die Sympathien des
Lesers seiner Heldin zu gewinnen sucht, indem er mit senti-
mentalen Redensarten ihre Verfehlungen umkleidet, sondern
er hat von Anfang bis zu Ende nur Spott und Hohn für die
Schlechtigkeit, wenn er von der Wollust, der Schwelgerei,
der Liebe, den Weibern und den Leidenschaften im allgemei-
nen redet, so wie der Ekklesiastes, Lukian, Juvenal, Voltaire,
Heine und alle anderen geredet haben, welche die Wahrheit
sagten, in demselben Sinne, wenn auch nicht mit derselben
Beredsamkeit. Gefährlich, Herr Redakteur, sind die Bücher,
welche die Leidenschaften entfachen, nicht diejenigen, wel-

che sie abkühlen; in der »Johanna« aber, von der ersten bis zur letzten Seite, werden die Leidenschaften mit eiskaltem Sarkasmus und Spott besprochen. Die Heldin des Buches ist, wenn ich mich nicht täusche, die Personifikation der Selbstsucht und Undankbarkeit, und der Verfasser zeigt nach dem Ausdruck eines Ihrer Kollegen »eine größere Härte, als sie der Teufel gegen eine von ihm in die Hölle abgeholte Seele zeigt«, und ich glaube, er hat ein Recht dazu, wir müßten denn die Meinung Ihres eben erwähnten Kollegen teilen, der Historiker müsse eine gewisse Liebe zu seinen Helden und Heldinnen zu erwecken suchen, dadurch daß er sie dem Leser verehrungswert und liebenswürdig erscheinen lasse.

Aber bedenken Sie, Herr Redakteur, daß, wenn die Historiker nach dieser moralischen Anweisung verfahren wären, man einen Nero, eine Delila, einen Ephialtes und eine Messalina verehren würde. Nach diesem System hätte der Verfasser der »Johanna«, um seine Heldin den Lesern verehrungswert und liebenswürdig erscheinen zu lassen, z.B. ihre Zügellosigkeit »den edlen Trieb einer Seele« nennen müssen, »die den unerschöpflichen Schatz ihrer Hingebung und Liebe mitzuteilen bestrebt war«, dann hätte er den Wankelmut, mit welchem sie ihre Liebhaber wechselte, rechtfertigen müssen, indem er sie mit »einer weißen Taube verglich, die unaufhörlich umherflatterte, um ein Herz zu finden, das fähig war, sie zu verstehen« usw. in der Manier der Sand. Hätte er das Buch in diesem Stile geschrieben, so hätten es Ihre Kollegen sehr moralisch gefunden, aber ich, Herr Redakteur, hätte es ins Pfefferland gewünscht, weil ich weder die süßlichen Phrasen noch das Loblied auf die Unsittlichkeit vertragen kann. Darum hat man mich auch vielleicht in Agrinion einen Menschenfeind genannt.

*Noch eine Schlußbemerkung erlauben Sie mir, Herr Re-
dakteur, an die Kritik in Ihrer Avgi zu knüpfen. Der Verfasser der »Johanna« läßt, um die in jener Zeit herrschende Verderbtheit zu schildern, zwei Frauen, die heilige Ida und die
heilige Liobba, auftreten, welche in den schwärzesten oder
vielmehr lächerlichsten Farben diese Zustände beschreiben;
der betreffende Artikelschreiber hat sich bewogen gefunden
zu sagen, der Verfasser verleihe seinen Anschauungen über
Gemeinde- und Klosterleben durch den Mund dieser Frauen
Ausdruck! Nach diesem Grundsatz müßte man also annehm-
men, daß auch Molière in seinem »Avare« seine Prinzipien über den Gebrauch des Reichtums in der Gestalt des
Harpagon verkörpere, daß Byron im »Korsar« den Seeraub
rechtfertigen wolle, und daß die Spartaner bei den Gelagen
berauschte Heloten vorführten, um den Jünglingen die Trunkenheit anzuempfehlen. Diese Prätention geht denn doch
über den Spaß!*

*Um Ihnen die ganze Lächerlickeit dieser Ansicht darzu-
tun, Herr Redakteur, müßte ich zuvörderst erklären, was
»objektiv« und »subjektiv« zu bedeuten hat, die Grundbe-
griffe der Philosophie. Aber dieser Versuch erscheint mir ein
wenig schwierig, ja, ich würde sogar sagen, unmöglich, wenn
ich nicht gehört hätte, man habe jüngst die Kunst erfunden, den Blinden die Farben begreiflich zu machen. Nur das
will ich Ihnen sagen: Wenn der Verfasser die Grundsätze der
heiligen Liobba empfähle, so hätte er, statt sie so nackt und
unverhüllt dem allgemeinen Gelächter preiszugeben, vielmehr Eugen Sue nachgeahmt, welcher eine Verteidigung
oder, besser gesagt, eine Verherrlichung der sieben Tod-
sünden, der Wollust, des Neides, des Zornes usw. geschrieben hat, ein Buch, welches Ihre Kollegen als »äußerst pas-
sende Lektüre« empfohlen haben, während sie diejenigen,*

*welche diese Schlechtigkeiten verspotten, gottlos und frech
nennen.*

> *De nobis post haec tristis sententia fertur;*
> *Dat veniam corvis, vexat censura columbas*
> *(Juvenal, Sat. II)*

*was, frei übersetzt, bedeutet, daß man die Raben weiß und
die Tauben schwarz sieht.*

*Vielleicht halten Sie dem entgegen, Herr Redakteur, daß
der Verfasser der »Johanna«, weil er fortwährend lacht, niemals mit genügendem Nachdruck gegen die Schlechtigkeit
zu Felde zieht, und daß der Leser oft schwankend bleibt, die
sogenannte »Reinigung der Leidenschaften« erwartend. Vielleicht teilen auch Sie die mit viel Witz von Herrn Bernar-
dakis verspottete originelle Meinung einiger Philologen in
Ihrer Residenz, die »Reinigung« bestehe in der direkten Verurteilung des Bösen; ich dagegen, der ich weit von diesen
Leuchten allein mit meinen Büchern lebe, bin noch immer
der Ansicht des Aristoteles, Schlegel und der übrigen Kritiker,
welche unter »Reinigung« die durch gleichviel welche Mittel hervorgerufene Abneigung gegen die Schlechtigkeit verstehen. In der »Johanna« ist nun die »Reinigung der Leidenschaften« gerade das Lachen des Lesers, der gezwungen wird,
das Böse zu verspotten. Vielleicht kennen Sie, wenigstens vom
Hörensagen, jene berüchtigten »Briefe aus der Provinz« gegen die Jesuiten von Pascal. In diesen stellt der berühmte
Schriftsteller alle Schändlichkeiten jener Skorpione in der
Kutte mit einer so ergötzlichen Leidenschaftslosigkeit dar, daß
der Leser oft in Zweifel ist, ob Pascal ein Verteidiger oder An-
kläger derselben ist, und seine Entrüstung nimmt auf jeder
Seite in einem solchen Grade mit der phlegmatischen Ironie*

des Verfassers zu, daß man oft zugleich mit den Jesuiten auch ihren apathischen Geschichtschreiber ohrfeigen möchte. Diese spöttische Mäßigung, diese wohlüberlegte Enthaltung von jedem verwerfenden Urteil, welche die Abneigung gegen das Schlechte im Bewußtsein des Lesers bis zum Höhepunkt steigert, ist von allen Kritikern als ein Meisterstück gesunder moralischer Ironie betrachtet worden. Ein solches System hat, glaube ich, auch der Autor der »Johanna« befolgt; als Beweis dafür, daß er in seinem Angriff auf die Schlechtigkeit reüssiert hat, kann wohl der Umstand dienen, daß es ihm gelungen ist, selbst Ihre Kollegen zu Vorkämpfern der Moral zu machen.

Bedenken Sie ferner, Herr Redakteur, daß der Geist der Satire das Eintreten für das Gute keineswegs ausschließt, ja es sogar durch den Gegensatz noch schärfer hervortreten läßt. So z.B. wenn der »alles unterschiedslos durchhechelnde und verspottende« Verfasser der »Päpstin« inmitten der schmutzigen Herde von Kuttenträgern des Mittelalters einem wahren Diener des Höchsten begegnet, dem heiligen Agobard, einem sanften, milden Manne, der von Hierokratie, Wundern, Prozessionen und anderen Dummheiten nichts wissen will, da kniet er sofort vor ihm nieder, »um ihm den Saum des Gewandes zu küssen«, unterbricht seine Erzählung, »um einige Augenblicke bei ihm zu rasten, wie der durstige Araber an der Quelle in der Wüste«, und hält den Titel eines Heiligen für einen derartigen Mann nicht für ausreichend, welcher, »ein Diamant unter Kieselsteinen, ein Schwan inmitten von Raben, in jener mittelalterlichen Finsternis glänzt wie eine Perle in der Nase eines Schweines.« Weiter unten findet der »alles durchhechelnde und verspottende gottlose Verfasser« Tränen der Klage am Scheiterhaufen von Huß und an den Gräbern der in Skythopolis zerstückelten griechischen Philosophen; überall aber, wo sich eine Gelegenheit bietet, beeilt er sich, dem pestatmenden Dunstkreis des mittelalterlichen Fanatismus zu entrinnen und läßt die Mönche, Wundertäter, Wahrsager aus der Schüssel, die Bilderstürmer, Theophilus, Irene, die Konzilien, die Metzeleien, den Aberglauben und die übrigen byzantinischen Greuel im Stich, um sich unter dem Dach des Parthenons auszuruhen oder den Worten des Libanius andächtig zu lauschen, diesem Schwanengesang des sterbenden Hellenismus; dann, d.h. sobald er über wahrhaft ehrwürdige Dinge redet, entweicht, wie einer seiner Kritiker mit Recht bemerkt, sofort Hohn und Ironie von seinen Lippen. Die Satiriker, Herr Redakteur, leben in dem Bösen wie die Frösche in den Teichen; aber wie diese Helden des Aristophanes gezwungen sind, von Zeit zu Zeit den Kopf aus dem schmutzigen Pfuhl herauszustrecken, um Luft zu schöpfen, so fühlt auch jeder ehrenhafte Satiriker, nachdem er die Schlechtigkeit verspottet hat, das Bedürfnis, seinen Blick auf das Gute zu richten und mit Aristoteles zu rufen:

> Du Tugend, schwer erringbar dem sterblichen Geschlecht
> Du Ziel des Menschenlebens, nach dem zu trachten recht.
> Um deiner Schönheit willen, o Jungfrau, ging manch' Mann
> Aus Hellas zu den Toten, der sterbend Ruhm gewann.

Dies ist es, geehrter Herr Redakteur, was ich über Moral zu sagen hatte, über welche zu urteilen ich eher in der Lage zu sein glaube als die Kritiker Ihrer Residenz, die lauter Schulmeister, Zeitungsschreiber, Beamte, Politiker, Verwalter philantropischer Stiftungen, Mitglieder philologischer Vereine, Verleger von Lehrbüchern sind, Vorurteile, Sorgen und Traditionen im Kopfe und wenig Zeit für Lektüre haben, während ich, der ich nur Sourlis und nichts weiter bin, Zeit zum Studieren und daher auch zum Lernen habe. Wenn ich von Moral rede, bin ich glaubwürdiger als jeder andere; denn meine Haare sind weiß, und den größten Teil meiner Zeit habe ich mit dem Studium dessen verbracht, was die Weisen seit Erschaffung der Welt über die Moral geschrieben haben. Meine unzertrennlichen Genossen sind Plutarch und Cicero, welche mich lehren, das Gute zu lieben, und Byron, von welchem ich lerne, das Böse zu hassen, und, wenn es nötig sein sollte, wie er für den großen Gedanken die wenigen Tage und den Fuß zu opfern, der mir geblieben ist.

Bis hierher glaube ich Ihnen bewiesen zu haben, Herr Redakteur,

1. daß alle antiken und modernen Satiriker ohne Ausnahme schamlos, unverblümt und sarkastisch gewesen sind, so daß jemand im höchsten Grade unbelesen sein muß, um daran Anstoß zu nehmen, wenn er in einem satirischen Werke Spöttereien und Zoten findet;
2. daß nach der Ansicht aller Kritiker, der Philosophen und sogar der Kirchenväter die Satire notwendig ist, solange das Böse auf der Welt existiert;
3. daß, wie schon ein Kollege von Ihnen bemerkt hat, der Autor der »Johanna« das wahrhaft Verehrungswürdige geehrt hat …

Aber hier werden Sie mich wahrscheinlich mit der Bemerkung unterbrechen, daß er die »Religion« verspottet habe.

Eine schwere, unverzeihliche Sünde! Wenn sich der Verfasser ihrer in Wahrheit schuldig gemacht hat, dann würde ich der erste sein, der den Rat gibt, nicht ihn zu exkommunizieren, sondern bei lebendigem Leibe zu verbrennen, und ich würde bereitwillig sogar meine Krücken ins Feuer werfen, damit er schneller verbrennt; da ich sie aber äußerst notwendig brauche, so halte ich es für gut, bevor ich sie opfere, daß wir untersuchen, ob der Autor der »Johanna« in Wahrheit die Religion oder etwas anderes verhöhnt hat.

Inzwischen bitte ich Sie, Herr Redakteur, mich zu halten für Ihren ergebenen Diener

Dionysius Sourlis.

Historische und literarische Zeugnisse zur Johanna-Legende[1]

Auszug aus der Chronik des Martinus Polonus
(† 1278)

Johanna Papissa

Post hunc Leonem Johannes Anglicus natione Maguntinus sedit annis 2, mensibus 7, diebus 4, et mortuus est Rome et cessavit papatus mense 1. Hic, ut asseritur, femina fuit, et in puellari aetate Athenis ducta a quodam amasio suo in habitu virili, sic in diversis scientiis ita profecit, ut nullus sibi par inveniretur, adeo ut post Rome trivium legens magnos magistros discipulos et auditores haberet. Et cum in urbe vita et scientia magnae opinionis esset, in papam concorditer eligitur. Sed in papatu per suum familiarem impregnatur. Verum tempus partus ignorans, cum de s. Petro in Lateranum tenderet, angustiata inter Coliseum et s. Clementis ecclesiam peperit, et post mortua ibidem, ut dicitur, sepulta fuit. Et quia dominus papa eandem viam semper obliquat, creditur a plerisque, quod propter detestatio-

---

[1] Bei den nachfolgenden Texten blieben Orthographie und Interpunktion des Originals gewahrt.

nem facti hoc faciat. Nec ponitur in catalogo sanctorum
pontificium propter mulieris sexus quantum ad hoc de-
formitatem.

PÄPSTIN JOHANNA

Nach diesem Leo herrschte Johannes Anglicus aus
Mainz 2 Jahre, 7 Monate, 4 Tage, er starb zu Rom, und
das Papsttum hörte für einen Monat auf. Dieser Johannes war, wie versichert wird, eine Frau, die als junges
Mädchen in Männerkleidern von ihrem Liebhaber
nach Athen gebracht wurde, dort auf verschiedenen
Wissensgebieten derartig glänzte, daß sich niemand
mit ihr messen konnte, so daß sie dann in Rom, als sie
Vorlesungen in Rhetorik und anderen Disziplinen hielt,
viele Magister als Schüler und Hörer hatte, und als sie
durch ihr Leben und ihr Wissen in der Stadt großes Ansehen erworben hatte, wurde sie einstimmig zum Papst
gewählt. Aber als Papst wurde sie von ihrem Vertrauten geschwängert. Den Zeitpunkt der Niederkunft
nicht ahnend, gebar sie, als sie sich von St. Peter zum
Lateran begab, in dem engen Gäßchen zwischen Ko-
losseum und der Kirche des Hl. Klemens, und nach
ihrem Tod fand sie dort, wie gesagt wird, ihr Grab. Und
weil der Hl. Vater seitdem diesen Weg immer meidet,
wird von den meisten angenommen, daß er das aus
Abscheu vor dieser Tat macht. Und sie wird bis jetzt
nicht im Verzeichnis der Päpste aufgeführt, weil man
ihr weibliches Geschlecht als Makel empfindet.

Giovanni Boccaccio (1313 - 1375)

Von Johanna Anglica, der Baebstin

Johannes, wie wol der nam ains mannes ist, so ward doch ain wyb also genennet. Ain junkfroelin ze Mencz (als etlich sagen), Giliberta gehaissen, lernet in vaetterlicher wonung von ainem jungen studenten vil der anfeng latinischer kuensten; und von staeter bywonung der zweyer enzündet sich in baiden soellichs füwr unordenlicher lieby, daz sie junkfroeliche zücht und scham hinleget und floch mit im usz ieres vatters hus mit verwandelten claidern und namen, wann in jünglings gewand behielt sie den namen Johannes. Also ward sie by ierem bulen in Engelland von menglichem ain student gehalten und pflag allda flyssiglich ierem bulen und aller lernung der kuensten. Darnach als ir gesell mit tod was abgegangen, ward sie ir aigne schiklikait zu der lernung erkennen und empfinden die suessikait der kuensten und wolt fürbas mit kainem andern me unzimliche gemainsamy haben, sunder in staeter uebung der künsten in mannes klaidung belyben und nit ain wyb bekennet werden. Aber flyssiglich uebet sie sich selber tag und nacht in der lernung so vil, daz sie in kurczer zyt in den siben fryen künsten und hailiger geschrifft für all ander wonder hoch geachtet ward. Do zoch sie usz Engelland gen Rom, alda hett sie etliche jar in offner schul lesend für ander doctores vil der redlichsten juenger. Über die künst erschin sie allweg ains guten erlichen hailigen lebens und ward von menglichem ain man angesenhen und über wol erkant, so vil, daz sie zu den zyten als Leo, der fünfft babst

317

desz namens, schuld desz flaisches bezalet hette, von der hochwirdigisten samnung aller cardinel ainmuetiglich ward ze babst erwelet und Johannes der achtend gehaissen. Sie was so truczlichs gemuetes, daz sie sich nit fürchtet, den stul desz fischers zebesiczen und daruff alle hailikait wandlen und usz tailen, das doch nie kainer frowen usz cristenlicher ordnung gegünnet ist zehandlen. Die selben baebstlichen wirdikait hielt sie etlich jar, als ain verweser Cristi sich erzaigend. So lang uncz das got der herr von oben herab erbermd hette mit synem volk, daz ain soliche hochwirdige stat also soelte gehalten werden, soellich volk also regieret werden, also in grossem irrsal von ainem wyb betrogen werden, und wolt soelchen gewalt lenger nit in ieren henden lassen. Darumb durch den rat desz tüfels, der ir och vormals soelche truczlikait yngegossen het, ward sie ynbrünstiglich zue der unküschait geraiczet so vil, daz ir alle künst, die sie gnugsamglich hette das babsttum ze erwerben, nit hilflich syn mochten, die raiczung desz füwres zeleschen, so lang bis daz ainer funden ward, der die ynbrünstikait temmet und den besiczer sant Peters stul helliget, uncz daz der babst geschwengert ward. O unwirdsche sünd. O grosse gedult gottes. Was beschach? Dise frow, die lange zyt der menschen oug vertünklen kund, vermocht mit allen künsten ir geburd nit verbergen. Wann ains mals, do sie mesz gehebt hett und ain gemainer kirchgang was zwischen dem Coloseo und desz babsts Clemens alten sal, gebar sie ain kind vor allem volk on hilf der hebamen, darumb ward sie von den gewaltigen in die ussern fynsternusz geworfen und vergieng sie mit dem kind in der insel. Und umb soelche verspürczende unsübrekait

in gedaechtnusz zebehalten, zu den zyten der gemai-
nen krüczgeng des babsts und alles volkes, wann sie
komen zu der stat der geburd, so schuhen sie darab
und keren dar von in ander weg und strassen, die sünt-
lichen stat ze verfluchen und komen wider, dannen sie
usz gegangen synd.

Dietrich Schernberg (um 1500)

EIN SCHÖN SPIEL VON FRAU JUTTEN

*Nun kommt Jungfrau Jutta mit ihrem Buhlen / welcher hier
Clericus genennet wird.*

Jutta zum Clerico
Geselle, lieber Geselle mein
Du sollst bald bereit sein
Und sollst dich nicht lassen verdrießen
Das bitt ich dich mit Fleiß
Ich will mit dir von dannen in ein ander Land
Darinnen wir nicht sind bekannt
Und da uns niemand mag erkennen
Und du sollst mich anders nennen
Denn ich will heimlich und leise
Gekleidet gehn in Mannes Weise.
Dazu will ich deiner Hilfe nicht entbehren
Darum erfülle mein Begehren
Und mein Name soll werden genannt
Johann von Engelland
Und wollen uns also behende

In die hohen Schulen nach Paris wenden
Darin wollen wir lernen und disputieren
Und uns an Künsten zieren
So mag uns Ehre auferstehn
Beide/ferne und auch nahe.
Darum sage mir zu dieser Frist
Was dein Wille darinnen ist.

Clericus
Gern, allerliebste Jungfrau fein
Was du gebietest, das soll sein
Ich will gern mit dir wandern
Von einer Stadt zu der andern
Bis daß wir nach Paris kommen
Das mag uns wohl gefrommen.
So wollen wir denn also schnell
Uns mit einem guten Meister beraten
Der uns die Bücher unterweisen kann.
Das rede ich ohn argen Wahn.

Jutta
Geselle, du redest recht
So werde ich dein Gesell und Knecht.
Nun will ich meine Kleider von mir nehmen
Und will mich darnach nicht schämen
Und mich mit Mannes Kleidern kleiden
Und will mich mit dir von dannen scheiden.
Auch will ich mich in der Reise nicht säumen
Und will dies Land so bald räumen.

*Hier führt ein Römischer Ratsherr seinen Sohn / welcher mit
dem Teufel besessen war / zu Papst Jutten / mit Gott den*

Teufel auszutreiben / und der Teufel offenbaret es / daß der
Papst Jutta ein Kind trägt / und schwanger ist.

Senator
Heiliger Vater und Herre
Ich klage euch kläglich Märe
Daß meinen Sohn / der hier vor euch steht
Der böse Geist besessen hat
Und peiniget ihn von Herzen sehr.
Des bitt ich euch, heiliger Vater und Herr
Daß ihr ihn wollet entbinden
Von solchem bösen Feinde
Durch Gott und Sankt Nikolaus der heilige Mann reiche
Daß Gottes Gnade zu uns schleiche.

Der Papst fürchtet sich vor dem Teufel.

Papst Jutta
Da kann ich jetzund nicht vollenden
Sondern will euch meine Kardinäle senden
Die können das wohl tun
Denn ich bin jetzt nicht geschickt dazu
Die sollen ihn wohl entbinden
Von solchem bösen Feinde.

Senator
So lasset bald geschehen das
Damit meinem Sohn werde Linderung
Und seht an die große Pein
Die da leidet der liebste Sohn mein
Auf daß er möge entbunden werden
Allhier auf dieser Erden.

Papst Jutta

Nun gebiete ich allen meinen Kardinälen
Die da mit mir sind in diesem Saale
Daß ihr das nicht verweigert
Und euer Gebet zu Gott sendet
Und entbindet diesem Römer seinen Sohn durch Gott
Der da ist beladen mit großer Not
Von des bösen Teufels Gewalt
Der mit ihm treibt Jammer mannigfalt.

Unuersün, der Teufel in dem Besessenen, spricht zum
Papst Jutten

Nun, schweig du Papst von deinem Klaffen
Und gebiete nicht deinen Pfaffen
Denn sie sollen mich nicht von hier treiben
Auch so will ich wohl hierinnen bleiben
Bis daß du selber kämmest
Und mir die Gewalt benehmest
Das sag ich dir auf diese Art
Und wären sie noch so wohl gelehrt
So sollen sie mich nicht verdrängen
Noch mit keiner Gewalt bezwingen.
Darum lassen sie ihr Klaffen bestehn
Anders es soll ihnen mit mir nicht wohl ergehen.

Papst Jutta

Da du das nicht willst tun
So muß ich selber kommen dazu
Und muß versuchen, ob ich dich kann vertreiben
Daß du nicht länger magst hier bleiben.
Darum so gebiete ich dir so bald
Du böser Teufel Ungestalt

Daß du von diesem Manne räumst
Und dich nicht länger säumst.

Unuersün, der Teufel
Da ich ja räumen soll allhier
So höret all in diesem Saal von mir
Daß ich das nicht durch sein Geheiß tu
Sondern Gott will es haben nun
Das spreche ich sicherlich.
Nun höret zu alle gleich
Die hier in diesem Saal versammelt sind
Der Papst, der trägt fürwahr ein Kind
Er ist ein Weib und nicht ein Mann
Daran sollt ihr kein Zweifel han.
Darum seid ihr jämmerlich betrogen
Und mit Blindheit umzogen.
Deshalb soll sie nun auf der Stelle
Vor euern Augen geschändet werden
Und ihre Schande soll sich erzeigen
Itzund in diesem kühlen Maien
Darum daß sie mich hat vertrieben
Sonst wäre sie wohl mit Frieden vor mir blieben.

Papst Jutta
Nun schweig, du böser Teufel
Du hast mich dick und viel geschändet
Und wolltest mich gerne tief demütigen
Und viel Laster zuwenden.
Darum daß du das nicht kannst tun
Fügst du mir solche Gefahr zu
Der ich doch wohl entbehre
Du böser Betrüger.

Unuersün, der Teufel
Ich will dein Betrüger sein
Bis daß ergehet der Wille mein.
Weil du eine Päpstin genannt bist
So muß ich auf der Stelle von dir weichen
Kommst du aber wieder in meine Gewalt
Will ich dirs hundertfach vergelten
Und will dich setzen gar unsacht nieder
Und machst du dich noch so fromm und bieder.

Der Teufel fährt aus / und verschwindet.

Thomas Murner (um 1475 - 1537)

Zwei Satiren

DIE HAUT KRATZEN

Vor Zeiten geschah es auf einer Fahrt
Daß eine Frau ein Papst ward,
Die buhlte mit einem Kardinal,
Ward schwanger, kam in den Fall.
Der Gott gab ihr doch noch die Wahl,
Ob sie um solche Missetat
Wolle öffentlich in der Stadt
Schande erleiden, das Kind gebären,
(Er wollte ihr danach der Gnade gewähren)
Oder heimlich gebären fein
Und danach verdammt sein.
Sie sprach: »Ach Gott, du reicher Christ,

Seit du mir also gnädig bist
Und gibst mir auf eine solche Wahl,
So kratze mich redlich überall,
Reibe mich nicht zärtlich allein,
Zu einem Beispiel aller gemein.
Ich will mich redlich kratzen lassen,
Daß ich mög dort in Gnaden stehn:
Danach wäsche durch Barmherzigkeit
Ab all meine Sünden (Sie sind mir leid)
Durch deine grundlose Gütigkeit.«

JOHANNES, EIN PAPST

Frau Venus' Kunst berühm ich mich
Ich ward ein Papst auf Erden
Sobald ich aber ein Kind gebar
Da erklärte man mich zum Geuchen bar.
Frau Venus' List mit ihrem Tand
Hatt mir umgeben diesen Stand
Daß ich hab päpstliche Würde gehan
Stand billig ich hier vorne dran
Männlich Geschlecht hab ich erlogen
Die Christenheit allsamt betrogen
Mit meiner Kunst und meiner Lehre
Erwarb ich mir päpstliche Ehre
Regiert die ganze Christenheit
Mit meiner großen Tapferkeit
Kein Ding auf Erden macht mich irr
Denn allein des Gauch Geschirr
Ich hab Vernunft allzeit gebraucht
Bis ich über den Gauch strauchelte

In allen Sachen handelte ich wohl
Wie ein Papst regieren soll
Bis ich verfehlt in Venus Dingen
Und ließ den öden Gauch mir singen
Der Gesang gefiel mir so unermeßlich
Daß unserem Papst der Bauch war groß
Meine Kardinäle hatten das getan
Die leider mit mir gucket hatten
Ich sollt die Christenheit versehen
Da ließ ich Geuch ins Neste spähen
Damit ich mich zum ersten Schand
Und mit mir bring auf diesen Stand
Bischof, Kardinäl, Prälaten
Die alle mit mir gegucket hatten
Venus macht das durch ihre Lehre
Daß wir die Höchsten kommen her
Der Kanzler hat hierzu gesagt
Der Stand päpstlicher Heiligkeit
Soll billig uns verliehen werden
Denn wir die höchsten sind auf Erden.

Hans Sachs (1494 - 1576)

HISTORIA VON JOHANNE ANGLICA, DER BÄPSTIN

Uns sagt die bäpstlich cronica,
Wie ein junckfraw Gilliberta
Zu Mäntz eins burgers tochter was,
Sinnreich, gelirnig ubermas.

Nun hett ir vatter in dem hauß
Gar wolgelehret uberauß
Einen jungen schönen studenten,
Der im villeicht fürt an den endten
In die schule die seinen sön.
Von dem lehrt die jung tochter schön
Die anfeng lateinischer kunst,
Grammatica und anders sunst,
Darzu sie hett lust und begier.
Nun begab sich zwischen in schier
Durch täglicher beywonung trieb,
Das sie in unordenlicher lieb
Entzündet wurden beydesander
Und wurden zu rath mit einander,
Irer eltern zoren zu fliehen,
Und wolten mit einander ziehen.
So rüstet sie sich darzu gar,
Schnitt heimlich ab ir goldgelb har
Und verließ irer eltern hauß,
Heimlich verwegen uberauß,
Und leget an mannes gewant
Und zug mit im in Engellandt,
Da sie beyde fleyssig studierten,
Auff der hohen schul doctorierten,
Da sie iedermann an den endten
Hielt Für einen teutschen studenten
Und sich allda Johannes nennt.
Ir weibßperson blieb unerkennt,
Denn nur allein von irm liebhaber.
Nach kurtzer zeit begab sich aber,
Das derselbig mit todt abgieng.
Nach dem Gilliberta anfieng

Und hielt sich einmütig allein,
Macht sich fort keinem mann gemein
In lieb, sonder studiert mit fleiß,
Das sie wurd hoch-gelehrt und weiß,
Der sieben freyen künst erfaren,
Auch ander künsten, so da waren,
Der sprachen und heiliger schrifft
Und was gelehrte leut antrifft,
Und zog darnach auß Engellandt
In mannßkleydung gantz unerkandt
Hin in Italia gen Rom,
Da sie erlangt ein grossen nom.
Dann sie las in offener schul,
Besaß der höchsten künsten stul.
All ander ubertreffen thet.
Viel gelehrter zuhörer hett,
Die ir all den vorpreyß thetn geben.
Fuhrt auch ein züchtigs heiligs leben,
Einzogen und so tugentsom.
Als Leo, der vierdt bapst zu Rom,
Nun mit dem todte ward gefellt,
Da wurdt einhelligklich erwelt
Mit wal der cardinäl allrsampt
Das weib zu dem bäpstlichen ampt,
Wart gsetzt ins bäpstlich regiment,
Johannes der siebent genennt,
Unterm keyser Lotario,
Als man zelt der jarzal also
Achthundert acht und viertzig jar
Nach des Herren geburt fürwar.
Diese bäpstin regieret hat
Zwey jar und auch sieben monat.

Iedoch sie sich in mittler zeit
Widerumb befleckt mit unkeuschheit,
Sich an ein diener hat gehangen,
Von dem sie hat ein kind empfangen
Auß Gott, des Herren, verhengknus.
Des kam sie in angst und bezwengknus.
Iedoch verbarg sie lange zeit
Mit fleiß solche ir schwangerheit
Biß auff die zeit irer geburt,
Da eben angeschlagen wurt,
Das man hielt ein procession,
Vom berg Janicule thet gon
Zu sanct Johann Latronensem.
Und als sie kamen gleich nach dem
Zwischen die wundeburg zu mal
Und bapst Clementis allten sal
Mit aller pfaffheit hin mit brangen,
Da wurt der heilig bapst umbfangen
Mit kindes-weh zu der gepurt
Und in dem leib gerissen wurt,
Fiel nider vor des volckes schar
Und mit schmertzen ein kind gepar.
Iedoch starb sie an der gepurt.
Erst sie gentzlich zu schanden wurt
Sampt irem gantzen regiment,
Nam als mit schmach und spott ein endt.
Wenn man fort hat procession,
Das man durch diese straß sol gon,
So kert der bapst ein ander straß,
Zu vermeyden die schmach, auß haß.
Solchs dem bapstthumb ist widerfaren
Vor siebenhundert und acht jaren.

Seyther, wenn man ein bapst thut welen,
Thut man ein sessel im darstellen
Mit einem loch, darauff er nider
Muß sitzen und sein mannlich glider
Durch gmeltes loch muß lassen schawen,
Auff das man fürbas wehl kein frawen.

Der beschluß.

Auß dem gar wol zu mercken ist,
Wie groß und hoch sey weybes list,
Weil Rom, das haupt der gantzen welt,
Von dieser frawen obgemeldt
So listigklichen ward betrogen
Und bey der nasen umbher zogen,
Da zu der zeit die hochgelehrten,
Die künstreichsten und hochgeehrten
Waren versamlet bey einander.
Doch wurden sie blendt alle sander,
Das die zeit stund da in der hendt
Das gantze bäpstlich regiment
Auff eim gottloß verhurtes weib,
Beyde verrucht an seel und leib,
Wiewols bapstthumb nit irren kon,
Wie etlich schmeychler sagen von,
Wiewol der ist kein ketzer strachs
Wers schon nit glaubt, so spricht Hans Sachs.

Anno 1558 jar, am 6 tag Julius.

Hans Wilhelm Kirchhof (16. Jh.)

Von Papst Agnes

Mit ihrem Beischläfer zog ein Weibsbild, Agnes genannt, aus England in ihrer Jugend mit der Kleidung und anderen Gebärden eines Mannes gen Athen, die griechische Sprache und Weisheit auf der Schule zu lernen. Nachdem sie aber daselbst über andere gute Künste auch der Heiligen Schrift treffliche Wissenschaft erlangt und mit ihrem vertrauten Wandergesellen gen Rom gekommen, ward sie von wegen ihres hohen Verstandes und ihrer Scharfsinnigkeit für einen erleuchteten Mann (dieweil sie alle weiblichen Sitten verbergen konnte) gehalten und nach dem Sterben des Papstes Leo IV. durch einhellige Wahl im Jahr nach wiedergebrachten unserem Heil 858 zu päpstlichen Würden erhoben. Als sie nun bei zwei Jahre der Herde vorgestanden, begann der lange verdeckte Betrug hervorzubrechen, denn da sie von oben erwähntem Liebhaber schwanger und in einer Prozession nach der lateranensischen Kirche ging, kam mit großem Weh die Zeit ihrer Niederkunft, zwischen der Wunderburg und Sankt Clementis, daselbst sie von Stund an starb und man sie samt ihrem Bankert vergrub.

Wiewohl nun Gott augenscheinlich hat sehen lassen, daß er des Papsttums spotte, auch, da sie nicht umkehren, ewig schamrot machen wolle damit, daß er sie, weil sie männlicher Regenten unwürdig, hat durch ein Weib äffen lassen; aber mit sehenden Augen sind sie blind, mit hörenden Ohren taub, summa: verstockter denn der ägyptische Pharao.

Und auf daß sie nicht angesehen werden als diejenigen, so an dieser Tat ihres vermeintlichen Hirten keine Beschwernis trügen, vermeiden und umgehen noch heutigen Tages die Päpste in ihren Prozessionen aus Eifer diese Gassen. Zudem auch künftigen und dergleichen Schandfleck zu verhüten, tun sie also: In der Sankt Peterskirche muß sich der neugeschnitzte Papst (wie mehr denn an einem Ort hiervon Meldung geschieht) auf einen dazu bereiten löchrigen Stuhl setzen und von dem letzten Diakon sein vorhängendes männliches Glied berühren lassen.

Wo Eulen sind, fliegen auch Eulen zu,
So hat der Teufel auch kein Ruh,
In dieser Fastnacht z'han sein Spiel,
Da man sich mummet, wie er will.

Ludwig Börne (1786 - 1837)

DIE PÄPSTIN TRITT IM VAUDEVILLE AUF

Im Théâtre de l'Ambigu habe ich drei Stücke gesehen. Das erste heißt *La papesse Jeanne*. Der Titel allein macht schon satt. Jahrhundertelang glaubte die Welt, es wäre einmal eine Frau Papst gewesen und das Geheimnis sei erst entdeckt worden, als der Heilige Vater in die Wochen gekommen. Das ist die berühmte Päpstin Johanna. Neue Historiker haben die alte Geschichte für ein Märchen erklärt. Aber was ändert das? Die Hauptsache bleibt immer wahr. Man hatte eine solche Vorstellung von der Verdorbenheit der päpstlichen Kirche, daß man das Mögliche für wirklich hielt. Diese Päpstin tritt im Vaudeville auf. Anfänglich ist sie erst Kardinal. Eine lange prächtige Frauensperson in Weiberkleidern ist allein mit ihrem Kammermädchen, und lachen die beide und machen sich lustig über die Kardinalität unter der Haube und unter der roten Mütze, daß die Wände zittern. Die Kardinalin Jeanne erzählt ihre frühere Geschichte. Sie war mit einem Kreuzfahrer als dessen Ehefrau in den heiligen Krieg gezogen. Dort verlor sie im Gedränge ihren Mann und wurde als leichte Ware von einem Pascha, von einem Kreuzritter dem andern zugeworfen. Sie kam als Mann verkleidet nach Rom, trat in den geistlichen Orden, und als sie es durch pfäffische Geschmeidigkeit so weit gebracht, daß sie nichts mehr rot machen konnte als der Purpur, bekam sie ihn. Die Kardinälin geht ins Seitenzimmer, sich als Mann umzukleiden. Unterdessen tritt ein alter Kardinal herein, tändelt mit dem Kammermädchen und macht ihm Liebeserklärungen. Jeanne erscheint im roten Ornate. Wechselseitige Heuchelei und christliche Bruderliebe der beiden Kardinäle. Der männliche Kardinal geht fort, und dem weiblichen wird ein Kreuzfahrer gemeldet, der aus dem Gelobten Lande kömmt. Ein gemeiner Reiter tritt herein, ein geharnischter Lümmel, sieht dem Kardinal ins Gesicht und schreit: »*Meine Frau! Meine Frau Kardinal!*« Der Kerl möchte sich totlachen. Die erschrockene Johanna bittet um Gottes willen, sie nicht zu verraten. Er gelobt Verschwiegenheit für vieles Geld und vielen Wein. Er bekömmt beides und betrinkt sich. In diesem Zustand vergißt er sein Wort und ruft in einem fort: »*Meine Frau Kardinal!*« und lacht unbändig.

In dieser Lage der Dinge kommen sämtliche Kardinäle herein, um Johanna in das Konklave abzuholen, wo ein neuer Papst gewählt werden soll. Sie hören die wunderlichen Reden des Soldaten, werden argwöhnisch und dringen in ihn, zu erklären, wer von ihnen eine Frau und seine Ehehälfte wäre. Der Soldat bekömmt einen verstohlenen Wink von Johanna, den er versteht. Er stürzt mit ausgebreiteten Armen auf den ältesten und garstigsten Kardinal los, fällt ihm um den Hals, küßt ihn und schreit: »Du bist meine Frau! Kennst du mich nicht mehr, liebe Sophie?« Die andern Kardinäle stellen sich, als glaubten sie das; denn gerade derjenige von ihnen, den sich der Reiter zur Frau gewählt, hat die meiste Aussicht, Papst zu werden, und sie möchten ihn beseitigen. Sie sperren den Verräter ein und eilen in das Konklave, wo Johanna zum Papst gewählt wird. Der Heilige Vater und die Kardinäle singen die schönsten und erbaulichsten Lieder, der Kreuzsoldat wird zum Hauptmann der päpstlichen Leibwache ernannt, und die Geschichte ist aus. Nutzanwendung: Wer den Schaden hat, braucht nicht für den Spott zu sorgen.

Achim von Arnim (1781 - 1831)

Die Päpstin Johanna

Johannes
Wohin ich blicke in der ganzen Bibel,
Erlösung wird versprochen von dem Übel; -
Wohltaten hab ich und Gelübde ausgesät,

Hab um Verwandlung mit heißem Drang gefleht
Und hab mit Schmerzen meinen Leib bestritten,
Doch Gottes Sohn ist taub den irdschen Bitten.
Entsagung will er! Was ist zu erhören,
Wenn wir die Sehnsucht selbst in uns zerstören,
Und können wir dem Lieblichsten entsagen,
Wer möchte nach dem Rest des Himmels fragen.
Ein Mann zu werden ist mein einzig Streben,
Das wär mein Himmelreich, mein selges Leben,
Ich bins im Geist, o Frühling, der erhebet
Was in dem Keime aller Wesen strebet,
Was ists, da du die Arme zu mir breitest,
Daß du der Blumen Glanz mir trostlos streutest.
In dieser Qual ergeben sein zu müssen,
In ewigem Verlangen nimmer küssen,
Verschmäht mein Herz, das sich noch mutig fühlt,
Da es ein Grab hat unter sich gewühlt.
Ein freier Tod ist Christen nicht erlaubt,
Ein Feiger ists, der solche Knechtschaft glaubt!
Auf eine Wagschal leg ich heut die Not
Und auf die andre Glauben, Hoffnung, Tod,
Und welchem Glauben soll ich mich bekennen?
Dem Glauben, dem die hohen Sterne brennen
Wie jene Kerzen in der Christen Kirche,
Dem Glauben, dessen Göttersitz hoch im Gebirge.
O Seligkeit, wie ist die Erde prächtig,
In ihren Werken ewig jung, allmächtig! –
Daß ich die Zeit der Jugend nicht versäume,
Verlaß ich dieser Christen Sklaventräume.
Einst gab es starke Römer, freie Griechen,
Sie würden weinen, sähen sie jetzt kriechen
Vor Schreckensbildern ihres Namens Erben,

In stetem Sündgen um den Himmel werben,
In ewger Sehnsucht nach der Heiligung,
Genießend zagen, fürchtend in Begeisterung
Vor Phantasie und vor Verstand besorgt,
Des Buchstaben froh, den sie vom Morgenland erborgt,
Und ewig gierig, andre zu bezwingen,
Die sich in beiden Kräften noch verjüngen.
So reißen sie des Nordens Kräfte nieder,
Auch mir umstrickten sie die jugendlichen Glieder,
Doch was sie nimmermehr dafür erkannt,
Das hat die Finsternis vor meinem Aug gebannt.
Ich laß mir nicht den Glauben schwacher Herzen
Mit List und falschen Wundern mehr einschwärzen,
Ich hab der Schönheit Wahrheitswunderglanz gesehen
In diesen Göttern, die mich rings umstehen.
Seit ich Apollo fand im Gartensand,
Mein ganzer Sinn die alte Zeit verstand,
Den kühnen Blick die Stirne hoch entflammt,
Der edle Mensch von diesem Gotte stammt;
Nicht Demut lehren sie dem Menschenwillen,
Nur Götterfreundschaft sollen wir erfüllen,
Dem ungerechten Schicksal sind wir Spötter,
Als unsres Gleichen küssen wir die Götter,
Sie waren alle Menschen so wie wir,
Sie stiegen auch zu dem Olymp von hier,
Sie fühlen in der Menschenbrust das Hohe,
Sie fördern gern in ihr das Liebefrohe,
Das zu der Sonne selig hoffend schaut
Und auf der eignen Kühnheit Waffe baut.
O neue Wahrheit und doch alt wie ich,
In allertiefster Not enthüllst du dich,
Was ich in erster Kindheit mir gedacht,

Wenn mir der Morgenstern so hell gelacht.
Die Sonne, die Sterne sollten untergehn,
Wenn unsre Seelen aus dem Grab erstehn?
Die Lüge ist zu stark. Der Morgenstern,
Aus welchem süße Sehnsucht zu mir dringt,
Der wüßte nichts von dieser Schöpfung Herrn?
Und meine Seele, die verzweifelt ringt,
Die keinem wohltut, keinen mehr erfreut,
Die macht sich mit der Ewigkeit so breit.
So wär das Schlechte nur das Dauernde,
Das Weltall wär das ewig Trauernde? -
O nein, so ewig wie des Herzens Sehnen,
So ewig süß sind Venus deine Tränen,
Die du am Abend und am Morgen senkest,
Womit du uns den müden Busen tränkest,
Du führst den Tag herauf und nieder,
Von deinem Lager hebt der Gott die Glieder,
Dort streckt er sie am stillen Abend wieder,
Und seinem Hauch entströmen selge Lieder.
(Singt zur Laute.)

> Alles verwandelt die strahlende Freude,
> Alles erhebt sich zum ewigen Licht,
> Und in dem glänzenden Himmelsgebäude
> Heiter der Gott sich mit allem bespricht,
> Lindert die Qualen, erlöset vom Leben,
> Sendet den selig ertötenden Pfeil,
> Daß wo er trifft sich die Geister erheben,
> Jauchzend zur Klarheit in Sonneneil.

(Hier umfaßte Johannes ängstlich Apollos Bild.)

O welche süße Angst in allen Sinnen,
In selger Liebe grausendes Besinnen,
Ob ich den Gottesleib als liebend Weib umfange,
Ob ich noch fest an dir Stephania hange,
O Venus hilf mir selber mich zu kennen,
Soll ich zum Gott in meinem Herzen brennen,
Soll ich von ihm Verwandelung erflehen;
Mich deucht – ich fühl da ich ihn angesehen –
Es zückt von seinen Lippen mir heiß ins Blut! –
Der Liebesstrahl, der mich im Innern tötet,
Der Augen reiner Blick er tut so gut,
Die goldnen Haare steigen hoch empor,
Mein innres Glück ist Zauberspiel, das mich beredet,
Es sei Stephania!
Stephania, du bist das Himmelstor,
Durch das die Götter wollen zu mir steigen,
O könnt ich dir auch meine Liebe zeigen.
Ihr Götter in euch ist die Kraft,
In mir ist die Leidenschaft,
Euer Hauch kann das Irdische wandeln,
In mir ists ein Wort, in euch ists ein Handeln,
O zwingt die widerspenstge niedre Kraft,
Die sich empörend, mich zum Weibe schafft,
O zwinget sie dem Geist, der männlich streitet,
Der eurem Dienst die ganze Welt bereitet,
Der euch gesehn in irdscher Schönheit Licht,
Zu dem das Unsichtbare sichtbar spricht,
Der an der Grenze alles Lebens stand
Und euch noch gnädig und verklärend fand.
In eurem Strahl versank des Falschen Schwäche,
Erhebt zum Manne mich, daß ich euch räche,
Will eure Tempel wieder opfernd weihen,

Italien vom Sklavendienst befreien,
Was noch gestaltlos mir das Herz zerlegt,
Die ganze Welt gestaltend einst bewegt.
Ists doch die Welt, zu der die Sterne blinken,
Und Venus läßt mich nicht in Scham versinken;
Ists doch mein Aug, in dem die Sonne scheint,
Apollo duldet nicht, daß es zur Sonne weint.

Bei diesen Worten war Johannes an dem hohen Bilde
des Apollo hinangesprungen, das später vom Belvede-
re seinen Namen erhalten hat, er hing in seinen Armen;
das Bild schien ihn treu und sorglich zu tragen, dafür
schmückte er den tragenden Arm zärtlich mit der
Spange, den Finger Gottes mit dem Ring, den er erst
Stephanien verehrt, die beides bei dem Streit zwischen
Spiegelglanz und Sabina vor Schrecken zurückgelassen
hatte. Und als er so selig müde in den Lüften schwebte, zog bei dem Geläute aller Glocken eine Prozession
vorbei; Männer und Frauen weinten gar jammervoll
und riefen zu allen Heiligen, den Papst zu erhalten, der
sehr krank geworden sei. Und alle Klagen sammelten
sich in einem leisen Gesang, der trug ihn zum Herzen
der Welt. Tröstend aber erschien in der Mitte des Zuges
die Sonne auf Erden, das Allerheiligste in den Händen
eines frommen Priesters, und Johannes sah mit Verwunderung, daß die eben belebte Bildsäule seines
Apollo zu einem hohen starren Felsen geworden sei,
der verwittert und einsam über der Erde stand, keinen
Baum und kein Laub trug und keinen Weg zeigte, von
wo er hinabsteigen könnte von da, wo eine wilde Begeisterung ihn hatte emporgeschwungen, und es war
ihm wieder ganz zu Mute wie damals, als ihn der

Nachtrabe zum hohen Neste hingeführt hatte, kein Trost, kein Herz war in dem starren Felsen, Trost allein strahlte ihm aus dem Allerheiligsten, und in Sehnsucht danach stürzte er sich nach dem Allerheiligsten herab. Der Sprung war leicht, nur die Nacht und der träumerische Sinn und die Fackeln von außen hatten seine Augen, die schon halb schliefen, getäuscht, er glaubte auf hohem Felsen unendlich weit von der Erde zu sein und war ihr im Augenblicke ganz nahe, seine Begeisterung an dem Altertume lag ihm jetzt so entfernt wie vorher die Welt. Johannes taumelte vor die Haustüre, die Glocken erklangen dumpfer durch den Sternenhimmel, die Klagen des Volks riefen lauter zu allen Heiligen, Anaklet, der heilige Papst, lag in übereilender Krankheit schwer darnieder; erhalt ihn, heilger Gott! Johannes stürzte mit den Andern vor dem hell erleuchteten Allerheiligsten nieder, das unter einem goldgewirkten Teppich umhergetragen und dem Volke zur Erhebung im Leiden gezeigt wurde.

… Stephania wurde in dieser tauigen Schlummerzeit, einer schönen Nacht, von einem seltsamen Traum überrascht. Dem schlafenden Pfalzgraf erschien Johannes als eine schöne Jungfrau gekleidet, die ihn an sich zog und zärtlich umhalste, der er nicht widerstehen konnte, weil, wie es im Traum geschieht, seine Kräfte alle gelähmt waren durch einen langen Kuß, während dem entstand in ihm ein nachdenkender Gram, der das Ergötzen mit der Jungfrau überwog, so daß er im Schlaf weinte, bis ihm alle täuschenden Bilder in dem allgemeinen Nachtchaos versanken, dann schlief er unendlich tief wie Adam als Eva seiner Hüfte entstiegen.

Der Traum des Pfalzgrafen hatte nur Berührung mit der Wahrheit, aber nicht mit der Wirklichkeit. – Der Traum des Johannes, wie alles was er träumte, war in gewissem Sinne unwahr und doch wirklich; ihm träumte, daß Apollo vor ihm erscheine, ihm Ring und Spange zeige und sich ihm verlobt nenne, auf einmal war er in den Spiegelglanz umgewandelt, worüber Johannes heftig in Abscheu mit ihm ringen mußte. Mitten in seinem Traumkampfe erweckte ihn die tobende Stimme des Lehrers, der mit derber Faust sich einen Weg zwischen den Faunen und Satyrn, die als Türsteher und Wächter ausgestellt waren, bahnte, um zu seinem Johannes zu gelangen, dessen Anwesenheit in dem Venusberg ihm von heimkehrenden Freunden berichtet worden war, als er vergeblich die Stadt nach ihm durchirrt war. Als Johannes ihn hörte, sprang er, von einer nie gefühlten Kraft gegen ihn beseelt, auf ihn an, gleichsam noch den Traumkampf mit ihm auszufechten, fest entschlossen, seinen geliebten Pfalzgrafen gegen den Zorn des Lehrers zu schützen. Ohne ein Wort zu sprechen, riß er den Spiegelglanz aus dem Streit mit den Faunen, wickelte dessen Faust in seinem Mantel fest und zog ihn, ohne ein Wort zu sprechen, durch den nächsten Ausgang ins Freie.

Johannes
Was stört ihr mich an diesem Götterort?
Fort mit euch von hier, in die Hölle, fort!

Spiegelglanz
Ei wie verwandelt? – schämst du dich nicht,
So frech zu toben mit deinem Jungfrauengesicht?

Johannes
Ich bin Jungfrau, ich will es sein,
Ihr könnt mich dabei nicht mehr verwirren,
Ein Mann zu sein wäre mir Pein,
Ich fühle meine Macht, ich kann nicht mehr irren,
Heut befehl ich, meine Zeit ist kommen.

Spiegelglanz
O! es ist wahr! – du hasts vernommen,
Die Zeit ist endlich gereift,
Wo in Wundern dein Wille ausgreift.
Von Gott über die ganze Welt
Bist du im Geist bestellt.
Durch dich soll ein Ding geschehen,
Welches die Propheten vorausgesehen,
Aber meine Klugheit ist dir beigelegt,
Ich deute, was dein Sinn gehegt,
Ich soll dich bewahren durch meinen Rat
Du aber bewährst mich in Wundertat.
(Spiegelglanz hatte sich auf ein Knie niedergelassen.)

Johannes
Ich fühle mich von der Erde gehoben,
Da du knieest vor mir und willst mich loben;
Ist es Lüge? – ich fühl mich betreten,
Bald möchte ich dich mit Füßen treten,
Dann scheint mir wieder alles so wahr,
Der Götterstamm wird offenbar,
Den ich im Sterne so früh erkannt;
Der Welt gehör ich nicht, ihr bin ich gesandt,
Und es steigt vor meine Sinne
Eine Zeit, der ich mich kaum entsinne,

Wo mich beflügelte Geister trugen,
Die rauschenden Flügel zusammen schlugen,
Wenn ich schlafen wollte und durch den Luftbogen
schwebten,
Wenn sich die eignen Schwingen erstrebten.
O selige Zeit unter den Elementen,
Wo mich das Feuer trug in wilden Händen,
Mich zu küssen das Wasser sich versteckte
Und die Luft mich flüchtig rauschend neckte,
Bis mich die Erde an ihren Busen gelegt.
O wie viel Größeres hat meine Brust bewegt,
Als alle die Götter hier gebildet,
Die der Menschen Sinn hat mit Kunst vergüldet;
Sie sind nichts als Gedanken, aber das Wesen
Das haben sie nicht in Gott gelesen.
Von mir ab Ihr spielenden Götter der Alten,
Ich erkenn den Geist nicht in Euern Gestalten,
Viel freudiger seh ich zu den Sternen hinauf,
In mir ist ihr Anfang, in mir ist ihr Lauf.
Und gegen alle Kräfte und gegen alle Welt
Bin ich ein reines Kind Gottes hingestellt.

Spiegelglanz
Sei gepriesen, du hast alles erraten,
Nun streue aus deiner Gnaden Saaten,
Die Welt wird den Staub deiner Füße küssen,
Verzeih wenn ich oft von Zorn hingerissen
Die Hand an dich zu legen gewagt.
Jetzt wandelst du frisch und unverzagt
Und dankest mir wohl, daß ich aus des Hekla Tiefen,
Wo deine Augen im Steinbett schliefen,
Dich jubelnd zum himmlischen Lichte trug;

Verzeih wenn ich damals mit Fäusten dich schlug,
Allmählich erst sollte der Sinn dir reifen,
Verzeih wenn ich dich tät zwicken und kneifen,
Wo du zur Arbeit warst zu faul.
Am schwersten reitet sich der beste Gaul;
Gedenk wie du nun herrlich vollendet,
Du hast die Zeit der Prüfung geendet,
Und höre, ich schwöre bei allen Propheten,
Die allsammt im Himmel mich anbeten:
Wenn du recht willst, so tust du Wunder.

Johannes
Was soll dem Geist der Zauberplunder? –
Woran sich das törichte Volk erfreut,
Wenn die Welt über Gott Wunder schreit,
Da fühlet der Geist ihr niedrig Wesen
Und daß sie nie vom Staub mag genesen,
Erkennet der Mensch das Schöne der Welt,
Ihm nimmermehr ein Wunder gefällt.

Spiegelglanz
Das geht mir zu hoch. – Wenn ich Wunder könnt
machen,
Ich wollte die ganze Welt auslachen,
Ich flehe dich an, tue es mir zu Gefallen,
Tue heut ein Wunder, das kleinste von allen;
Es genüget schon, um mich zu bewähren,
Daß ich sie nicht will mit Lügen beschweren.

Johannes
Wohlan, heut ist mir ein Wunder geschehen,
Vielleicht wirds zu Wundern den Geist mir erhöhen.

Ruhig und still, zwischen den mannigfaltigen Berauschungen der Welt schwankend, ging Johannes neben Spiegelglanz, der in einer irdischen Erhitzung, daß ihm die Stimme zuletzt fast versagte, alles hererzählte, was wir wissen, wie er ihn unter der Glocke im Hekla gefunden, wie er ihn nach dem Willen des Engel Gabriel auferzogen, der oft aus einer dunklen Wolke zu ihm gesprochen, wie er sein Geschlecht auf dessen Geheiß verheimlicht habe, wie seine Erwartungen jetzt durch den bevorstehenden Tod des Papstes so rasch gedeihen könnten, daß Johannes den Stuhl besteigen und als ein erhabner Antichrist die Welt verwandeln könne. Dann erzählte er ausführlich von sich, wie er das Prophetenfach seiner einzig würdig geachtet habe und darin bestärkt worden sei und seine volle Bewährung und Einsetzung, während sein Leib in der Basiliskenhöhle geruht, durch einen geistigen Ritt durch den ganzen Himmel erhalten habe; insbesondere waren es die großen Artigkeiten der kleinen Propheten, die ihn alle gleich bei Namen genannt, die sein ganzes Herz gerührt hatten. In allen Religionsstreitigkeiten hat sich immer eine jede Religion das Leben zugeeignet und die feindliche eine Religion des Todes genannt, denn das Leben ist etwas so Erwünschtes und muß sich mehr oder weniger in allen finden. Aber mit gleichem Stolze suchte Spiegelglanz die heilige christliche Religion verhaßt zu machen, als eine Religion des Todes, weil der Todestag der Märtyrer als ihr Geburtstag gefeiert würde, weil sie sich in den Geist eines Toten versenkten; er nannte sie sogar als Menschen opfernd, weil sie den Tod der heiligsten Führer als ein Opfer für Aller Sünde betrachteten, und dessen Blut und Fleisch zu genießen strebten. Es bedarf uns keiner Widerlegung dieser von Feinden des Christentums häufig gebrauchten Gründe, unser Gefühl widerlegts, daß kein Christ an so etwas denkt, aber es mag uns hier die Warnung entgegenleuchten, fremde Mythen und fremden Glauben nicht nach wenigen Begriffen, die uns gleichgültige oder sogar abgeneigte Beobachter davon mitteilen, beurteilen und verdammen zu wollen, insbesondere in sofern sie aus einer Vorzeit stammen, die es nicht der Mühe wert achtet, gegen uns aufzutreten und zu zeugen.

Einen geheimen Glauben meines Herzens will ich hier offenbaren: Der religiöse Glaube der Menschen als ein Ganzes betrachtet war zu allen Zeiten gleich groß, wie sich Gott selbst ewig gleich ist, und wenn einzelne Zeiten uns besonders ungläubig und frevelhaft dünken, so ists entweder das Sichtbarwerden der ungläubigen Einzelnen, die ewig fortschreitende Entwicklung der Phantasie macht aber eine Erneuerung alles Glaubens, ein Sichtbarwerden des Gottes in der Welt im Gegensatz des sichtbar werdenden Übels in gewissen voraus bestimmten Perioden notwendig, so wie sich der Gott hinlänglich und im Maße unserer Tugend in dieser Zeit in uns offenbart; die aber einen Mangel der Offenbarung fühlen, die sollten zuerst den Mangel ihrer Tugend erkennen und sich in ihr vorbereiten, den Gott zu empfangen. Ja ich glaube, wenn ein zerstörender Krieg alle Religionsbücher von einem Weltteile vernichtete, so bliebe ihm doch nach dem Maße seiner Fähigkeit das rechte Maß der Offenbarung, so viel Wissen als er verstehen, so viel Phantasie als er phantasieren kann und demnach der Berührung des Schönen und Wahren als Religion so viel, als noch die Tugend in der Ausgleichung dieser innern Kräfte zur äußern Welt leisten kann.

Nachdem Spiegelglanz seinem Johannes die Hoffnungen einer neuen Religion auseinandergesetzt, von der er selbst in Hinsicht des Waschens und der Zwiebeln so bedeutende Offenbarungen zu besitzen wähnte, zu der er selbst das Wort und den Rat, so wie Johannes die Tat, er selbst die Klugheit, dieser die Wunder liefern sollte, erkundigte er sich erst genauer, was Johannes nach dem Schlosse der Fürstin gebracht, der Spiegelglanz gar sehr abgeneigt war, weil sie ähnliche Frechheit mit alten Religionen wie er selbst mit einer neu zu schaffenden ausübte. Johannes erzählte von dem Goldschmied und von dem Zettel, den er ihm damals ausgestellt; vom Pfalzgrafen vermochte er aus Zärtlichkeit nichts zu sagen, auch unterbrach ihn Spiegelglanz mit einem Strom von Verwünschungen gegen diese Fürstin Venus, oder Reinera, wie sie eigentlich hieß, die er als die schändlichste Verführerin darstellte, welche in der Gunst einiger Päpste und durch Fehden ihrer Verwandten außerordentliche Schätze zusammengebracht hatte.

Inzwischen kamen sie in die Nähe ihres Hauses, und der neue Prophet legte sich an das Schlüsselloch, die Gesellschaft Gelehrten, die er dort versammelt hatte, zu behorchen, während Johannes die Sterne sehnlich betrachtete. Jedermann weiß, daß eine Gesellschaft Gelehrten immer Abgötterei mit zwei zierlichen kleinen Gottheiten, mit Dummheit und Bosheit treibt; diese werden so zärtlich von solchen Verstandesriesen wie Schoßhündchen gepflegt, ja sie üben gegen dieselben ein stetes geistiges Menschenopfer aus und haben unter sich unbewußt eine ganz neue Religion erfunden, die eigentlich bloße Incarnation des Teufels in ihre eigne Person ist. Es ist sehr schwer, gelehrt zu sein und sich dieses Dienstes zu erwehren, weswegen ich mich auch schon lange aller Gelehrsamkeit enthalte. Spiegelglanz kriegte an der Wand manches Gute zu hören:

Chrysoloras
Darin, ihr werten Herren, sind wir alle einig,
Der Spiegelglanz sei ein Esel zweibeinig,
Ich hätte ihn gleich ausgelacht,
Wie er sein Zeugs hat vorgebracht,
Aber der Spaß muß vollständig sein,
Dann kann er uns erst recht erfreun;
Er muß seinen Jungen mitbringen,
Wir müssen ihn zum Bekenntnis zwingen,
Daß er kein Wunder wirken kann.
Doch ehe er kommt, fanget nur an
Die Schminke von Nußschalen einzurühren,
Womit wir den Überwiesnen einschmieren.

Atheist
Dann jagen wir ihn durch Gänsedaunen,
So wird er in seinen heiligen Launen
Gewahren durch seine Welterfahrung,
Er sei ganz schwarz aus göttlicher Offenbarung
Und habe graue Federn dazu,
Mein Skeptiker, das Wunder bezweifle du,
Da wird er schrein.

Skeptiker
Es kann doch Wahrheit sein,
Wo wir uns denken den leeren Schein,

Je nun die Schminke kann immer nicht schaden,
Er kann sich in einem Wunder rein baden.

Rhetor
Er soll mir so leicht nicht zu Worte kommen.

Psycholog
Da hätten wir ja nichts von ihm vernommen,
Um daß die Beobachtung gnügen kann,
Muß sich erklären der würdige Mann.

Atheist
Die Beobachtung ist eine närrische Mutter,
Hungert mit dem Kind und gibt den Vögeln das Futter,
Weil sies so artig mit dem Schnabel nehmen,
Der Beobachtung muß ich mich von Herzen schämen.

Psycholog
Freund, ich schäme mich der gesamten Natur,
Eben darum bin ich erpicht auf ihre Spur.

Historiker
Sie hat doch auch Einwirkung auf Geschichte,
Darum steh ich ihr nicht gern im Lichte.

Skeptiker
Glaubet Ihr, daß es eine Geschichte gibt?
Mir scheint das nur wahr, was ein jeder liebt.

Historiker
Und ich sag, was nicht wahr und wirklich geschehen,

Das verwerf ich gänzlich, das soll untergehen,
So hab ich die Geschichte der ganzen Welt
In ein Dutzend Perioden zusammengestellt.

Skeptiker
Ei prächtig da sind wir auf einem Wege.

Historiker
Herr, kommen Sie mir in mein Gehege,
So entschließ ich mich lieber alles zu glauben.

Chrysoloras
Schon wieder sprecht ihr da wie die Tauben,
Und keiner versteht es, jeder wird heiß,
Wir singen ein Lied, das jeder weiß:

> *»Es irrten die Menschen auf mancherlei Wegen*
> *Und fanden auf allen den göttlichen Segen,*
> *Da rief die Kritik aus dem hohlen Baum:*
> *Ihr fehlet des Wegs, ihr geht wie im Traum.«*

Bei diesem Gesange wurde Spiegelglanz ungeduldig, er trat herein so freundlich, als ob er in den Kreis seiner besten Freunde zurückkehrte, indem er seine lange Abwesenheit damit entschuldigte, daß Johannes sein Gebet auf dem Berge verrichtet habe. Eben wollte er zu seinem wichtigen Antrag übergehen, daß sie an ihn glauben möchten, als der Rhetor mit unglaublicher Schwatzhaftigkeit die verschiedenen möglichen Arten des Gebets bis zu den papiernen Betmaschinen in China darstellte, die alle Viertelstunden in Bewegung gesetzt werden und die aufgeschriebenen Gebete gegen die Sonne wie ein Bratenwender den Braten gegen das

Feuer wendet. In Rom kannte man damals schon die ganze Welt durch geheime Missionarien. Ungeachtet sich Spiegelglanz aus Ungeduld die Beine fast zerrieb, so stellte er sich doch im Anhören ganz freundlich, als aber jener husten mußte, sagte Spiegelglanz ernst:

Spiegelglanz
Das freut mich, daß du endlich husten mußt,
Dein Geist ist fern, du sprachst aus böser Lust,
Am Berge sah ich deinen Geist, er trauert,
Daß du in böser Absicht hier gelauert,
Mit leerem Wort schnell meinen Lauf zu hemmen,
Da mußte dir die Luft den Hals einklemmen.

Chrysoloras
Es ist doch Schande, so vor uns zu lügen.

Spiegelglanz
Dir seh ich an in deinen tückischen Zügen,
Du hast mit listger Hand mir einen Schimpf bereitet,
Dein dummer Sinn mit Nußöl mich bestreitet.
Und dieser Atheist will mich befiedern,
Der Geist verriets, ihr könnt mir nichts erwidern.

Rhetor
Bei Gott, mir ists im Kopfe gar zu leer,
Ich glaube, daß mein Geist fuhr übers Meer.

Chrysoloras
Der läßt sich schrecken, ich spotte sein.
Er hat uns behorcht, das ist nicht fein,
Aber solches Narrenwerk sollten wir glauben,

Wir kennen euch besser, ihr predigt den Tauben,
So ein Kerl mit rötlichem Augenstern,
Sieht nimmermehr in den Himmel so fern,
Und eurem hübschen langen Jungen
Mags besser bei Mädchen sein gelungen
Als mit den Wundern, laßt sie uns sehen,
Ich spotte seiner, was wird mir geschehen?

Johannes hatte schon lange ein Feuer gegen die Gesellschaft in sich brennend gefühlt, jetzt hielt er es nicht
länger, mit flammenden Augen gebot er dem Frevler
Chrysoloras Schweigen. Der listige Arzt stellte sich, als
ob er die Sprache verloren habe, und fuhr um so wilder
in Gebärden gegen den Spiegelglanz an. Johannes, dem
dies wilde Wesen widerstand, rief ihm trotzig: Erstarr
du Narr! und Chrysoloras stellte sich, als wäre er in der
letzten Bewegung erfroren und versteinert. Einen Arm
gegen Spiegelglanz gekehrt, etwas übergebeugt, die
Augen zornig starrend, erinnerte er an die Wirkungen
des Medusenhauptes, und wahrlich, Johannes zeigte
die feierliche Verachtung, die schöne Trauer und die
zerstreuten Locken dieser Köpfe auf alten Denkmälern.
Gelehrte sind eben so eigensinnig als charakterlos, es
fand sich keiner, der dem Eindrucke mit den Meinungen seines ganzen Lebens widerstanden hätte, für solch
Volk sind Wunder in der Welt nötig. Alle baten flehend,
meist knieend, indem sie die Göttlichkeit des Johannes
und seines Propheten Spiegelglanz anerkannten, um
die Befreiung und Wiederbelebung des Erstarrten. Der
Atheist goß heimlich das zum Schimpf dem Spiegelglanz bereitete Nußöl in sein eignes Unterkleid, der
Rhetor schlich sich sacht fort, teils aller Gefahr zu ent-

gehen, teils das Wunder zuerst bekannt machen zu können. Wir können es leicht gefühlt haben in unsrer Kindheit, wie dem Menschen bei Wundern zu Mute ist; sind sie wohltuend, so umfängt uns ein seliges Zutrauen zu aller Welt, sind sie bloß schreckend oder wohl gar zerstörend, überkommt uns eine eigne Trostlosigkeit. Schwieriger ist es, sich in das Gemüt eines Wundertäters zu versetzen, es muß der Gipfel lohnender Tätigkeit sein, wenn es aus Güte und Wohlwollen stammt, und es läßt sich nicht beschreiben; aber ein Wunder das, wie dieses, ein Leben zerstört ohne etwas zu schaffen, kann nur das gespenstige Gefühl eines Heerführers geben, der mit seinen Schrecken Nationen vernichtet ohne die Kraft zu haben, einen Menschen auf der Welt zu beglücken, ein Gefühl, das wie in Alexander zuletzt in Brand und Mord sich zu ersticken sucht. In diesem kalten überirdischen Gefühl einer Schneewolke stand Johannes und hörte kaum die Bitten, bis Spiegelglanz für den Erstarrten, der aus Müdigkeit seine gezwungene Stellung kaum bewahren konnte, flehentlich bat.

Johannes winkte mit der Hand und sprach: Kehre heim, feindlicher Atem, der du uns wolltest verraten. Bei diesen Worten bewegte sich Chrysoloras, nahm einen Becher Weins zur Stärkung und erzählte, wie er in den Himmel entrückt gewesen, und dort sei ihm von einer gewaltigen Stimme befohlen worden, das Wunder des Johannes öffentlich bekannt zu machen. Er habe die Stimme gefragt, wie er Spiegelglanz verehren solle, sie hätte aber geschwiegen, die Apostel hätten mit den Achseln gezuckt und zu verstehen gegeben, sie hätten ihn neulich auf seinem Schimmel kennen gelernt, es sei aber nicht sonderlich viel an ihm, es sei ein nordischer Eisvogel, der immer aus Dunst und Nebel heraus sehe, und nimmermehr zu einiger Klarheit kommen könne. Kaum hatte er das ausführlich erzählt, so kam ein Bote des kranken Papstes Anaklet, der überall nach Chrysoloras gesucht hatte, weil es mit dem Papste sehr übel stehe. Chrysoloras raffte sich auf, alle folgten ihm, um dieses Wunder mit einander zu deuten und zu erzählen, Spiegelglanz begleitete sie, weil er den Fleck verwischen wollte, den der schlechte Himmelsbericht des Chrysoloras ihm angespritzt hatte, den er freilich für echt halten mußte, da ihm, was er ganz verschwiegen, auf seiner erträumten Himmelsreise manche geringschätzige Begegnung widerfahren war, unter andern, daß er nur mit den kleinen Propheten an einem Tische hatte essen dürfen. Zärtlich winkte er Johannes als er fortging.

Spiegelglanz
Jetzt schmücke dich, salbe dich, wenig Augenblicke
Und ich taumle an dein Herz zu meinem Glücke.

Johannes hörte wenig darauf was er sagte, so überlebt hatte er sich nie gefühlt. So uralt, matt und erfrischungslos war ihm das Morgenrot nie erschienen, das fern dämmernd die vielen Tempel rötete, die damals noch Rom schmückten und im geheimen Zauberdienste von mancherlei Volk besucht wurden. Die Götter alter Zeit waren ihm wie manches Spiel der Phantasie in der Erfahrung unbewährt geblieben, und doch sah er noch Spange und Ring, die seiner Liebe gehörten, an ihren Marmorbildern glänzen; zornig befahl er ihnen, sie sollten seine Kleinode ihm wiederreichen, aber sie gehorchten ihm nicht. – Er zweifelte nicht an seiner Wundermacht, aber er glaubte an Widerstreit, und da er nicht ohne Gewalt Ring und Spange lösen konnte, so zerhieb er mit der Axt, die sonst nur Pappeln und Oliven zerstört hatte, die herrlichen Glieder des Apollo und der Venus, um ihnen die geringe Gabe, die seine gereizte Leidenschaft ihnen geopfert hatte, wieder zu entreißen.

Wie viele Anstrengung und Genie hat die Folgezeit daran gewendet, diese herrlichen Bilder herzustellen! Verdamme ihn keiner, der je mit raschem Geschoß die schönen Dämonen des Waldes, den schlanken Hirsch, das zarte Reh verfolgt hat. Wenn das lebendig Schöne so oft die Wut in uns reizt, wie sollte das Scheinleben der Kunst, der Liebe und Andacht so gewiß sein. – Erst als Johannes sich selbst mit dem Geschmeide angetan hatte, ward er ruhiger und sah sinnend in die dämmernde Frühe. Von diesem Schmuck beglänzt, für dessen festes Anschmiegen die Göttergestalten so hart hatten büßen müssen, empfand er jetzt einen Schauer der Weihe ausgehen über sich, als ob seine Seele losgelöst vom Staub und Kot, durch welche Spiegelglanz ihn langsam zum Ziele schleppte, in den Rang der Freiheit übergegangen wäre. Ein Tag hatte ihn aus der Verzweiflung zur Möglichkeit und Nähe jeder liebenden Erstreitung geführt, derselbe Tag hatte durch ihn Wunder gewirkt, er war selbst der Gott geworden, sich und der Welt. – Er sah die zerschlagenen Glieder des Apoll mit wehmütigem Selbstgefühl einer erlittenen Schmach, und in seinem Wähnen sich bekräftigend sprach er:

Johannes
So hell geschmückt sieht Gott in seine Welt
Sein Abbild immer noch ihm wohlgefällt,

Er weiß es nicht, wo er so lange weilte,
Wohin er rastlos durch die Welten eilte,
Doch fühlet er, daß er Johanna treu
In ihrer Schönheit Licht die weite Welt erfreu.
Er fühlt sich froh in ihrem schönen Leib,
Er liebet Ludwig denn er ist ein Weib
Er will auch ihn in seinem Feuer brennen,
Und eine Ewigkeit soll beide dann nicht trennen.
Auch möcht er einen Opfertod noch sühnen,
Den Jüngling meint er, der ihm warnend einst erschienen,
Auch ihm will er erneuten Lebensgeist einhauchen,
Auch ihn will er in seine Feuermacht eintauchen.
O Raphael, entsteige aus der Nacht,
Durch meine Liebe sei jetzt frei gemacht,
Und kannst du nicht zurück zum Lichte kehren,
So sollst du mich von dem Geschick belehren
Was dich bezwungen, ob ich es kann lenken
Und dich der freudgen Erde wiederschenken! –
Erwacht doch alles mit dem Frühlingsschein,
Wie sollte Gottestrieb verloren sein. –
Mein Raphael! – Es faßt der Sehnsucht Tiefe
Mein ganzes Herz! – O daß es dich erriefe!
Raphael! – es klingt so hell zurück,
O Raphael! – O Wunder,
Wen erkennt mein sehnender Blick!

Raphael (vor der Türe in Pilgerkleidung)
Wer rufet meinen Namen so mächtiglich
In dieser fremden Vorstadt?

Johannes
Ich rufe dich! –

Raphael trat mit gleich staunendem Gefühl ein, das sich auch unserer bemächtigt, da wir ihn aus dem tiefen Rhein im Pilgerrock emporsteigen sehen, um wieder auf dem Schauplatz der Lebenden zu wandeln. Nachdem er sich überzeugt hatte, Johannes sei eben der Knabe, welchen er damals zur Flucht hatte bereden wollen vor den bösen Einflüssen des Lehrers Spiegelglanz, so erzählte er ihm seine Schicksale. Raphael war kein Geist, aber eine geistige Wirkung hatte er eben empfunden, als er im Vorbeigehn sich heftig gereizt fühlte, in dies abgelegne Haus einzudringen.

Johannes ergrimmte, als er die Mordabsicht des Spiegelglanz erfahren, und wie er ihn mit dem Messer durchstoßen in den Rhein geworfen, dann erzählte Raphael weiter, wie Thalmann seinen Leichnam in der Nacht im Netz gefangen, und ihn in der Meinung, es sei ein großer Fisch, zu der nächtlichen Leuchte des Oferus getragen habe. Dieser, der ihn wenige Tage zuvor gesund auf das andere Ufer gebracht hatte, fühlte so große Trauer über seinen Tod, daß er bei stetem Gebet alle belebenden Kräfte an ihm versuchte, bis er seinen Geist zur Erde zurückgerufen, und von jener Zeit an habe er sich getrieben gefühlt, den Johannes aufzusuchen und ihm die böse Tat des Spiegelglanz zu erzählen, da habe er in Mainz vernommen wie dieser mit ihm fortgezogen, und so habe er bei seinen langen Wallfahrten, nach ihm zu forschen nie aufgehört.

Johannes nahm diese geistige Treue in Raphael als Zeichen himmlischer Berührungen auf, er wurde immer fester in sich über seinen Beruf, er legte segnend die Hand auf das Haupt Raphaels und sprach:

Johannes
Ich fühle deinen Geist, du bist mir eigen,
Wie Bäume in den Wurzeln sich verzweigen,
Die noch getrennt, fern von einander stehen,
Seit ich als kleines Kind dich angesehen,
Seit jener Nacht, wo du mich wolltest retten
Will göttliche Gewalt dich an mich ketten.
Ich habe lange mich nicht selbst erkannt,
Vertrau mir, freu dich, daß du mir verwandt.

Er umarmte Raphael in stummer Freude, als ihm der schwere Schritt des Spiegelglanz auf dem Pflaster der einsamen Gasse schon von fern hörbar wurde; da stieg sein Zorn über allen Betrug, über den Mord an seinem Freunde.

Johannes
Ich höre Spiegelglanz dort in der Gasse,
Gerecht will ich ihn richten, nicht im Hasse,
Geh in die Kammer, Freund, und halt dich stille drin,
Und leugnet er, so komm und zeuge wider ihn.

Raphael
Auf kurze Zeit verlaß ich dich, doch mit Beben,
Wie kann das Lamm bei einem Tiger leben?

Er ging darauf in banger Ahnung nach der Kammer, während Spiegelglanz, von Zärtlichkeit ganz schläfrig, in das Haus eintrat und nicht ahnte, daß Asmodi als Bock ihm zur Seite ging, den aber sein heiliger Ziegenbock gleich ahnte und mit wilden Sätzen aus dem Garten auf den unbekannten Nebenbuhler losstürzte, aber freilich nur die Beine des Spiegelglanz traf, der von dem Stoße über den Haufen fiel und ein fürchterliches Geschrei vollführte, weil der eigensinnige Bock noch immer seinen vermeinten Gegner erblickte und gegen ihn wütete, bis Johannes heraustrat und das Tier festband. Spiegelglanz, der sich seiner Niederlage schämte, sprang auf ohne ein Wort zu sprechen. – Und eingedenk der Verheißungen Gabriels, daß die Liebe ihm lohnen werde, wenn er das Wunderkind seiner Bestimmung entgegen, zur Lebensreife geführt habe, eilte er noch schwankend auf Johannes zu und gebärdete sich als ob er dazu bestimmt sei, dessen Wundertaten durch seine Zärtlichkeit zu lohnen. Johannes finsteres Antlitz, das Verachtung und Zorn, durch stolzes Gefühl gebändigt, ausdrückte, verschüttete den Reiz zur Missetat in Spiegelglanz wie mit einer Schneelawine, Johannes glaubte immer fester an die ihm inwohnende göttliche Gewalt und sprach mit überreizter Begeisterung von der ewigen Gerechtigkeit, die verborgene Schuld an das Tageslicht bringe, er sprach, als ob er ihn zum Tode bereite. Spiegelglanz, erst betäubt von Erstaunen über diese nie geahnte Selbstmächtigkeit seines Zöglings, wurde plötzlich durch ein paar Backenschläge seines aufsätzigen Asmodi so zornig, daß er mit sturmender Hand den Johannes anfiel. Umsonst sprach dieser mit feuriger gedrängter Kraft die Worte: »Erstarr du Narr« aus, sie wirkten nicht auf den Wütenden, dessen alte nordische Riesenkraft noch einmal in alle Adern sich ergoß, der die Zähne verbiß, mit blitzenden Augen, mit dröhnendem Schritt, unter welchem der Boden erbebte, mit einer Glut, die sein heftiger Atem in Wolken ausdampfte, in dem Zimmer hin und her über alles hinausstieg und keine Miene machte zu erstarren. Mit sinkendem Vertrauen sprach Johannes noch einmal: »Erstarr, du Narr!« – und zum drittenmal fast an sich selbst verzweifelnd, in allen Kräften gelähmt, von Spiegelglanz wütend gepackt sprach er: »Erstarr, du Narr!« Dieser verwickelte die Hände des unglücklichen Johannes mit dem Maskengewand des Opferpriesters, das er trug, und er stürzte nieder; da erst hörte Raphael, daß sie handgemein waren, er riß die Kammertür auf und zog den Spiegelglanz am Mantel von Johannes los. Jetzt sah Spiegelglanz um sich; im Schauder, daß der Geist seines Todfeindes auferstanden ist, um mit ihm zu kämpfen, blieb ihm der geöffnete Mund stehen; Asmodi, der längst auf solche Gelegenheit gelauert hatte, schlüpfte jetzt als Fliege in ihn hinein und besetzte sogleich die ersten Wege, dann auch die beiden Seelen-Kastelle, so daß Spiegelglanz in unverständigem Widerstand den Zorn der beiden Freunde immer neu aufregte. Raphael, um nicht von seinen starken Fäusten gepackt zu werden, warf alles, was im Zimmer nur ergreiflich war, auf ihn, zwischen den Büchern, Stühlen, Rosenkränzen, Besen und Geschirren schmetterte er die Stücke der zerbrochenen Statuen auf ihn mit so gutem Glück, daß seine gespannte Wut endlich in Ohnmacht erlosch und kein Lebenszeichen mehr gab, da ergriff Raphael ihn bei dem gelben Bart und schleifte ihn auf die Gasse, wo er ohne Bewußtsein lag, als eben der Schweinehirt seine Herde über ihn wegtrieb.

Wie zerstört war aber Johannes, als er während des Kampfes seine Ohnmacht für Wunder erkannt hatte, als er von der Höhe seines göttlichen Stolzes zur menschlichen Abhängigkeit so streng heruntergewiesen, und doch mochte er Raphael seinen Schmerz nicht ausdrücken, er schämte sich dessen, Raphael glaubte, daß er vom Kampf ermattet oder verwundet sei. Johannes aber kniete mit innerer Zerknirschung an einem kleinen Hausaltar nieder und ruhte sein müdes beträntes Antlitz darauf, so harrte er, seit langer Zeit zum ersten Mal wieder stumm betend vor einem Christusbilde, bis er von seiner Kränkung sich erholte, und in heiligen Selbstbetrachtungen seinen früheren Hochmut erkennend und verleugnend, überwand er endlich die schmerzliche Beleidigung seiner Geistes-Ohnmacht und betete laut in tief gefühlter aber wehmutvoller Überzeugung folgende Worte:

> Wer nie mit wilder Faust
> An die eherne Glocke geschlagen,
> Worin der Geist gefangen haust,
> Der hört noch nicht die Stunden schlagen,
> Der hört noch nicht,
> Der sieht kein Licht,
> Der wähnt sich Gott
> Und möcht dem Weltall tagen.
> Die blinde Leidenschaft
> Ehre, du jammerndes Herz in dem Staube,
> Sie führt dich scheuernd an deiner Kraft
> Auf Klippen der Verzweiflung zum Raube,
> Du hörst dich nicht,
> Du siehst dich nicht,
> Du fühlest Gott,
> In ihm erneut sich dein Glaube.

Johannes war betend an dem kleinen Hausaltar eingeschlafen. Raphael schloß die Laden gegen den Tag und die Tür des Hauses gegen Übelgesinnte, nachdem er aus eingebornem Widerwillen gegen diese Tiergattung den Ziegenbock hinausgetrieben hatte. Dann setzte er sich auf einen Sessel, um das Erwachen des Johannes abzuwarten, versank aber darüber in einen tiefen Schlaf. Johannes erwachte zuerst, dachte sich mühsam alles Geschehene zusammen, und sein erster erfreuender und doch beunruhigender Gedanke war, was aus Stephania im Garten der Fürstin geworden, die er erst im Stolze, dann in der Verzweiflung seines Götterlebens vergessen hatte. Als er den Laden öffnete, so wachte auch Raphael von dem Lärmen auf und lief an das Fenster um zu sehen, was aus Spiegelglanz geworden. Es war nichts von ihm zu sehen, als einige Lappen seines im Kampfe zerrissenen Mantels, der austreibende Hirte hatte ihn, während seine Herde im Schatten des nahegelegnen Klostergartens harrte, den Mönchen des heiligen Lukas zur Pflege übergeben. Johannes ersah aus dem Farbenbogen, den der Wasserstaub des Springbrunnens im Sonnenlichte auf die Haustreppe strahlte, daß es schon über Mittag hinaus sei und verwunderte sich über die Stille der Straßen, bald aber noch mehr über ein heftiges Geschrei, das sich im Anlaufe unzähliger Menschen verbreitete. Der heilige Papst ist tot, schrie endlich eine vernehmliche Stimme. Anaklet ist verschieden, der heilige Stuhl ist ohne Oberhaupt; auf zur Wahl ihr freien Römer. Bald entstand ein Waffengetümmel, nicht von Streitenden, aber von den Abteilungen des Volkes und von dem Adel, die von allen Seiten, zerstreut von den Hoffnungen der unruhigen Zeit, auf dem Wege schon beratend, nach dem großer Markte zur neuen Papstwahl zogen, denn die Geistlichen wagten es damals noch nicht, diese Wahl allein auszuüben, es fehlte ihnen noch die äußere Gewalt, sie zu schützen. Dieser Lärmen zerstreute etwas den ernsten Johannes, doch erwachte seine Sorge noch quälender, als er die Fürstin Venus auf einem Rappen in vollem Lauf in dem blauen sehr bespritzten Götteranzug vorbeireiten sah, ihr nach der ganze übrige Göttertroß zu Fuß und zu Pferd, doch alle gefärbt vom Kot der gemeinen Erde, dem Fürsten Jupiter waren alle Nähte geplatzt und es erschien deutlich die Wolle, mit der er sich ausgestopft hatte, um seine Götterkraft verstärkt hervorprallen zu lassen, auch waren die Augenbrauen, auf deren Wink der Olymp erbebte, losgeweicht und hatten eine verkehrte Stellung angenommen, die Anzahl der Faunen und anderer Waldteufel kleidete sich gehend in Mäntel verschiedner weltlicher und geistlicher Trachten, die sie unter ihren Laubgehängen hervorholten.

Raphael, dem dies Schauspiel erst etwas unbegreifliches hatte, wurde von Johannes über den verwitterten Aufzug dieser olympischen Götter belehrt, die durch den hitzigsten Eifer bei der Papstwahl ihre Stimme mitzugeben, allen unglücklichen Zufällen glücklich entrannen und denen das Feld überließen, geschimpft und niedergestoßen zu werden, die ihren Geschäften nachgehend, übergerannt wurden, bis sie das wichtige Ereignis der Papstwahl inne wurden und sich dem Tumult anschlossen.

Als der Zug der Götter und der schreienden Menge vorüber war und die Gegend ringsum nun das Bild einer verlassenen Stadt in seltsamer Stille hinzauberte, bat Johannes den Raphael die Stephania aufzusuchen, weil er selbst sich dahin nicht wagte, um nicht von dem Goldschmiedgesellen angehalten zu werden, und ungewiß was aus Spiegelglanz geworden, sich den rachgierigen Unternehmungen dieses wilden Menschen, der ihm bei der allgemeinen Aufregung im Volke jeden Augenblick in den Weg kommen konnte, nicht aussetzen wollte.

Als sie eine Weile dem Zauberklang der Stille-erfüllten Straßen gelauscht hatten, trennte sich Raphael von ihm und ging nach den gegebenen Merkzeichen den Weg zur Höhe, wo das Land immer anders und immer schöner erschien; da begegnete ihm der Goldschmiedgesell, ein Lied singend, dessen Inhalt einen ihm selbst unverständlichen Widerhall in seinem Gefühl erregte:

Herz, du mußt es ihr vergeben,
Eine Lieb ist nicht genug,
Viele Götter muß es geben,
Treue Lieb ist Sinnestrug.
An dem Berg, den wir ersteigen
Schimmert wechselnd eine Welt,
Ihre Schönheit ist mir eigen
Weil sie sich in mir gefällt.

Ja, du mußt es ihr vergeben,
Herz, daß sie in dir sich liebt;
Leben lassen um zu leben
Hat der Weltgang stets geübt.

Raphael wanderte neben dem jungen Gesellen, der munter desselben Wegs den Berg hinanstieg, als er von Raphael vernahm wen er suche, so kannte sein Eifer, ihm behilflich zu sein, keine Grenze.

Als Johanna so still von Stephanias Seite sich entfernt hatte, um den heftigen Ausbrüchen des Spiegelglanz zu wehren, schlummerte sie von einem Traum gefesselt ungestört fort bis zu der Zeit, wo die Nachricht von des Papstes Tod die trunkne Göttergesellschaft nach der Stadt preschte. Sabina selbst hatte sich weiter entfernt, um diese Nachricht genauer zu erfahren; so kams, daß Stephania sich ganz allein befand bei ihrem Erwachen; daß sie im Traum den Johannes als eine Jungfrau gesehn und ihn geküßt hatte, gab ihr ein banges Gefühl von Unrecht, es schwebte ihr mit den beschämenden Bildern verlorner Unschuld vor, die ihr Sabina bei mancherlei Mitteilungen so unbestimmt hingeworfen; auch gibt es eine Keuschheit der Natur, die unabhängig von aller Erziehung ist und unabhängig von aller Volksreligion den Übergang von der Einheit des Lebens zur Vielheit des Genusses mit dem Zagen bewacht, das auch in der aufblitzenden Sonne unter der Morgenröte bebt. – Eine Angst, daß sie ihre Unschuld verloren, war ihr erstes Gefühl, sie fand sich verlassen und glaubte sich verstoßen; jedermann, glaubte sie, müsse den Traum bei ihrem Anblick erraten, sie wollte sich verstecken und geriet in einen abgelegenen Winkel hinter einer Dornenhecke, wo ein Kruzifix, das den Lustwandlern im Wege war, bei Seite gestellt worden. Hier ihr Gebet:

> O könnt ich mich verstecken
> In diesen Dornenhecken,
> Ach könnt ich den Jammer verschweigen,
> Versteckt von den Rosenzweigen! –
> Gedeckt von dem heiligen Bild,
> Herr Christus sei du mein Schild. –
> Doch es schwebt vor meinen Blicken
> Und es brennt in meiner Brust,
> Und ich weine um Entzücken
> Und ich klag um verbotne Lust;
> Ich kann es auch nimmer vergessen,
> Wie ich sie so innig besessen.
>
> O könnt ich mich verstecken
> In unsres Hauses Ecken;
> Doch so schuldig komm ich nimmer
> In das reine Haus zurück,

Sehe nie den Morgenschimmer
In dem frohen Mutterblick;
Ach könnt ich nur alles verschweigen,
Doch blieb es mir innerlich eigen.

O könnt ich Einen finden,
Der mir abnähme die Sünden,
Doch wo fließt der Strom der Tugend,
Daß ich mich drein stürzen kann,
Daß im Bade neue Jugend
Mich bewahrt bis ich ein Mann.
Ach könnt ich den Jammer verkünden,
Und schrein zu allen Winden.

Der heftige Jammer in den letzten Worten hatten sie der guten Sabina verraten, die sie ängstlich gesucht hatte, nachdem sie die Laube leer gefunden. Sabina konnte sich gar keinen andern Grund ihrer Tränen denken, als der Schmerz, vom Stamm und Glanze ihres Hauses losgerissen zu sein, was ihr beim Wiedersehen des Johannes leicht wieder aufs Herz gefallen sein konnte; sie suchte sie mit Fragen zu trösten, setzte sich auf die Mauer und nahm den Kopf der Stephania in ihren Schoß; da erleichterte sich Stephania das Herz durch die Beichte und erzählte, was ihr im Traume geschehen. Sabina war erst verwundert, dann aber bald von dem Irrtume überzeugt; sie erzählte, wie sie immer in ihrer Nähe gesessen und ihren festen Schlaf bewacht habe, und daß Johannes doch unmöglich eine Jungfrau sein könne, da er gröber als die meisten Männer. Allmählich entwirrte sich der Knäuel, und Stephania kannte keine Grenze ihrer Freude und Dankbarkeit, von dieser bösen Täuschung befreit zu sein. Jetzt kam Raphael und der Geselle den Gang herunter, jener flößte beiden viel Zutrauen ein, und auch er empfand gleich eine seltene Zärtlichkeit für Stephania, die er für ein Mädchen hielt. Er brachte im Namen des Johannes Spange und Ring mit der Frage, wo der Goldschmied wohne, er soll sie zurückgeben; der Geselle wollte es nicht nehmen, ungeachtet er sich dazu bekannte, sondern schenkte beides der Stephania, die es ihm nicht abschlagen konnte. Bei Johannes sollte sich alles ausgleichen, und Raphael wollte diese Arbeiten bezahlen, deswegen beschlossen alle, zu der Wohnung des Johannes heimzugehen. Als Raphael mit ihnen auf der Mitte des Berges war, stand er still, sah nach der Seite jenseits der Tiber unverwandt, zeigte auf ein Haus und sagte:

Raphael
Wie scheinet euch das Haus mit zweien Türmen?

Gesell
Es scheint sich gegen alle Not zu schirmen,
So fest gesichert steht es da dein Glück,
Ich kenn es wohl, ich hatt es oft im Blick,
Es wohnt darin der alte Raphael,
Die Frau ist unsrer Fürstin Lustgesell.

Raphael
O dies verruchte Weib hat mich vertrieben,
Mein Vater konnte sie so töricht lieben,
Daß er die Kinder seiner ersten Frau verwies,
Die Schwestern in ein trübes Kloster wies,
Und mich ganz jung zur Schule nach Paris hinsandte,
Wo ich die Flügel mir am Licht verbrannte;
Marozia so heißt das böse Weib.

Gesell
Sie macht jetzt Päpste hier zum Zeitvertreib;
Selbst unsre Fürstin hat so vielen Einfluß nicht
Wie die Marozia, wenn sie nur spricht,
So schweigen alle hochgelehrten Leute,
Ich bin gewiß, sie lärmet schrecklich heute.

Sabina
Ist das wohl glaublich, daß die höchste Wahl
So schändlich wird betrieben, dienen wir dem Baal,
Dem goldnen Kalb, dem babylonschen Weibe,
Daß solche Sünde ungestrafet bleibe.

Gesell
Die Zeit bringt Strafe, lassen wir es gehn,
Wir können doch dabei noch gut bestehn.

Stephania
Ich wünschte den Degen mir, ihn zu versuchen,
Und diese Sünd vor allen zu verfluchen.

Gesell
He Jüngferchen bleib nur bei eurer Kunkel,
Der Degen kommt zu euch, wenn es ist dunkel.

Sabina
Lasset solche Reden alle beid, ihr kränkt
Den Herrn, der jetzt an seinen Vater denkt.

Raphael
Ich lieb ihn doch, so hart er mich verstoßen,
Er ist jetzt alt, es ist viel Zeit verflossen.

Wir blicken wieder nach Johannes zurück, dem in der allgemeinen Zerstörung seines Innern nur der Gedanke an Stephania einen Wert behielt, an welchen er sich nach dem Sturme, der sein Inneres von dem stolzen Gebäude seiner Größe losgerissen, wie an einer Sonnenblume aufrankte, daß sie ihn wieder zum Lichte trage und vor dem Lichte entschuldige. So versunken saß er in diesem Gedanken, daß er des Lärmens, der die Straße herunterzog, nicht eher achtete, bis die Chöre vor seinem Hause sich stellten und mit immer steigender Inbrunst, vom Jubel des Volkes häufig unterbrochen, das Wahllied sangen.

> Senk, o Herr, des Geistes Flamme
> Auf das Haupt des Neuerwählten,
> Sei des Geistes milde Amme,
> Sei die Braut des Neuvermählten,
> Daß er mit dem Fischerringe
> Alle Glaubensfeinde zwinge
> Und die Kirche weiter bauet
> Auf den Fels, dem Gott vertrauet.

Johannes trat betäubt zum Fenster, und Chrysoloras begrüßte ihn als Papsts – und Atheist und Skeptiker und Rhetor und endlich alle riefen nach: »Es lebe der heilige Papst Johannes der Zwölfte!« Johannes begriff nicht, wie ihm geschehe, da aber alle nach seinem Segen riefen, so segnete er erst das ganze Volk, welches vor ihm niederkniete, mit so edlem Anstand, daß viele Frauen riefen: »Wie heilig, wie schön!« andre: »So heilig wie schön, so schön wie heilig!«

Chrysoloras trat jetzt herein und erklärte ihm das Wunder in aller Eil, wie sein Wunder vom vorigen Abend so sehr Aller Aufmerksamkeit während der

Wahl von der Wahl abgelenkt habe, daß diese lange Zeit zwischen den verschiedenen Parteien ganz unbestimmt geschwankt habe, bis er durch die Fürstin Venus, die ihn am vorigen Abende ungeachtet des kurzen Besuches liebgewonnen, nachdem sie erfahren, wer der Wundertäter sei, sich durch ihn habe bereden lassen, so jung Johannes noch sei, gegen die Gesetze mit seiner Wahl durchzudringen, was bald allgemeinen Jubel erregt habe.

Die Kardinäle traten jetzt ins Zimmer, überreichten den Mantel, den Ring, den Stab und die Krone. Johannes war zu betäubt, um zu widersprechen, ganz froh war er nicht, aber er ließ mit sich geschehen, wurde bekleidet und keiner fand diese Stummheit in so außerordentlicher Lage, bei solcher Jugend auffallend oder ungewöhnlich. Nachher wurde er auf einen prachtvollen Sessel gesetzt, einige starke Männer der Leibwache trugen ihn hinaus und erhoben ihn auf ihre Schultern, daß alles neu hinzugeströmte Volk ihn sehe und seines Segens froh werde. Auch die Kranken wurden von allen Seiten herbeigeführt, daß sie die wohltätige Segnung empfingen, und vielen war im frommen Glauben geholfen. Nur einer gebärdete sich immer wilder, und die Mönche, welche ihn begleiteten, brachten ihn näher dem päpstlichen Stuhle, weil sie noch nie einen Mann gefunden, der so gewaltsam vom Teufel besessen gewesen. Johannes war erst zu verwirrt, um den Besessenen in der neuen Tracht zu erkennen, es war Spiegelglanz, der von Asmodi gequält, unfähig gewesen war, den Mönchen, die ihn ins Leben zurückgebracht, seinen Namen zu nennen, sie hatten ihm ein knappes Krankenkleid angelegt und ihn mit Stricken gebunden; teils von den Schlägen, teils von dem Schmutz war sein Gesicht unkenntlich, seine Stimme aber durch das zornige Geschrei verändert worden, seine Phantasie schwärmte im alten Glauben seines Vaterlandes.

Spiegelglanz
Ich höre dich Herrscher der Welt,
Du hast dich hämisch verstellt,
Als Kind bist du kommen zu mir,
Ich spielte so sittsam mit dir,
Deine Tück ward an mir zum Betrüger
Und deine Heiligkeit meint sich schon Sieger.
Was liegt denn mir an deiner Heiligkeit,
Am jubelnden Volk, das dich zum Herrscher weiht,
Mit List und Lug wird mirs gelingen,
Dein Mißgeschick dir aufzudringen.
Ich werde das Weltall bezwingen,
Die Sonne wild schäumend verschlingen.

Mönch
Der Teufel zeigt sich wieder recht mit Macht,
Doch haben wir ihn oft schon müd gemacht,
Des Teufels Namen müssen wir erzwingen,
Nachher soll er die Litanei absingen.

Johannes
Wie heißt du Teufel, der so schrecklich spricht?
Im Namen Gottes frag ich, leugne nicht.

Spiegelglanz
Es schnürt den Schlund mir zu,
Laß mich in Ruh, laß mich in Ruh.

Johannes
Wie heißt du Teufel, der so schrecklich spricht
Aus eines frommen Mannes Angesicht?

Spiegelglanz
Ein Sünder war der Schwärmer immerdar,
Seit ich bei ihm, da ist ihm alles klar,
Die Weisheit soll der Wicht von mir erlernen,
Ich will so wahr mich nie entfernen.

Johannes
Wie heißt du Teufel, der so schrecklich spricht?
Im Namen Gottes frag ich, leugne nicht.

Spiegelglanz
Ich heiße Asmodi, hast du nun genug?
Was willst du nun? Dein Wunder war Betrug.

Johannes
Schweig, loser Spötter, Teufel schweig!
Wann wirst du fahren aus, verkünde gleich.

Spiegelglanz
Nicht früher bis du Fürst ein Weib,
Trennt der Teufel sich vom Leib.

Mönch
Da ginge wohl die Ewigkeit verloren,
Eh wäschen wir wohl rein den schwärzsten Mohren.
Der Lügengeist soll sich schon früher beugen,
Und soll zu deiner Ehre auch bald zeugen,
Er muß nicht lange eingefahren sein,

Sonst wiche er vor deinem heilgen Schein.
Doch da er sich auf Fragen schon einläßt,
So hält der Allesleugner sich nicht lange fest.

Johannes
Ihm ist kein Heil, die Sünd im Geist
Den Glauben aus dem Hirn entreißt,
Doch haltet ihn wohl und schlaget ihn nicht,
Vielleicht daß Milde sein Herz noch bricht.

Johannes hatte der sonderbaren Weissagung des Besessenen so wenig geachtet wie die Umstehenden, er hatte schon mancher Teufelsaustreibung beigewohnt und selbst schon diese innere Zerlegung der menschlichen Natur an mehreren geheilt; was er sprach, tat er aus Gewohnheit, zuletzt dachte er wenig mehr an Spiegelglanz, denn er sah deutlich Raphael mit Stephania und Sabina den Weg zwischen den Weinbergen herabsteigen. Sein Herz erfüllte sich mit Sehnsucht, und doch konnte er für jetzt nichts weiter tun, als Chrysoloras zu bitten, jenen die Papstwahl zu berichten und für sie, als für seine vertrautesten Freunde zu sorgen. Schon setzte sich der Zug unter dem Geläute aller Glocken nach der Kirche der heiligen Apostel Petrus und Paulus in Bewegung, wo neben den heiligen Leichnamen auch die Reihe der verstorbenen Päpste in kostbaren Särgen ruht. In diesen unterirdischen, von Fackeln erleuchteten Gewölben, legte Johannes, ohne zu wissen, was er nachsprach, den heiligen Eid ab, dann las er eine feierliche Seelenmesse beim Hall großer Chöre und mächtiger Posaunen für den verstorbenen Papst, nach deren Ende er durch die jauchzende hellerleuchtete Stadt zum Palast fortgetragen wurde. Alle entfernten sich von ihm, um ihm Ruhe zu gönnen, es war fast Mitternacht, nur Chrysoloras blieb zurück, nicht als Vertrauter, sondern als Leibarzt; er besorgte ihm Abendessen und guten Nachttrunk. Johannes fragte nach Stephania und Raphael. Chrysoloras sagte, daß er Raphael auf dem anderen Flügel des Palasts, Stephania mit Sabina aber gegenüber auf dem Platze in einem unbewohnten Hause einquartiert habe.

Johannes
Wie ungeschickt, warum Stephania
Nicht hier und Raphael im Hause da?

Chrysoloras
Noch kennt der Römer solche Freundschaft nicht,
Schlagt nicht zu früh dem Glauben ins Gesicht,
Allmählich könnt Ihr ihn untergraben,
Wenn Ihr ihn erst recht gängelt im Buchstaben.

Johannes
Ihr kennet mich, Ihr könnet mich erraten.

Chrysoloras
Ich seh in Euch noch herrlich kühne Taten,
Darum hab ich zum Papste Euch gemacht.

Johannes
Seid Ihr bei Trost, Ihr schlieft wohl nicht die Nacht,
Und faselt jetzt von Euren Träumereien,
Ich mußte Euch vom Krampfe schon befreien,
Versucht mich nicht, daß ich ihn wieder lade,
Ich überlaß Euch dann des Himmels Gnade.

374

Chrysoloras
Seid doch kein Tor, ich stellte mich nur so,
Damit der Glaub an Euch brennt lichterloh,
Versucht es, ob Ihr mich noch könnt erstarren,
Ich wette drauf, Ihr machet Euch zum Narren,
Macht keinen Lärmen, hört mich ruhig an,
Ihr seid ein Weib, Ihr brauchet einen Mann,
Zu gutem Rat und auch zu gutem Leben,
Nehmt mich, den vorigen Papst hab ich vergeben,
Um Euch in raschem Laute zu erheben,
Ihr seid der Lohn für alle meine Mühe,
O seht wie ich in Lieb zu Euch erglühe.
Ihr seht, daß ich Euch kenne, seid gescheit,
Und ohne Zwang seid mir sogleich bereit,
Ich ernte, was der Spiegelglanz gesät,
Ein Wort des Trotzes, wenn Ihr mich verschmäht,
Ich kenne alle Leute hier im Schlosse,
Ihr seid verloren und auch der Genosse.

Johannes (vor sich)
Stephania, für dich muß ich das leiden.
So nimm mich hin, doch tränk mit Wein die Freuden,
Daß ich genieße und es doch nicht weiß,
Daß in der heißen Brust ein Herz von Eis.

Chrysoloras
Sieh hier, Geliebte, alles ist bereit,
Nimm hin den Becher, glaub es kommt die Zeit,
Da du die Überwindung rühmen wirst;
Du hast der Feinde viel, so mancher Fürst
Will seine Herrschaft über dir begründen,
Und würde dich zu dumm zum Streite finden.

Johannes
Du fügest die Beleidigung zum Zwang.

Chrysoloras
Ich sags heraus, dafür sag du mir Dank,
Ich weiß schon mehr, als du noch wirst erfahren,
Du warst mit dir noch nie so recht im Klaren.

Johannes
Wie soll ich dich nach solchen Worten lieben?

Chrysoloras
Was soll mir Liebe, mußt dich nicht betrüben,
Ich habe so mein eigenes Vergnügen,
Kann ich den Haß um eine Lust betrügen,
Kann ich den Widerwillen gegen mich
Bezwingen? Sieh nur darum küß ich dich.

Johannes
Was hält mich, daß ich nicht mit meinem Becher
Die Stirne dir zerschlage, frecher Sprecher.

Chrysoloras
Das ist unmöglich, sieh, ich bin bereit,
Und denke nichts zu jeder guten Zeit,
Als wie ich mit dem allerschnellsten Griffe
Den Menschen, den ich seh, zu Tode kniffe,
Wenn ihm vielleicht das Lüsten könnte packen,
Daß er mir feindlich stiege auf den Nacken.

*(Johannes will nach ihm schlagen, Chrysoloras hält sie fest
am Mantel.)*

Johannes
Du bist ein Teufel!

Chrysoloras
Ei so bin ich etwas,
Und küsse mich nur recht in deinem Haß.

*Johannes aber, vom Widerwillen gedrängt und von der Not
gespornt, ermutigte sich, durch eine tapfere List Herr über
ihn zu werden; er entschlüpfte in demselben Augenblick aus
dem Mantel, sprang zur Tür, rief die Wache und befahl:*

Johannes
Werft diesen trunknen Mann zur Burg hinaus,
So ernsten Tags, vergaß er sich beim Schmaus.
Wer weiß, ob er im Trunk nicht Mittel hat gegeben
Dem vorigen Herrn, daß er verlor sein Leben.

Chrysoloras (von den Wachen fortgetragen)
Was packt Ihr mich? – kennt Ihr mich denn nicht mehr?
Dir gab ich deinen Dienst; du machst mir wenig Ehr!
Dich habe ich umsonst vom Fieber einst kuriert.

Wache
Was hilft das alles Herr, für heut marschiert! –

Gemächlich wurde der Liebling des vorigen Papstes aus
einer Hand in die andre die Treppe hinuntergeworfen.
Einem verzognen Liebling irdischer Großen wird der
Dank zum Vorwurf, wovon sich jeder frei zu machen
sucht, wenn er nichts mehr gilt. Chrysoloras stand betäubt vor dem Palast, hätte gern seine teuflische Bosheit

ganz offen gezeigt und Johannes durch Bekanntmachung ihres Geschlechtes vernichtet, aber er fürchtete dabei für sein Leben, und wie Johannes geahnt: sein elendes Dasein liebte er zärtlich, mehr noch als seine teuflische Bosheit. Dennoch konnte er es nicht lassen, als Johannes ans Fenster trat, nach dem Hause der Stephania zu blicken, ihm eine verwirrte drohende Rede zu halten, wie er gleich dem Irion vom Rade der Zeit, in dessen Speichen er so vermessen greife, werde zerschmettert in die Tiefe sinken. Johannes hatte das Fenster gleich verlassen, aber Chrysoloras verdrehte die rollenden Augen und speichelleckte der Fürstin Venus, die mit ihrem Gefolge durch die Straßen schwärmte, mit einer griechischen Improvisation von dem Schicksale Irions, unter welchem er sich meinte, gegenüber der Fürstin, die er als diejenige Göttin dem versammelten Volkshaufen darstellte, welcher seine Lüsternheit nachstrebte und um welche er jetzt die Strafe des Treppenherabwerfens erdulde. Die Fürstin hatte mit Wohlgefallen dies alles angehört und im Begriff ihn zu beklatschen ward sie jedoch überrascht durch eine der Wachen, die den verhaßten Günstling in langweiliger Rede zaustern hörte und ihren Überdruß durch einen Überguß mit frischem Regenwasser ausdrückte; das brachte den Chrysoloras zur Moral, und die geschmeichelte Fürstin bat den heftig erregten Arzt mit schmeichelnden Worten, ihr seine Lehre näher zu entwickeln, der ihre Trauer besonders geneigt sei. Dem Arzt durch seine Verstoßung war dieser Reiz seiner Eitelkeit um so unwiderstehlicher, er nannte sich ihren Atys, sie sich seine Eybele, und so sammelte sie auch ihn, der ihr bis dahin widerstanden, in dieser Nacht zu dem Kreise geistreicher Männer; mit denen sie in wunderlicher Vermummung böser Lust unter geistiger Ausbildung ein sehr absonderliches und echt originelles Leben führte, in ewiger Unzufriedenheit mit sich und mit der Welt, und doch in stetem Bemühen, sich immer fester auf derselben anzubauen. Man konnte allerdings sagen, mit weniger Geist wäre sie tugendhafter gewesen, aber durch mehr Tugend wäre sie nicht geistloser geworden. Sie führte ihn nach ihrem Schlosse in der Stadt, entließ alle andre Freunde und suchte alles Eigne dieses neuen Freundes zu erfahren. Der Teufel im Chrysoloras, um der Kirche so lange schaden zu können, hätte es ihr gern verheimlicht, daß Johannes eine Jungfrau sei, aber die Eitelkeit des griechischen Arztes ließ ihm keine Macht, er mußte sich mit diesem Geheimnis vor der neuen Gebieterin wichtig machen, auch sollte ihm diese wie er meinte, seine Rache erleichtern. Die Fürstin horchte hoch auf bei dieser überraschenden Neuigkeit, dankte ihm zärtlich für dies Vertrauen, gebot ihm aber bei ihrer Liebe, niemand dies Geheimnis zu bekennen; er versprach es alles, insofern der Fürstin Liebe ihn lohne. Das war ihr eine Kleinigkeit.

Friedrich Wilhelm Bruckbräu (1792 - 1874)

DER PAPST IM UNTERROCK

1

Zu Ingelheim in einem riesenförmigen Himmelbett, mit pausbackigen Engelchen an der Decke, lagen friedlich nebeneinander Egbert und Uda, seit vier Jahren vermählt, beide noch im blühenden Alter; Egbert zählte 27 Jahre, Uda 23.

Dicht neben Uda stand die Wiege der dreijährigen Johanna, ihres einzigen Kindleins, das süß schlummernd lächelte. Egbert legte die linke Hand auf Udas Busen, stützte sich mit der rechten auf das Kopfkissen, und schaute kniend auf sein Kind hinüber.

»Ein sonderbares Gefühl ergreift mich, so oft ich das Kind betrachte. Schau es nur recht aufmerksam an, und du wirst überzeugt werden, wie ich es bin, daß unser Hannchen durchaus Knabenzüge, aber nicht die mindeste Ähnlichkeit mit einem Mädchen im Gesicht habe.«

»Kommst Du mir schon wieder mit diesem närrischen Einfalle? Kindergesichter haben gar keine bestimmten Züge; man findet darin, was man will, und du kränkst mich sehr durch diese Meinung: ists doch, als ob du glaubtest, ich sei unfähig, einen Knaben zu gebären, der einem Knaben ähnlich sieht, oder ein Mädchen, das einem Mädchen gleicht!«

»Du legst meine Worte ganz falsch aus, liebe Uda; von deiner Fähigkeit war keine Rede; es ist eben ein Spiel der Natur ... Das Kind scheint zu etwas Großem bestimmt zu sein; allein es ist in diesen stürmischen Zeiten sehr zweifelhaft, ob es als Mädchen jemals dazu gelangen werde. Wie wärs, wenn wir aus der Tochter einen Sohn machten?«

»Du scherzest; wie wär dies möglich ohne Zauberei?«

»Nichts leichter als dies; wir ziehen von Ingelheim fort in eine ferne Gegend, dort soll Hannchen als ein

Knabe gekleidet und erzogen, in allen Wissenschaften unterrichtet und so für jene höhere Bestimmung herangebildet werden, wozu das Schicksal dieses Kind ausersehen zu haben scheint. Die Knabenzüge im Antlitze des Kindes unterstützen diesen Plan aufs Beste.«

Wenige Wochen später hatten sich beide mit Hannchen, das bereits ein Knabenpäckchen trug, in Paderborn niedergelassen, wo Egbert das Geschäft der Heidenbekehrung weit und breit mit dem glücklichsten Erfolge betrieb, bis das Kind zum weiblichen Knaben heranwuchs; dann aber verwendete er den größten Teil seiner Zeit auf die Erziehung und den Unterricht desselben, und die großen Fortschritte Hannchens berechtigten ihn bald zu den schönsten Hoffnungen.

2

Aus freier Übereinstimmung der Gesinnungen wählte das Kardinals-Collegium am 29. Juli 855 den Kardinal-Staatssekretär Johannes zum Papst unter dem selbstgewählten Namen: »Papst Johann der Achte.«

Ihre Wahl war sohin ungezwungen; sie hätten aber Johanna in jedem Falle wählen müssen, oder sich der Gefahr aussetzen, vom wütenden Volke gesteinigt zu werden.

Am Vorabend der Krönung meldete ein Kardinal unserer Johanna, daß sie am andern Morgen in einer geheimen Sitzung der Kardinäle die gewöhnliche Untersuchung sich müsse gefallen lassen: »ob sie ein vollkommener Mann sei.«

Dies war nun die einzige Eigenschaft, welche diesem geistvollen Mädchen völlig mangelte, und durch kein anderes Talent sich ersetzen ließ. Da war guter Rat wirklich teuer!

Einige Schriftsteller haben behauptet, erst seit der Entdeckung, daß Papst Johann ein Weib gewesen, habe das Kardinals-Collegium vor jeder Papstkrönung diese Untersuchung angeordnet; dies ist aber ein Irrtum. Die Untersuchung bestand von jeher, nicht um zu wissen, ob der zu krönende Papst ein »Mann«, was man ohnehin voraussetzte, sondern ob er ein »vollkommener« Mann sei, ob er keine Leibesgebrechen habe, indem, wenigstens damals, jeder Priester von allen körperlichen Gebrechen frei, und im Besitze seiner geraden Glieder sein mußte.

Diese Botschaft machte also unsere Johanna nicht wenig bestürzt. Das Gewissen regte sich über die Vermessenheit, diese Laufbahn gewählt zu haben; alle frühern Würden hatte sie angenommen, und ihr innerer Richter schwieg; allein den Stuhl der allein seligmachenden Kirche zu besteigen, Bischöfe und Priester zu weihen, und der Stellvertreter Christi auf Erden zu sein, das schien ihr eine himmelschreiende Sünde.

Da tröstete sie der Versucher im Traume, also sprechend: »Ohne Gottes Willen wärest du kein Mönch, kein Priester, kein Kardinal geworden; seine heilige Fügung setzt dich auf den päpstlichen Stuhl. Folge!«

Johanna erwachte, dachte über die Wahrheit dieser Ansicht nach und beschloß, mutig das Äußerste zu wagen. Sie weckte ihren ersten Kämmerling Basil, der im Nebenzimmer schlief, beriet sich mit ihm, und trug ihm auf, gleich mit Anbruch des Tages die nötigen Anstalten zu treffen.

An das Schlafkabinett Johannas stieß der Audienzsaal, in welchem unter einem reichen Baldachin auf einer Erhöhung, die ringsum mit Purpur überhangen war, der ungeheure Lehnstuhl stand, auf dem Johanna sitzend von unten untersucht werden sollte; der Sitz des Stuhles war sohin hohl.

Zu diesem Zwecke erschien am bestimmten Tage morgens 9 Uhr Johanna, angetan mit dem eigens hierfür vorhandenen weiten Mantel, der unter dem Kinne schloß, und bis zu den Fersen reichte, unter dem sie statt des Beinkleides einen damastenen Unterrock trug.

Von einer Deputation der Kardinäle an der Schwelle ihres Ankleidezimmers ehrfurchtsvollst empfangen, und in den Audienzsaal begleitet, setzte sich der Papst im Unterrock auf den verhängnisvollen Stuhl, und der erste Kardinal gab dem Leibarzt Seiner Heiligkeit den Auftrag zur Untersuchung.

Dreimal tief sich bis zur Erde verneigend, nahte sich der kunstgeübte Kenner der sichtbar erbleichenden Johanna, streckte die Hand unter den Stuhl, trat dann an einen Tisch im Vordergrund, und gelobte bei seinem Seelenheile mit lauter Stimme, daß »der Kardinal-Staatssekretär und erwählte Papst Johann der Achte ein vollkommener Mann sei.«

Ich sehe bei diesen Zeilen meine schönen Leserinnen und verehrten Leser ungläubig lächeln, und beeile mich, sie zu versichern, daß der Leibarzt die reinste Wahrheit gesprochen habe.

Weil Sie aber noch immer ungläubig die Lockenköpfchen und Titusköpfe schütteln, so will ich Ihnen die Sache erklären.

Die Füße rückwärts zwischen die Lehne und dem Sitze herabhängend, und den Kopf über den Vorderteil des Stuhles, von einer reich gestickten Decke verhüllt, lag Basil, durch eine Tapetentür dahin gekommen, in solcher Richtung auf dem Bauche, daß der Leibarzt senkrecht unter der Öffnung des Sitzes das Erforderliche finden mußte; denn Johanna saß somit auf Basils Rücken, und entzog durch ihren weiten Talar allen menschlichen Blicken das gefährliche Geheimnis.

Glücklicherweise dauerte die Zeremonie nur einige Sekunden, sonst hätte den armen Basil der Schlag treffen können.

Was sagen Sie dazu, Ungläubige? War dies nicht die größte List, welche je ein weibliches Wesen ersonnen hat, um die Männer zu täuschen?

Nun war jedes Hindernis der Krönung gehoben, mit deren Schilderung ich Ihre Geduld nicht zu ermüden gedenke. In Rom gings dabei her, wie im ewigen Leben, nach dem Glauben der gemeinen Leute, welche Essen, Trinken, Schlafen und Nichtstun zu den höchsten Seligkeiten zählen. Münzen wurden ausgeworfen, Speisen und Getränke unter das Volk im Übermaß verteilt, und Freudenfeuer auf den sieben Hügeln angezündet, auf welchen die Stadt Rom steht.

Wer zu großer Macht gelangt, kann nichts Besseres tun, als auch andere verhältnismäßig befördern. Aus diesem Grunde besetzte Johanna sogleich die Kardinalstellen, und weihte 17 Bischöfe, 145 Priester, 19 Diakone und 73 Subdiakone, welche sie nun als eben so viele Stützen betrachten konnte.

Ferdinand Gregorovius (1821 - 1891)

LEGENDE VON DER PÄPSTIN JOHANNA

Eine der wunderlichsten Fabeln, welche die Phantasie des Mittelalters erzeugt hat, gab dem kraftvollen Leo IV. zum Nachfolger ein abenteuerliches Weib, und durch viele Jahrhunderte haben Geschichtsschreiber und Bischöfe, ja Päpste selbst und alle Welt geglaubt, daß der Stuhl Petri zwei Jahre von der Päpstin Johanna besetzt gewesen sei. Diese Sage fällt aus dem Kreise der historischen Tatsachen, aber nicht aus dem der Geschichte der Meinungen im Mittelalter. Ein schönes Mädchen, die Tochter eines Angelsachsen, obwohl in Ingelheim geboren, glänzte, so wurde gesagt, in den Schulen von Mainz durch ungewöhnliche Gaben des Genies. Von einem jungen Scholasten geliebt, verhüllte sie ihr Geschlecht in die Mönchskutte, welche sie in Fulda nahm, wo ihr Freund Benediktiner war. Sie studierten mitsammen alles menschliche Wissen; sie reisten nach England, nach Athen, wo die verkleidete Schöne die hohe Schule der Philosophen besuchte, von denen die Phantasie der Chronisten jene Stadt noch erfüllt glaubte. Hier starb ihr Freund, und Johanna oder Johannes Anglicus, wie sie sich nannte, ging nach Rom. Ihre Kenntnisse erwarben ihr eine Professur an der Schule der Griechen, denn in eine solche verwandelte die Fabel jene Diakonie, die wir unter dem Namen St. Maria Scholar Graecorum kennen. Sie begeisterte die römischen Philosophen, sie entzückte die Kardinäle, auch ohne daß sie ihr Geschlecht ahnten, und sie wurde das Wunder Roms. Ihr Ehrgeiz aber strebte nach der

Papstkrone; als nun Leo IV. gestorben war, vereinigten sich die Kardinäle in ihrer Wahl, da sie niemand würdiger fanden, der Christenheit vorzustehen, als Johann Anglicus, das Urbild aller theologischen Vollkommenheit. Die Päpstin bezog den Lateran, und sie scheute sich nicht, ein Liebesverhältnis mit ihrem vertrauten Kammerdiener anzuknüpfen. Die Folgen bedeckte das weite Papstgewand, bis die Natur die Sünderin überraschte. In Prozession nach dem Lateran ziehend, wurde sie zwischen dem Colosseum und S. Clemente von den Mutterwehen überfallen, sie gebar einen Knaben und verschied. Die entsetzten Römer begruben sie auf jener Stelle und errichteten daselbst zum Denkmal dieser unerhörten Begebenheit eine Statue, welche ein schönes Weib mit der Papstkrone auf dem Haupt darstellte, ein Kind in den Armen haltend. Seither vermieden die Päpste diesen Ort, wenn sie auf der heiligen Straße nach dem Lateran zogen, von ihm Besitz zu nehmen, und sie unterwarfen sich einer förmlichen Prüfung ihrer Mannheit auf der Sella stercoraria, einem durchbrochenen Marmorstuhl im Porticus des Lateran.

Glossar

ABENCERRAGEN maurisches Adelsgeschlecht aus dem Königreich Granada

ADAMITISCH nach Art der Adamiten, Angehöriger von Sekten verschiedener Jahrhunderte, die den paradiesischen Urzustand wiederherstellen wollten

AGNUS CASTUS kleines Messer mit einem Griff aus Agnuscastus-Holz, das, um den Hals oder am Gürtel getragen, nach den alten Legenden genügte, um jedes Liebesverlangen zu ersticken

ANACHORETEN frühchristliche Einsiedler mit strenger Lebensform; erstmals im 3. Jahrhundert in Ägypten

ANATHEMA Kirchenbann

ARCHONTEN Amtsname der obersten Staatsbeamten in griech. Stadtstaaten

AREOPAGITA Beiname des unbekannten griech. Philosophen, der unter dem Pseudonym Dionysios Areopagita (d.h. dem Namen des laut Apostelgeschichte 17, 34 von Paulus bekehrten ersten Bischofs von Athen) um 500 n. Chr. mehrere bedeutende Schriften veröffentlicht hat, u.a. eine Abhandlung über »Die Namen Gottes«; im Mittelalter wurde der »Pseudo-Areopagita« mit dem franz. Nationalheiligen St. De-

nis (Sankt Dionysios) gleichgesetzt und als Kirchenlehrer verehrt

ARIANER Anhänger des Arianismus, d.i. die Auffassung des Presbyters Arius; diese besagt, daß die We-
senseinheit Christi mit Gott dem Vater im Gegensatz
zum Glauben an einen Gott stehe und daher abzulehnen sei. Christus wäre darum nur ein durch göttlichen Willen aus dem Nichts erschaffenes Geschöpf,
dem Gott wegen seiner sittlichen Bewährung die
Würde seines Sohnes verliehen habe. Hieraus entstand der sog. Arianische Streit

CHIGNON im Nacken getragener, geflochtener oder
geschlungener Haarknoten; war hell gefärbt das
Kennzeichen der römischen Prostituierten

CHIOS griech. Insel vor der Westküste Kleinasiens mit
gleichnamiger Hauptstadt

CHRONOGRAPH veraltet für Geschichtsschreiber

COMME IL FAUT (frz.) »wie es sich gehört«, »muster-
gültig«

COMPARAISON N'EST PAS RAISON (frz.) »Beispiele
beweisen nichts«

CONDOTTIERE (ital) Söldnerführer im 14. und 15 Jh.

CONNETABLE unter den fränk. Königen ein Beamter
des königl. Gefolges (»Stallmeister«); im mittelalterl.
Frankreich der Oberbefehlshaber der Armee

CORVINUS aus dem lat *corvus* (Rabe) gebildeter
Name

CREDO, QUIA ABSURDUM (EST) (lat.) »Ich glaube,
(gerade) weil es widersinnig ist«; paradoxer Ausspruch, der wohl auf ähnliche Äußerungen Tertulli-
ans *(De carne Christi 5)* zurückgeht; in der christl.
Kirche nie vertreten

DEIPNOSOPHISTEN Gelehrte, die sich zum Deipnon, der Hauptmahlzeit der alten Griechen, die in der Regel vor Sonnenuntergang eingenommen wurde, trafen; das Deipnon war oft mit tieferen Gesprächen über Philosophie, Literatur u.a. verbunden; s. *Sophisten*

DE PROFUNDIS (lat.) »aus den Tiefen«; die Anfangsworte des besonders bei Trauergottesdiensten gebeteten 130./129. Psalms, des »Gebets in Sündennot«

DIGNUS, DIGNUS EST INTRARE IN NOSTRO SANCTO CORPORE (lat.) »Sehr würdig ist er, einzutreten in unsere Heilige Gemeinschaft«

DOGMATIK hier die theologische Disziplin, die den Gesamtinhalt der christl. Lehre wissenschaftlich darstellen will

DOLMEN aus großen Trag- und Decksteinen (Blöcken) bestehende Grabkammer, die meist von einem Erdhügel überwölbt wurde

DRUIDEN keltische Priester der heidnischen Zeit

EKKLESIAST griech. lat. Name des Predigers Salomo

EKKLESIASTIK Lehre von der Kirche

EKKLESIASTIKUS Titel des alttest. Buches *Jesus Sirach* in der *Vulgata*, der vom hl. Hieronymus im 4. Jh. begonnenen Überarbeitung der altlat. Bibelübersetzung

ELYSIUM in der griech. Mythologie das Land der Seligen am Westrand der Erde, wohin auserwählte Helden versetzt werden, ohne den Tod zu erleiden; nach späterem Glauben der Ort der Frommen und Gerechten in der Unterwelt nach ihrem Tod

EPIGRAMM die bei den Griechen meist in Distichen abgefaßte Aufschrift auf Kunstwerken, Weihgeschenken, Grabmälern und dgl., die den Gegenstand dichterisch erklärt; kennzeichnend ist oft die geistvolle Pointe. Das römische Epigramm ist zumeist satirisch

EPPUR SI MUOVE (ital.) »Und sie (die Erde) bewegt sich doch«; unverbürgter und der Situation nach unmöglicher Ausruf, mit dem G. Galilei 1633 die Abschwörung der kopernikanischen Lehre begleitet haben soll; der Inhalt entspricht allerdings seiner Gesinnung

ERECHTHEUM einer der Tempel auf der Akropolis von Athen

ERINNYEN griech. Rachegöttinnen, die jeden Frevler gnadenlos verfolgen

EROTOKRITOS Verfasser erotischer Schriften; in der griech. Literatur vorzugsweise die Verf. von Novellen und Romanen, in denen Liebesverhältnisse eine wichtige Rolle spielen. Den Anfang bilden die *Milesischen Geschichten* des Aristides von Milet; Antonius Diogenes, Chariton aus Aphrodisias, Xenophon von Ephesos, Achilleus Tatios, Heliodor von Emesa und der Verf. des *Apollonius von Tyrus* sind die bedeutendsten griech. Autoren erotischer Literatur im 1. - 4. Jh. n. Chr.; bei den Lateinern sind E. Petronius, Apuleius, Ovid (*Ars amatoria*, 1 n. Chr.) und die *Hetärengespräche* des Lukian zu erwähnen

ESELSFEST parodistische Messe zu Ehren eines Esels, dem Narrenfest verwandt; für Frankreich und andere Länder vom 13. - 16. Jh. bezeugt

EUCHARISTIE (eucharistisches Geheimnis) die in der kath. Messe mit der Konsekration (Wandlung) erwirkte, wahrhafte, wirkliche und wesentliche Gegenwart des erhöhten Jesus Christus mit Leib und Blut unter den Gestalten von Brot und Wein, und zwar ganz unter jeder Gestalt

EVOE griech. Jubelruf beim Feste des Dionysos (Bacchus)

FRATRES ANGELICI Dominikaner; so genannt nach dem Doctor Angelicus, dem Beinamen des Aquinaten (Thomas von Aquin, Ordenslehrer der Dominikaner)

HAEC MINI DEUS OTIA FECIT (lat.) »Diese Früchte meiner Muße hat mir Gott gewährt«

HAGIOGRAPHEN Verfasser von Heiligenleben

HÄRETIKER Anhänger oder Vertreter einer von der kirchlichen Lehre abweichenden Glaubensüberzeugung

HAUT GOUT (frz.) »Stich«, der sich beim Lagern entwickelnde Geschmack und Geruch von Wildgeflügel, ehe es in Verwesung übergeht

HELIKON Gebirge in Böotien, Musensitz

HELIOTROP dt. Sonnenwende, krautige bis halbstrauchige Pflanzengattung; in den Mittelmeerländern weit verbreitet; wird auch im Kräuterbuch Karls des Großen erwähnt

HEPTARCH ungebräuchlicher Name für einen der Könige jener sieben angelsächsischen Reiche in England (Heptarchie), die von den Eroberern Angeln, Jüten und Sachsen gegründet und von König Egbert (802 - 839) zu einem Reich vereinigt wurden

HESYCHASTEN Anhänger einer mystischen Bewegung im orthodoxen Mönchtum der Ostkirche, die durch stille Konzentration das »göttliche Licht«, das Taborlicht, zu erblicken versuchten

HEUREKA (griech.) »Ich hab's gefunden!«, angeblicher Ausruf des Archimedes nach der Entdeckung des Auftriebsprinzips

HIERATISCH auf die Hierarchie im kath. Kirchenrecht bezogen als Bezeichnung für die Gesamtheit des Klerus' und dessen Rangordnung; übernommen von Dionysius Areopagita, der die Rangordnung der Engel als Hierarchie bezeichnete; s. *Areopagita*

HYMETTUS Bergzug in Attika; bereits im Altertum wegen seines blaugrauen Marmors bekannt

IDIOPATHISCH selbständig, von sich aus entstanden

IKONOKLASTEN griech. Bilderzerstörer, -bekämpfer z.Zt. des Bilderstreits im 8./9. Jh.

INKARNATION Fleischwerdung, Verkörperung; in der christl. Theologie das Eingehen Gottes in die Geschichte im Menschen Jesus von Nazareth (Joh. 1, 14)

IRMINSUL sächs. Heiligtum in Form einer hölzernen Säule; stellt wahrscheinlich die Weltsäule dar, als kultische Nachbildung der Weltesche Yggdrasil, die die Welt trug. Die Irminsul der Sachsen wurde auf Geheiß Karls des Großen 772, nach der Einnahme von Eresburg (Westfalen), zerstört. Der Gott Irmin ist einer der mythischen germanischen Ahnherren

KABBALIST Anhänger der Kabbala, der auf alter Mystik fußenden jüdischen Geheimlehre

KANONISCHES RECHT das in Kanones (Regeln) festgelegte kath. Kirchenrecht

KANTHARIDEN Käfer mit weicher lederartiger Körperbedeckung, z.B. *spanische Fliege*

KARYATIDEN Statuen bekleideter Mädchenfiguren, die an Stelle von Säulen das Gebälk eines Bauwerks tragen

KASUISTIK Lehre von den »Gewissensfällen«; Teil der Sittenlehre bei Stoikern und in der kath. Moraltheorie, der für mögliche Fälle des praktischen Lebens im voraus an Hand eines Systems von Geboten das rechte Verhalten bestimmt

KATASTROPHE hier in der dramatischen Dichtkunst die Auflösung des im Vorhergehenden geschürzten »Knotens«, wodurch die Entscheidung eines vorher ungewissen Schicksals eintritt

KINADEN Päderasten, Weichlinge, Lüstlinge

KONCHYLIOLOGE Schnecken- und Muschelspezialist

KONKLAVE streng abgeschlossener Versammlungsort der Kardinäle für die Papstwahl; auch die Gesamtheit der zu dieser Wahl versammelten Kardinäle

KONSEKRATION in der kath. Kirche die Weihe einer Person oder Sache, v.a. die Verwandlung von Brot und Wein in der Feier der Eucharistie; s. *Eucharistie*

KONSILIUM Rat, Beratung, Versammlung

KYRIE ELEISON (griech.) »Herr, erbarme dich!«, christl. Gebetsruf

LACRIMAE CHRISTI (lat.) »Tränen Christi«

LAMIEN schöne, gespenstische Frauen, welche Kinder und Jünglinge durch allerlei Blendwerk an sich locken und ihnen das Blut aussaugen

LEGAT päpstlicher Gesandter bei besonderen Anlässen

MAGNETOPATH Heilkundiger, der durch Einsatz magnetischer Kräfte eine (angebl.) Heilwirkung erzielen will

NEKROPOLE Totenstadt, Begräbnisstätte des Altertums

NESTOR Begründer oder ältester Vertreter einer Wissenschaft

NOBILI Adlige mit höchsten Ämtern und besonderen Vorrechten

NOLENS VOLENS (lat.) »wollend oder nicht wollend«, »wohl oder übel«

OMINA (lat.) gute oder schlechte »Vorzeichen«

OSTIARII (lat. »Türsteher«) in der kath. Kirche bis 1973 die unterste Stufe der früheren niederen Weihen

OZEANIDEN in der griech. Mythologie die Töchter des Meergottes Ozeans (Okeanos)

PALILIENFEST auch Palilia oder Parilia; altröm. ländliches Fest am 21. April zu Ehren der Göttin Pales, der Beschützerin des Viehs und der Viehweiden; gleichzeitig Feier des Gründungstages der Stadt Rom

PALIMPSEST wiederholt beschriebenes Pergament; der ältere Text wurde aus Sparsamkeitsgründen abgeschabt

PALLADIUM kleines hölzernes Bild der Göttin Pallas Athene; übertragen für Schutzbild, schützendes Heiligtum

PAROCHIE Kirchspiel, Pfarrei

PATROLOGIE im engeren Sinn die wissenschaftliche Behandlung der Schriften und Lehren der Kirchenväter; meist Geschichte der altchristl. (rechtgläubigen und häretischen) Literatur

PEGASUS geflügeltes Roß in der griech. Mythologie; Musenroß

PER PEDES APOSTOLORUM (lat.) umgangssprachlich scherzhaft für »zu Fuß« (wie die Apostel)

PHALERON Stadt und ältester Hafen von Athen

PHILTREN Liebes- und Zaubertränke, dessen sich der Aberglaube bediente, um in Individuen des anderen Geschlechts Liebe zu erwecken

PHYSIOLOGIE Funktionslehre, Lehre von den Lebensvorgängen im Organismus, bes. von den Funktionen und Leistungen der einzelnen Organe, der Gewebe und Zellen

PIEDESTAL (frz.) »Postament«, »Sockel«

PODAGRA Fußgicht, bes. Gicht der großen Zehe (»Zipperlein«)

PONTIFEX seit Leo I. Ehrentitel der Päpste

POSSUM (lat.) »Ich kann«

PROFANATION Entweihung, Verweltlichung

PROPONTIS antiker Name des Marmarameeres

PROPYLÄEN ursprünglich Torbauten; Eingang zu monumentalen Anlagen, v.a. von griech. Heiligtümern; am berühmtesten ist die Propyläen der Akropolis von Athen

PROSELYT Bekehrter

PSALTERIUM hier das für den liturgischen Gebrauch eingerichtete Psalmenbuch

PYTHIA Orakel verkündende Priesterin Apolls in Delphi; charakteristisch für dunkle Vieldeutigkeit

QUEL GIORNO PIU NON VI LEGGERE AVANTI (ital.) »An jenem Tage lasen sie nicht weiter« (Dante, *Hölle*, 5. Gesang)

REFEKTORIUM Speisesaal im Kloster

RES ET NON VERBA (lat.) »die Sache (selbst) und nicht die Worte«

RHAPSODEN fahrende Sänger im antiken Griechenland

SÄKULAR weltlich

SATURNALIEN Freudenfest, ursprünglich zu Ehren des röm. Gottes Saturn

SCHISMA Kirchenspaltung

SKRIPTORIUM Schreibsaal im Kloster

SOPHISTEN ursprünglich Wahrheitssucher; seit dem 5. Jh. v. Chr. Wanderlehrer in Athen; ihre Sucht, in jeder Diskussion, notfalls durch Spitzfindigkeiten, »Sophistereien«, zu siegen, trug ihnen den Spott des Aristophanes und die Gegnerschaft von Sokrates und Plato ein

STABULARIUS Wirt einer gewöhnlichen Kneipe oder eines Bordells

STAGIRIT Beiname des Aristoteles (384 - 322), der aus Stageira stammte

STOA POIKILE Säulenhalle im antiken Athen, die mit Bildern ausgeschmückt war

SYNONYME bedeutungsgleiche Worte

TEMPUS ET LABOR ABEUNT (lat.) »Zeit und Mühe vergehen«

THEODIZEE »Rechtfertigung« Gottes hinsichtlich des von ihm in der Welt zugelassenen Übels und Bösen

THEOREM Lehrsatz

TRUCHSESS mittelalterlicher Hofbeamter; Vorsteher der Hofhaltung und Küche

URBI ET ORBI (lat.) »der Stadt (Rom) und dem Erdkreis«

ZIRKASSIEN alter Name für das kaukasische Reich der Tscherkessen

Über den Autor

Emmanuil Roidis, der Autor der PÄPSTIN, wurde 1836 auf der griechischen Insel Syros geboren und verlebte seine Kindheit und Jugend vorwiegend im Ausland, so in Frankreich, Rumänien, Ägypten und Italien (sein Vater war Konsul in Genua). Nach einem zweijährigen Philosophiestudium in Berlin ließ er sich 1865 in Athen als Schriftsteller nieder. 1882 wurde er zum Direktor der Nationalbibliothek in Athen berufen. Roidis wurde 1877 in Frankreich zum Ritter der »Legion d'honneur« geschlagen. Er galt als großer Kenner der europäischen Literaturen und der zeitgenössischen philosophischen Strömungen; er wurde einer der bedeutendsten griechischen Literatur- und Kulturkritiker des 19. Jahrhunderts, der scharfsinnige Attacken gegen die literarischen Verhältnisse seiner Zeit publizierte. Sein bekanntestes Werk war der Roman PÄPSTIN JOHANNA, 1866 erschienen, der vehementen Protest der griechischen Kirche auslöste, und der die damals verschlafene, eher provinzielle literarische Welt ziemlich aufrüttelte. Der Bannspruch der orthodoxen griechischen Kirche konnte den Erfolg des Buches nicht aufhalten, was zahlreiche griechische Neuauflagen dokumentieren. Nach einer italienischen Übertragung (1876) erschien 1879 im Leipziger Verlag C.F.W. Fest die erste deutsche Übersetzung. Ebenfalls in Leipzig (J. Zeitler Verlag) wurde 1904 die der vorliegenden Ausgabe zugrundeliegende Übertragung von Paul Friedrich veröffentlicht. Im Jahre 1866 publizierte Roidis die BRIEFE EINES AGRINIOTEN, in denen er in stilistisch beeindruckender Weise seine Anschauungen über das Verhältnis von Literatur bzw. Satire und Moral darlegte. Diese Briefe, die nach Meinung von Literaturkennern zu den hervorragendsten Zeugnissen neugriechischer Prosastücke zählen, werden in dieser Ausgabe erstmals wieder zugänglich gemacht. Emmanuil Roidis starb am 7.1.1904 in Athen.

Im Jahre 1249
führt der französische König Ludwig ein gewaltiges
Kreuzfahrerheer nach Ägypten. Zwei Kinder kreuzen seinen Weg, Roç und Yezabel aus dem sagenumwobenen
Geschlecht der Gralshüter. Noch hat sich ihre Mission,
gelenkt von einem geheimen Orden, der den Weltfrieden
zwischen Orient und Okzident anstrebt, nicht erfüllt.
Vor der Kulisse von Sultanspalästen und Kreuzritterbur-
gen, Harem und Pyramiden entwirft Peter Berling ein far-
biges Bild des Mittelalters zur Zeit der Kreuzzüge.

ISBN 3-404-12368-9

ROBERT LOUIS STEVENSON

Der Schwarze Pfeil
Die Wrackräuber

ZWEI HISTORISCHE ROMANE
IN EINEM BAND

Zwei Meisterwerke vom Autor der Schatzinsel

Von Verfolgung, Flucht und Einkerkerung, von Schlachten und Gefechten berichtet der Roman ›Der Schwarze
Pfeil‹, der zur Zeit der Rosenkriege in England (1455 –
1485) spielt. Im Mittelpunkt steht der tapfere junge
Richard Shelton und sein Kampf gegen seinen schur-
kischen Vormund Sir Daniel Brackley. Diese persönliche
Fehde wird nicht allein durch das wechselnde Kriegs-
glück der Häuser York und Lancaster kompliziert, sondern auch durch eine finstere Räuberbande, die sich
›Der Schwarze Pfeil‹ nennt …

Die ›Wrackräuber‹ schildert in der Tradition der Schatzinsel die erbitterte Rivalität dreier Abenteurer, die in der
Südsee um den Schatz eines alten Perlenfischers kämpfen. Doch der Alte besitzt übernatürliche Kräfte, und die
Schatzsuche wird zu einer echten Herausforderung …

ISBN 3-404-14401-5